新法科·法学核心课程系列教材

华东政法大学
教材建设和管理委员会

主　　任　郭为禄　叶　青
副 主 任　张明军　韩　强
部门委员　虞潇浩　杨忠孝　洪冬英
　　　　　屈文生　陆宇峰
专家委员　王　迁　孙万怀　杜素娟
　　　　　余素青　任　勇　钱玉林

The General Theory of Commercial Law

商法总论

曾大鹏　主编

图书在版编目(CIP)数据

商法总论/曾大鹏主编. —北京:北京大学出版社,2022.8
ISBN 978-7-301-33253-5

Ⅰ.①商… Ⅱ.①曾… Ⅲ.①商法—中国—高等学校—教材 Ⅳ.①D923.99

中国版本图书馆 CIP 数据核字(2022)第 147575 号

书　　　名	商法总论 SHANGFA ZONGLUN
著作责任者	曾大鹏　主编
责 任 编 辑	尹　璐　李小舟
标 准 书 号	ISBN 978-7-301-33253-5
出 版 发 行	北京大学出版社
地　　　址	北京市海淀区成府路 205 号　100871
网　　　址	http://www.pup.cn　新浪微博:@北京大学出版社
电 子 信 箱	sdyy_2005@126.com
电　　　话	邮购部 010-62752015　发行部 010-62750672　编辑部 021-62071998
印 刷 者	河北滦县鑫华书刊印刷厂
经 销 者	新华书店
	730 毫米×980 毫米　16 开本　15.75 印张　308 千字 2022 年 8 月第 1 版　2022 年 8 月第 1 次印刷
定　　　价	52.00 元

未经许可,不得以任何方式复制或抄袭本书之部分或全部内容。
版权所有,侵权必究
举报电话: 010-62752024　电子信箱: fd@pup.pku.edu.cn
图书如有印装质量问题,请与出版部联系,电话: 010-62756370

法律、法规及司法解释缩略语

《企业法人登记管理条例施行细则》——《中华人民共和国企业法人登记管理条例施行细则》(已失效)

《企业法人登记管理条例》——《中华人民共和国企业法人登记管理条例》(已失效)

《公司法》——《中华人民共和国公司法》

《票据法》——《中华人民共和国票据法》

《保险法》——《中华人民共和国保险法》

《证券法》——《中华人民共和国证券法》

《合伙企业法》——《中华人民共和国合伙企业法》

《海商法》——《中华人民共和国海商法》

《个人独资企业法》——《中华人民共和国个人独资企业法》

《企业破产法(试行)》——《中华人民共和国企业破产法(试行)》(已失效)

《企业破产法》——《中华人民共和国企业破产法》

《民事诉讼法》——《中华人民共和国民事诉讼法》

《信托法》——《中华人民共和国信托法》

《民法典》——《中华人民共和国民法典》

《中外合资经营企业法》——《中华人民共和国中外合资经营企业法》(已失效)

《外资企业法》——《中华人民共和国外资企业法》(已失效)

《中外合作经营企业法》——《中华人民共和国中外合作经营企业法》(已失效)

《全民所有制工业企业法》——《中华人民共和国全民所有制工业企业法》

《私营企业暂行条例》——《中华人民共和国私营企业暂行条例》(已失效)

《乡村集体所有制企业条例》——《中华人民共和国乡村集体所有制企业条例》

《城镇集体所有制企业条例》——《中华人民共和国城镇集体所有制企业条例》

《商业银行法》——《中华人民共和国商业银行法》

《证券投资基金法》——《中华人民共和国证券投资基金法》

《电子商务法》——《中华人民共和国电子商务法》

《电子签名法》——《中华人民共和国电子签名法》

《外商投资法》——《中华人民共和国外商投资法》

《个体工商户条例》——《中华人民共和国个体工商户条例》

《农民专业合作社法》——《中华人民共和国农民专业合作社法》

《市场主体登记管理条例》——《中华人民共和国市场主体登记管理条例》

《民法通则》——《中华人民共和国民法通则》(已失效)

《民法总则》——《中华人民共和国民法总则》(已失效)

《公司登记管理条例》——《中华人民共和国公司登记管理条例》(已失效)

《合伙企业登记管理办法》——《中华人民共和国合伙企业登记管理办法》(已失效)

《产品质量法》——《中华人民共和国产品质量法》

《商标法》——《中华人民共和国商标法》

《反不正当竞争法》——《中华人民共和国反不正当竞争法》

《消费者权益保护法》——《中华人民共和国消费者权益保护法》

《会计法》——《中华人民共和国会计法》

《审计法》——《中华人民共和国审计法》

目　　录

第一章　商法概述 …………………………………………………… (1)
第一节　商法的概念和特征 ……………………………………… (1)
第二节　商法的调整对象 ………………………………………… (13)
第三节　商法的地位和渊源 ……………………………………… (15)
第四节　商法的历史发展 ………………………………………… (20)
第五节　商法的基本原则 ………………………………………… (32)

第二章　商事主体制度概述 …………………………………………… (42)
第一节　商事主体的概念与特征 ………………………………… (42)
第二节　商事主体的分类 ………………………………………… (45)
第三节　商中间人与商辅助人 …………………………………… (50)

第三章　商个人 ………………………………………………………… (57)
第一节　商个人概述 ……………………………………………… (57)
第二节　个人独资企业 …………………………………………… (62)

第四章　商事合伙 ……………………………………………………… (70)
第一节　商事合伙概述 …………………………………………… (70)
第二节　普通合伙 ………………………………………………… (74)
第三节　特殊的普通合伙 ………………………………………… (89)
第四节　有限合伙 ………………………………………………… (92)

第五章　商事公司 ……………………………………………………… (99)
第一节　公司概述 ………………………………………………… (99)
第二节　公司设立制度 …………………………………………… (103)
第三节　公司资本制度 …………………………………………… (108)

第四节　公司治理机制 …………………………………………（113）
　　第五节　股东及股东权利 ………………………………………（121）
　　第六节　公司解散与清算制度 …………………………………（127）

第六章　商行为概述 ……………………………………………………（131）
　　第一节　商行为的界定 …………………………………………（131）
　　第二节　一般商行为 ……………………………………………（137）

第七章　特殊商行为 ……………………………………………………（146）
　　第一节　商事买卖 ………………………………………………（146）
　　第二节　商事担保 ………………………………………………（149）
　　第三节　商事代理 ………………………………………………（154）
　　第四节　商事行纪 ………………………………………………（159）
　　第五节　商事居间 ………………………………………………（162）
　　第六节　商事运输 ………………………………………………（164）
　　第七节　商事仓储 ………………………………………………（168）
　　第八节　融资租赁 ………………………………………………（170）
　　第九节　商业保理 ………………………………………………（174）
　　第十节　电子商务 ………………………………………………（178）
　　第十一节　商业特许经营 ………………………………………（181）

第八章　商事登记 ………………………………………………………（184）
　　第一节　商事登记概述 …………………………………………（184）
　　第二节　商事登记的对象和主管机关 …………………………（187）
　　第三节　商事登记的内容及种类 ………………………………（189）
　　第四节　商事登记的程序 ………………………………………（197）
　　第五节　商事登记的效力与监管 ………………………………（201）

第九章　商号 ……………………………………………………………（206）
　　第一节　商号概述 ………………………………………………（206）
　　第二节　商号的选用与登记 ……………………………………（211）
　　第三节　商号权 …………………………………………………（217）
　　第四节　商号权的法律保护 ……………………………………（221）

第十章　商事账簿……………………………………………（228）
　第一节　商事账簿概述………………………………………（228）
　第二节　商事账簿的种类……………………………………（231）
　第三节　商事账簿的编制……………………………………（236）
　第四节　商事账簿的效力与保管……………………………（239）
　第五节　商事账簿信息的披露………………………………（240）

后记……………………………………………………………（244）

第一章 商法概述

第一节 商法的概念和特征

一、商法的概念

(一)"商"的含义

商法是关于"商"的法律。要准确把握商法的概念,必须首先了解"商"的含义。而在不同的社会历史条件下,在不同的学科中,"商"具备着不同的内涵。

1. 辞义学上的解释

在古代汉语中,商是一种计时单位,一刻称为一商,古语有谓"商,刻也"。同时,商还有"估量""推测"之义,"商,从外知内也"。后来,商发展为与量合用,称为"商量",进而引申为"协商"之义。①

随着生产力的发展,在古代中国,"商"就已经在经济生活中被使用,并至少具有以下两种含义:第一,指商品交易活动。例如,《汉书·食货志上》载:"士农工商,四民有业。学以居位曰士,辟土殖谷曰农,作巧成器曰工,通财鬻货曰商。"第二,指从事商品交易活动的人,即商人。例如,《周礼·天官·冢宰》中有"六曰商贾,阜通货贿"之说,据汉代名儒郑玄注:"行者为商、坐者为贾"②。详言之,商为行商,指携带货物前往某地进行交易的商人;贾为坐商,指将货物置于固定场所销售的商人。应当说,"商"的这两种含义不是同时出现的。从人类社会的发展过程看,商品交换的出现应当早于商人阶层的形成。早期的商品交换常以满足基本生存需要为目的,人们只是偶尔为之,以此为业无从谈起。生产力的发展促进了社会分工,一部分人开始以从事商品交易活动作为经常性职业,并获取一定的利益,商人阶层开始形成,并进一步拓展了"商"的含义,其不仅可以指交易行为,也可以指从事这一行为的主体。

在外文中,"商"(commerce)一词的含义与其中文含义不尽相同。根据《韦伯斯特新国际辞典》的解释,"商"指的是商品交换或买卖行为(exchange or buy-

---

① 参见范健、王建文:《商法学》(第四版),法律出版社2015年版,第1页。
② 《辞源》,商务印书馆1986年版,第521页。

ing and selling of commodities)；《布莱克法律辞典》则认为，"商"是指货物、产品或任何种类财物的交换。因此，"商"在外文中一般是指商品交易行为，而不是从事商品交易活动的主体。这与中国古代对"商"的理解有所不同。

2. 经济学上的解释

从经济学的角度理解，"商"是指以营利为目的，直接媒介财货交易的行为。详言之，"商"即介于农业、工业等生产者与消费者之间，直接媒介财货交易、调剂供需，而从中获取利润的行为。① 经济学上的"商"通常被称为"买卖商"，或者是一些学者所说的"固有商"。

在现代市场经济社会中，商业贸易和商品经济获得了长足发展，人们已将营利视为"商"的本质，这种行为不仅表现在买卖中，也发展到批发商、货物运送、仓库业、银行业、损害保险业等中，同时还发展到与商业没有直接关系的人身保险、旅客运送、制造加工业、印刷业、出版业等中。② 因此，传统经济学中对"商"的界定已经不能反映社会经济的现实，具有较大的局限性。

3. 法学上的解释

对于"商"在法学上的含义，我们可以从商事立法和学术研究两个角度加以认定。而无论是商事立法还是学术研究，都是围绕"商"的本质和"商"的范围来界定其含义。

(1) 各国商事立法中的"商"

第一，关于"商"的本质即"商"是什么。依据各国、各地区规定，凡以营利为目的的事业和以营业的方式从事的行为就是"商"。例如，我国台湾地区2016年修正的"商业登记法"第3条明确规定，本法所称商业，指以营利为目的，以独资或合伙方式经营之事业。2009年修改的《德国商法典》第1条第2款也规定，商事经营是指任何营利事业，除非企业依其种类或范围不需要以商人方式进行经营。

第二，关于"商"的范围即哪些营业或者行为属于"商"。在这一问题上，各国立法确定的范围不尽一致。例如，《法国商法典》在第632条和第633条详细列举了几十种属于"商"的行为。我国1988年发布的《企业法人登记管理条例施行细则》第2条的规定也可视为对"商"的范围的界定，具体包括农林牧渔、水利业及其服务业、工业、地质普查和勘探业、建筑业、交通运输业、邮电通讯业、商业、公共饮食业、物资供销业、仓储业、房地产经营业、居民服务业、咨询服务业、金融保险业和其他行业。

(2) 商法学术研究中的"商"

我国商法学界对"商"的本质的界定，有两种不同的看法。例如，赵万一教授

---

① 参见张国键：《商事法论》，三民书局1980年版，第4页。
② 参见王保树主编：《中国商事法》（新编本），人民法院出版社2001年版，第5页。

认为:"现代商法上所称的商是指营利性主体所从事的一切营利性活动和事业之总称。"①王作全教授认为:"只要是营利性主体(即商事主体)所开展的,以营利为目的的,并且是一种持续性的营业活动,就是商法意义上的'商'概念。"②范健教授认为:"随着商法逐渐走出传统商法的'阴影',现代商法意义上的'商'早已不再是以'直接媒介财货交易'为核心的行为体系,而是以企业的组织、经营行为为核心的组织与行为的综合性体系结构。"③这些学者所理解的"商",不仅强调商主体,而且强调商行为。还有学者认为:"法律意义上的'商'或'商事',乃是指一切营利性营业活动和事业的总称。"④这一看法强调的是商业行为本身,并不强调从事商业行为的主体。我们认为,现代商法的主要内容不仅包括对商行为(如票据、保险)的规范,而且包括对商主体(如公司)的规范,因此,对商法上"商"本质的界定应结合主体进行。

至于商法中"商"的范围,根据我国商法学界的通说,其大致包括以下四种类型:

一是"固有商",指的是直接媒介财货交易的行为,主要包括证券交易、票据交易、海商交易等行为,亦称"第一种商"。

二是"辅助商",指的是间接媒介财货交易的行为,或者说是使"固有商"得以实现其目的的某种辅助行为,包括货物运送、仓储保管、代理、居间、行纪、包装、装卸等行为,亦称"第二种商"。

三是指虽然不属于直接或间接媒介财货交易的行为,但从事与商品交易有关的资金融通,如银行、信托业务等,或从事与商品交易媒介行为密切相关的活动,如加工承揽、制造、出版、印刷及摄影等营业。⑤ 一些学者将之称为"第三种商"。

四是"第四种商",包括广告宣传、人身与财产保险、旅馆、饭店酒楼、戏院舞厅、旅游服务、娱乐、信息咨询等。一种观点认为,此种商事营业仅与辅助商或第三种商有牵连关系,与固有商的联系已极为间接。⑥ 另一种观点则认为,这些商事营业与媒介货物并无直接关系,仅与"第三种商"有关。⑦

显然,在法学上,"商"的含义要比经济学上的"商"更为丰富。此外,随着现代经济的飞速发展,"商"的范围和种类仍然会不断扩大。因此,从本质而非范围入手更有助于我们把握"商"的含义。综上所述,可以认为,商法上的"商"是指经

---

① 赵万一主编:《商法》(第五版),中国人民大学出版社2017年版,第4页。
② 王作全主编:《商法学》(第四版),北京大学出版社2017年版,第4页。
③ 范健、王建文:《商法总论》(第二版),法律出版社2019年版,第4页。
④ 赵中孚主编:《商法通论》(第六版),中国人民大学出版社2017年版,第4页。
⑤ 参见覃有土主编:《商法学》(第四版),高等教育出版社2017年版,第3页。
⑥ 参见赵中孚主编:《商法通论》(第六版),中国人民大学出版社2017年版,第4页。
⑦ 参见覃有土主编:《商法学》(第四版),高等教育出版社2017年版,第3页。

商业登记的商主体(商人)在法律规定的范围内所从事的一切营利性营业活动(商行为),其由四种要素构成:① 经登记的商主体;②以营利为目的;③以商业方法进行营业;④从事规定范围内的营业。①

与"商"密切相关的另一概念是"商事"。对于两者之间的关系,我国学者说法不一。一种观点认为,两者属于同一概念。例如,有学者认为:"法学上的'商'也称为'商事'。"还有学者也认为:"商事又称为'商'。"②另一种观点则主张,"商"与"商事"存在一定的区别。例如,顾功耘教授认为:"当'商'解释成商行为时,可与'商事'通用;但当'商'解释为商人时,则不能通用。"③雷兴虎教授认为:"商法中的'商'泛指以营利为目的的营业行为,商事则指商法所规定的关于商事组织与商事活动的诸种事项的总称。"④还有学者主张:"'商行为'与'商事行为'的概念无本质上之差异,但采纳'商事行为'应较为严谨。因为'商事行为'既与我国立法传统中的'民事行为'相对应,从而易于为立法者和实务界所接受,也可以与国际立法术语相衔接。"⑤

(二) 商法的概念和分类

1. 商法的概念

尽管"商法"这一名词由来已久,但人们对什么是商法至今未能达成共识,反映出商法概念具有高度的不确定性。

在英美法国家,人们常常使用 Commercial Law 和 Business Law 称呼商法。然而,不论是 Commercial Law 还是 Business Law,它们都只是一个概括性的概念而不具有公认的内涵。一般而言,它们指的是与商业有关的法律,包括公司法、合伙企业法、破产法等有关商业交易的主体的法律,也包括合同法、财产法中与企业和商业惯例有关的内容。

在大陆法系国家,尽管很多国家制定有商法典,但在法律中明文表述商法概念的却是极其罕见。不同的学者选择不同的角度,得出的概念也就不同。例如,有日本学者认为,商法在被确认为一个法律部门的时候,被认为是以商法典为中心的有关法律的总称。⑥ 这一概念关注的是商法的表现形式。有日本学者声称,商法就是企业关系上特有的法律的总称。⑦ 这一概念强调的就是商法的实

---

① 参见顾功耘主编:《商法教程》(第二版),上海人民出版社、北京大学出版社2006年版,第5页。
② 范健、王建文:《商法学》(第四版),法律出版社2015年版,第4页;赵中孚主编:《商法通论》(第六版),中国人民大学出版社2017年版,第3—4页。
③ 顾功耘主编:《商法教程》(第二版),上海人民出版社、北京大学出版社2006年版,第6页。
④ 雷兴虎、樊启荣主编:《商法概论》(第2版),清华大学出版社2017年版,第3页。
⑤ 周林彬、官欣荣:《我国商法总则理论与实践的再思考——法律适用的视角》,法律出版社2015年版,第262页。
⑥ 参见〔日〕龙田节编:《商法略说》,谢次昌译,甘肃人民出版社1985年版,第1页。
⑦ 参见〔日〕我妻荣编:《新法律学辞典》,董璠舆译,中国政法大学出版社1991年版,第500页。

质内容。还有日本学者认为,形式上的商法指的是作为明治三十二年第 48 号法律而被制定的"原《日本商法典》",实质层面来讲,商法典以外的与上述规定具有同质性的规定也应当包含在商法的范围内。① 德国学者多基于主观主义立场,认为商法就是适用于商人的特别私法。② 法国学者则多采取客观主义立场,认为商法是有关商行为的法律,是"在民法之外,专门规范大多数生产、销售与服务活动的一个私法分支"③。

在我国,学者们大多是从商法的调整对象入手阐述商法的概念,由于对商法调整对象的认识不同,对商法的概念也就有不同的表述,归纳起来最主要的观点有三种:一是商法是调整商事关系的法律规范的总称。这一定义模式符合国内关于法律部门的一般定义模式,即"某法是调整某社会关系的法律规范的总称"。二是商法是调整市场交易关系,包括交易组织关系和交易行为关系的法律规范的总称,是市场交易的规则。④ 三是商法是调整商人以及商事活动的法律。

应当说,上述三种观点之间不存在根本差异。可以看到,第一种观点和第二种观点采取的定义模式是一样的。而商事关系具体地说,就是商事主体在商事交易活动中所发生的社会关系,包括商事组织关系和商事行为关系。因此,"商事关系"和"市场交易关系"只是表述上的不同而已。第三种观点表面上看采取二元结构来定义商法,主张商法既规范商主体又规范商行为。但是,社会关系本来就是人与人之间基于行为联系而发生的关系,其不可能脱离特定的主体和行为而孤立存在。因此,第三种观点和前面两种观点也只是在定义模式上不同。鉴于国内学者通常是以法律调整的社会关系来定义某一法律部门,本书也采取第一种定义模式:所谓商法,是调整商人在商事交易活动中所发生的社会关系的法律规范的总称。

2. 商法的分类

基于不同的标准,可以将商法分成不同的种类,通常,商法被划分为以下几类:

(1)形式意义上的商法与实质意义上的商法。根据商法表现形式的不同,可以将商法划分为形式意义上的商法与实质意义上的商法。形式意义上的商法是指民商分立的国家所制定的并以"商法典"命名的法律规范。形式意义上的商法则着眼于规范的表现形式和法律的编纂结构,并最终表现为商法典。在大陆法系国家中,法国、德国最早制定了自己的商法典,其后,日本、西班牙、葡萄牙、韩国、意大利等国家也陆续制定了商法典。在这些国家中,商法典于民法典之外

---

① 参见〔日〕近藤光男:《日本商法总则·商行为法》,梁爽译,法律出版社 2016 年版,第 3 页。
② 参见〔德〕C. W. 卡纳里斯:《德国商法》,杨继译,法律出版社 2006 年版,第 2—3 页。
③ 〔法〕伊夫·居荣:《法国商法》(第 1 卷),罗结珍、赵海峰译,法律出版社 2004 年版,第 1 页。
④ 徐学鹿主编:《商法学》(第四版),中国人民大学出版社 2015 年版,第 5—6 页。

独立存在、自成体系,其内容一般包括总则、公司、票据、保险、破产、海商等基本制度。实质意义上的商法是指所有调整商事关系的法律规范,其着眼于规范的性质、构成和作用理念的统一,不仅包括形式意义上的商法,而且包括不以商法典形式出现但也调整商事关系的各种法律规范。通常,实质意义上的商法表现为各商事单行法,或散见于宪法、民法、行政法、经济法、刑法以及其他法律法规中,甚至出现在判例或国际公约中。无论是大陆法系国家还是英美法系国家,也无论是民商分立还是民商合一的国家,都存在实质意义上的商法。

我国目前尚无形式意义上的商法,但实质意义上的商法大量存在,自20世纪90年代以来,我国陆续制定了《公司法》《合伙企业法》《票据法》《保险法》《企业破产法》《海商法》等商事单行法,实质意义上的商法体系在我国已经构建形成。

(2) 国内商法与国际商法。根据商法的制定机构与适用范围的不同,可将其划分为国内商法与国际商法。国内商法是由一国的有权机关制定的商事法律规范,通常仅在该国地域范围内发生效力。国际商法主要指国际上有关商事的法规,包括国家之间的商事条约、商事公约以及国际商事惯例等。例如,调整国际货物买卖的《联合国国际货物销售合同公约》、调整国际货物运输的《统一提单的若干法律规则的国际公约》(又称《海牙规则》)以及1978年《联合国海上货物运输公约》(又称《汉堡规则》)等,都是较为著名的国际商事规范。一国在制定自己的商法规范时,往往会注意吸收、借鉴国际商法中的相关内容,这在票据法、海商法中体现得尤为明显。

(3) 商公法和商私法。商公法是指公法上调整商事关系的法律规范,其本身没有形成一个完整的体系,相关规范散见于宪法、行政法、刑法等公法中,或者存在于公司法等商事单行法中。例如,刑法中关于公司犯罪的规定、公司法中关于公司登记管理的有关规定,它们都属于商公法。商私法是指私法上调整商事关系的法律规范。

二、商法的特征

商法的特征是商法不同于其他法律部门的特质。在国内商法学界,学者们对商法的特征有多种意见,大致可以归纳为以下四大类:

(1) "四特征说"。该说认为商法具备的四大特征是:复合性(亦称兼容性、公法性,指本质上属于私法的商法兼有公法属性)、技术性、营利性和国际性。国内很多学者赞成此说。[①]

[①] 这些学者的详细观点,可见赵万一主编:《商法》(第五版),中国人民大学出版社2017年版,第5—6页;覃有土主编:《商法学》(第四版),高等教育出版社2017年版,第6—7页;柳经纬主编:《商法》(六版),厦门大学出版社2015年版,第11—14页;王作全主编:《商法学》(第四版),北京大学出版社2017年版,第7—8页。

(2)"五特征说"。该说认为商法具备五大特征。但是,学者之间对这些特征的认识存在一定的分歧。例如,徐学鹿教授界定的商法特征是兼容性、技术性、国际性、进步性和资本经营性。① 赵中孚教授界定的商法特征是兼容性、营利性、技术性、国际性、组织法与行为法相结合。② 侯怀霞教授认为,商法的特征应为营利性、技术性、多变性、公法性和国际性。③ 高在敏教授等人则认为,商法是倡导营利的功利法,是具有经济意义的身份法,是市场经济的基本法,是包含大量强制性规范的私法,是最具开放性质的国内法。④

(3)"六特征说"。该说认为商法具备六大特征。与"五特征说"一样,学者们对六大特征的界定既有相同之处,也有不同之处。例如,顾功耘教授认为,商法的特征应包括:"规范的重点是商人的营利活动、组织法规范与行为法规范相结合、规范的技术性、对经济生活的适应性、含有公法化因素、规范的可借鉴性。"⑤ 任先行教授认为,商法的特征可以概括为营利性、技术性、公私法的二元性、国际性、静态与动态的结合性、进步性。⑥ 施天涛教授则主张,商法的特征是私法性与公法性、国内性与国际性、实体性与程序性、冲突性与协调性、伦理性与技术性、稳定性与进步性。⑦ 还有学者主张,商法的特征包括自治性、协调性、技术性、国际性、进步性和宽容性。⑧

(4)"八特征说"。该说界定的商法八个特征是:营利性、技术性、公法性、协调性、国际性、整体性、发展性、变动性。⑨

通过比较分析,本书赞同顾功耘教授的观点,商法的特征应包括六种:

(一)规范的重点是商人的营利活动

在市民社会中,商人从事商事活动的最终目的就是营利,营利可谓"商"的本质。所谓营利,是指谋取超出资本的利益并将其分配给投资者。尽管古代中国和西方都曾经在相当长的时期内对商人和商业持歧视态度,但实践证明,商人对于经济利益的不懈追求,是人类社会得以维系和向前发展的持续动力。因此,现代商法必须正视商人天生的营利需求,并要通过合理的制度设计,保障商人营利目的的顺利实现。

需要指出的是,商法的这一特征亦被很多人称为"营利性"。但是,法律在本

---

① 参见徐学鹿主编:《商法学》(第四版),中国人民大学出版社2015年版,第34—37页。
② 参见赵中孚主编:《商法通论》(第六版),中国人民大学出版社2017年版,第20—23页。
③ 参见侯怀霞主编:《商法学》(第二版),中国政法大学出版社2016年版,第7—9页。
④ 参见高在敏主编:《商法》(第二版),法律出版社2016年版,第4—5页。
⑤ 顾功耘主编:《商法教程》(第二版),上海人民出版社、北京大学出版社2006年版,第7—9页。
⑥ 参见任先行:《商法原论》(上),知识产权出版社2015年版,第78—83页。
⑦ 参见施天涛:《商法学》(第五版),法律出版社2018年版,第9—14页。
⑧ 参见官欣荣主编:《新编商法原理》,中国检察出版社2009年版,第28—34页。
⑨ 参见任先行、周林彬:《比较商法导论》,北京大学出版社2000年版,第19—25页。

质上体现的是公平、正义,说法律具有营利性质是不准确的,商法作为一个法律部门也不例外。正如我国台湾地区学者张国键所言:"商事法所规定者,乃在于维护个人或团体之营利。"①换言之,商法只是为商人的营利活动提供一套法律机制,以促进其营利目的的实现。

自改革开放以来,我国陆续制定了多部单行商事法律,相关法规、规章等更是多不胜数。在肯定这些立法成就的同时,如果以商法应具备的这一特征为标准来衡量相关商事规范,无疑会发现一些商事规范明显不符合商业社会的运行需要,对商人营利目的的实现起到的不是促进而是阻碍作用,尚有进一步修订的必要。在此举禁止企业法人借贷的规定加以说明。1996年中国人民银行发布的《贷款通则》第61条规定:"各级行政部门和企事业单位、供销合作社等合作经济组织、农村合作基金会和其他基金会,不得经营存贷款等金融业务。企业之间不得违反国家规定办理借贷或者变相借贷融资业务。"同年发布的《最高人民法院关于对企业借贷合同借款方逾期不归还借款的应如何处理问题的批复》也明确宣布:"企业借贷合同违反有关金融法规,属无效合同。"由于企业之间借贷被禁止,企业只能通过向银行等金融机构贷款或是发行股票、公司债券的方式筹集资金。然而,长期以来,发行股票、债券式的直接融资门槛较高,企业在向银行等金融机构借贷时,间接融资的放贷人又主要考虑担保能力强、信用资质好的国有企业。大量民营企业尤其是中小企业很难借此获得外部资金支持,因此在实践中,很多企业仍然进行各种形式的变相借贷操作。据最高人民法院民间借贷司法解释调研小组于2012年公布之数据,有78%的私营企业参与了民间借贷,金融体系不健全、信贷需求难以满足,是产生这一数据之根本原因。② 企业间借贷或变相借贷的操作固然可以定性为"违规",但当一项法律规范在现实中无法获得有效遵守时,或许规范制定者应该反思:该项规范是否能够满足商人的正当需要?

还要指出的是,商法仅仅维护商人合法、正当的营利,对于非法营利则不加保护,反而要予以坚决制止。

(二) 组织法规范与行为法规范相结合

商事组织是商事交易的基础,商事交易是商事组织的基本活动,商事组织要想营利,必须先从事商事交易行为,因此,商事组织与商事交易均成为商法规制的基本内容。

公司法、合伙企业法、个人独资企业法是最主要的商事组织法,其主要任务包括:(1) 界定商事组织的类型。现代各国一般奉行商主体形态法定主义,商事

---

① 张国键:《商事法论》,三民书局1980年版,第23页。
② 参见杜万华等:《建立和完善我国民间借贷法律规制的报告》,载《人民司法》2012年第9期。

组织必须采取该国法律允许的形态方能设立。例如,在我国,由于《公司法》只允许设立有限责任公司和股份有限公司,商事组织就不可能采取无限公司的形态。(2) 明确商事组织的法律地位。在我国,根据《公司法》的规定,所有依法设立的公司均为法人,股东原则上承担有限责任;而依照《个人独资企业法》的规定,个人独资企业不是法人,其投资者(一个自然人)承担无限责任。(3) 厘清组织内部各机关、各参与方之间的权力(利)、义务、责任。这在公司法中体现得最为明显。我国《公司法》详细规定了股东(大)会、董事会、监事会等机构各自拥有的职权,并明确了股东、董事、监事、经理等人的权利、义务和责任,以保障股东的投资安全,并实现公司经营的效率。当然,《公司法》虽然主要为组织法,其中也有行为法的内容,如公司发行股票的规定即属此类。

《票据法》《保险法》《证券法》等是主要的商事行为法,其主要任务在于提供商事主体的交易规则。当然,《保险法》《证券法》中有关保险公司、证券公司的规定属于商事组织法的范畴。

(三) 规范的技术性

法律规范可以分为伦理性规范和技术性规范。伦理性规范反映了特定群体的基本生活经验和常理,一般社会公众即使没有专业知识,凭借常识也能了解并接受。例如,人们常说的"欠债还钱"即属伦理性规范。在一国法律体系中,民法、刑法中的绝大多数规范属于伦理性规范。相反,商法是对商业交易规则的法律反映,而商业交易规则从本质上说是商人们在交易时逐步发展出来的,非商人对此并不熟悉,仅凭一般常识甚至不能理解。因此,商法规范具有很强的技术性、操作性特征。

商法规范的技术性特征既体现在组织法中,也体现在行为法中。前者如公司法对股东(大)会召集程序和议事规则、董监事选任方法以及公司合并、分立程序的规定。后者如票据法中对票据行为的要式性和独立性、票据抗辩的限制以及票据追索权和再追索权的规定;证券法中对虚假陈述行为造成的损害赔偿数额如何计算的规定;保险法中关于保险费率的确定以及理赔的规定;海商法中关于共同海损的认定以及理算的规定;等等。

商法规范极强的技术性、操作性特征,要求创制者在设计商法规范时应为当事人提供尽可能细致周全的条文,尤其是对一些程序性事项的规定应具有较强的可操作性。但长期以来,我国商事立法和其他领域的立法一样,奉行"宜粗不宜细"的模式,往往只规定框架性、原则性的东西,对一些问题没有细化。当然,粗放式的立法路径有其历史必然性。在改革开放和市场经济发展初期,立法经验相对欠缺,对很多问题本就不可能作出详细规定;加之各种社会关系变动不居,即使在技术上对某些问题细致规定,也可能会因灵活性的丧失而失却其适应性。但不可否认的是,粗放式立法导致很多条款因可操作性差而无法适用。例如，2018年《公司法》第97条规定："股东有权……对公司的经营提出建议或者质询。"这一规定的缺陷在于：第一，没有明确质询权的行使时间；第二，将股东质询的事项界定为"公司的经营"，这一表述弹性过大，实务中容易产生争议；第三，没有解决以下问题：说明义务人是谁？说明应达到何种程度？若义务人拒绝说明，股东可以寻求何种救济措施？立法的疏漏导致股东的该项权利在实践中根本不被尊重，很多公司的高管面对股东的质询往往以"无可奉告"应付。

不过，说商法规范具有很强的技术性特征，并不意味着商法中就没有伦理性规范。例如，保险法中对保险利益原则的规定，就是为了防止赌博和不当得利，抑制道德风险，伦理性色彩相当明显。

（四）对经济生活的适应性

众所周知，法律应具备一定的稳定性，以使人们对法律有一较为明确的预期。如果法律朝令夕改，人们将无所适从。作为一个法律部门，商法同样应保持相对的稳定性。

但是，与包括民法在内的其他法律部门相比，商法更加强调对经济生活的适应性。这是因为，商法调整的对象——商事关系是社会经济关系的重要构成，在社会经济关系发生了较大变动的情况下，即使商法原先的规范确属先进、合理，其也不能继续适用，而应作出相应的调整，否则不仅不能满足商业社会的需要，甚至还可能成为一种束缚。拉德布鲁赫就指出："和其他任何法律领域相比较，商法更能表现出法律与利益之间的较量以及利益对法律的影响，亦即规范对事实的有限力量和事实的最终规范力。简而言之，这就是经济历史观对经济与法律关系的解释。它表明在个人主义法律时代，商法必然扮演着一般私法的开拓者和急先锋的角色。"[1]

以《日本商法典》为例，"一战"后该法典进行了30多次修改，为补充该法典还颁布了30余项单行商事法规。相比之下，《日本刑法》自1908年施行以来只有10余次修订。再以《法国商法典》为例，其在1807年颁布时条文有648条，经多次修改后，目前继续有效的条文不过140余条，其中只有约30个条款保留了1807年颁布时的行文。

反观我国商事立法，其在及时应对社会经济关系的变化方面表现不佳。以破产法为例，我国的《企业破产法（试行）》制定于1986年12月，自1988年11月1日起实施，共43条，调整对象限于全民所有制企业。1991年颁布的《民事诉讼法》第十九章设"企业法人破产还债程序"，一共只有8条，适用于非全民所有制的企业法人。直到2006年8月27日，我国才制定通过了新的《企业破产法》。在这近二十年的时间里，我国经济生活可以说发生了极其巨大的变化，企业因不

---

[1] 〔德〕拉德布鲁赫：《法学导论》，米健译，商务印书馆2013年版，第118页。

能清偿到期债务而退出市场也成为常见之事。很难想象,两部法律中总共50余项条文是如何适应企业破产这一经济现实的。再以《信托法》为例,该法自2001年10月起施行以来,二十余年间从未改动。21世纪我国金融业迈入"大资管"时代,大量游离于银行监管体系之外的"影子银行"业务以及信托公司让渡管理权的"通道化"业务已表明:《信托法》相对滞后的条款已无法有效应对信托业在我国商事领域的快速发展趋势。金融商法的创新正在对传统信托理念形成巨大冲击,而我国《信托法》明显疲于应对各类金融创新产品。

(五)含有公法化因素

公、私法的划分源于西方法学传统。尽管人们对公、私法划分的标准争论不休,但国内学者大多接受对法律体系的这种区分。商法调整的是商人之间的交易活动,商人之间的关系本质上属于私的关系,以意思自治和契约自由为基本特征。因此,商法本质上属于私法,其最终价值取向在于保护并促进商人的营利。

现代商法虽以私法规定为中心,但也含有公法化的因素。19世纪末20世纪初,西方经济从自由资本主义阶段过渡到垄断资本主义阶段,对个人意志和利益的极度追捧引发了许多社会问题。有鉴于此,国家加强了对商事活动领域的干预,商事立法中出现了许多公法性质的条款和内容。例如,商法总则中的商事登记制度、商事账簿制度,公司法中的公司资本制度,证券法中的证券监管制度,保险法中的责任准备金制度,票据法中对票据记载事项的规定等,均为公法性质的规定。

商法是公法与私法的二元结构,与此相对应,商事法律规范是任意性规范与强制性规范的对立统一。商事活动直接关系到交易当事人的切身利益,交易内容、交易方式等应由当事人自主决定,因此立法上应多设任意性规定。但为维护交易安全,商法中也必须存在一些强制性规定。大陆法系学者一般认为,商事组织法原则上属于强制性规范,而商事行为法原则上属于任意性规范。"从历史角度看,有关企业活动法部分,因属行为法,主要规范企业活动中特定人相互间行为,本应尊重当事人意思,并以自由与迅速为依归,故大都采任意性规定;至于有关企业组织法部分,因企业组织健全与否,直接、间接影响第三人利益及社会安全,应以严格与确实为必要,故多采强行规定。"[①]需要指出的是,不能将组织法就等同于强制法,也不能将行为法就等同于任意法。组织法中也可以有任意性的规范,如我国2018年《公司法》第42条规定:"股东会会议由股东按照出资比例行使表决权;但是,公司章程另有规定的除外。"行为法中也可以有强制性的规范,如《保险法》第12条第1、2款规定:"人身保险的投保人在保险合同订立时,

---

① 赖源河:《学习商法与经济法需有宏观的企划能力》,载赖源河教授六秩华诞祝寿论文集编辑委员会:《财经法专论》,五南图书出版公司1997年版,第4页。

对被保险人应当具有保险利益。财产保险的被保险人在保险事故发生时,对保险标的应当具有保险利益。"如果相关人对保险标的不具有保险利益,保险合同即为无效。

就我国商事立法而言,长期以来的一个大问题就是过分突出商法的公法色彩和强制法属性,忽略了商法本质上属于私法,商法规范主要应当是任意性规范。以1993年《公司法》为例,该法中有大量条款包含"不得""禁止""必须""应当"等用语,只有少数条款赋予当事人"可以"的选择,公司当事人自治的空间被极大地压缩。正因如此,2005年《公司法》作出了意义深远的修正,2013年《公司法》的改革以及陆续颁布的各项司法解释更是突出了对公司私法自治理念的重视。

(六)规范的可借鉴性

商法的这一特征也被很多学者称为商法的"国际性"。在今天,各国商法的许多规范正在或已经日益趋同,市场经济发达国家的商事立法,或者国际公约中的商事规范,对很多国家的商事立法产生了很大的影响,具有极强的可借鉴性。

商事规范之所以具有很强的可借鉴性,与以下几个原因是分不开的:(1)商法规范偏重于技术性规范,是为商事交易的当事人提供"游戏规则"。不论资本主义国家还是社会主义国家,也不论大陆法系国家还是英美法系国家,商事交易必定存在许多共同的问题,因而也就需要共同的规则。商法既不像宪法那样具有强烈的政治色彩,也不像刑法、民法那样受到一个国家或者民族的历史、文化、社会、心理等诸多方面传统因素的影响,借鉴起来较为容易,受到的阻力也较小。(2)从商法的发展历史看,现代商法中的许多内容(如关于商号、公司、票据、保险、海商等方面的规定)都起源于中世纪的商人习惯法,这些商事习惯对各国后来的商事立法有很大影响,导致各国商法中的许多内容较为接近。(3)随着商事交易逐渐超越国界,为统一商事交易规则,国际上订立了大量的国际商事公约,如1910年的《船舶碰撞及海难救助统一公约》、1924年的《共同海损规则》、1930年的《统一汇票本票法公约》、1964年的《统一国际货物买卖法公约》、1978年的《联合国海上货物运输公约》等。同时,一些国际商事组织也纷纷成立,如国际海事委员会、世界贸易组织等。在国际商事公约和国际商事组织的影响下,各国商法的许多规定也逐渐趋同。因此,商法虽属国内法,其规范却有很强的可借鉴性和趋同性。正如德国学者李佩斯所言:"尽管20世纪以来世界各国所经历的私法统一化过程可能包含更广泛的含义,但这一法律统一化过程首先是从商法开始的。"[①]

基于商法的这一特征,我国的商事立法应充分注意两个问题:(1)对于已被

[①] 转引自刘凯湘:《论商法的性质、依据与特征》,载《现代法学》1997年第5期。

证明符合商事交易基本规律的法律规范,应大胆借鉴而不是刻意强调我国的特殊性。改革开放以来,我国在商事立法时对国外商事规范多有借鉴,但也常常过度强调政治本土特色,导致一些规范不伦不类。(2)法律移植与本土化。法律移植是人类文化交流的正常现象,后发国家可以借此继受一些较为成熟的规范,但各国、各民族独特的地理环境与人文环境增加了规范移植的难度,因此在进行法律移植时必须注意本土化的问题。我国不仅具有悠久的历史文化传统,而且目前还处于体制转轨时期,在引进国外商法规范时必须考虑到这些特殊性,否则甚至可能出现南橘北枳的结果。

第二节 商法的调整对象

一、商法调整对象的本质

国内商法学者一般认为,商法有其独立的调整对象,但对该调整对象的认定不完全相同。

有学者认为,商法的调整对象是商事关系,而商事关系具有下列特征:(1)商事关系是平等的商事主体之间的社会经济关系。(2)商事关系是商事主体基于营利动机而建立的。(3)相当多的商事活动是偶尔发生的,不具有持续性,因此不会产生商事关系。除明显的营利性外,只有在那些反复进行的营业活动中才能产生商事关系。[1]

也有学者认为,商法调整的对象是市场交易关系。该学者反对将商法的调整对象表述为商事关系,因为"这是民法'形式理性'在商法领域的表现。民法将其调整对象界定为'民事关系',根据同一逻辑,商法的调整对象自然应为'商事关系'","这种从概念到概念的推演方法,不仅使商法调整的对象变得模糊不清,也使得商法从实践性、开放性、国际性的体系,变成了'陈旧乏味''丧失了来自实践中的灵感和与商业现实的联系'的体系"。将商法的调整对象界定为市场交易关系的意义在于:(1)明确、没有歧义;(2)通俗易懂;(3)具有实践性;(4)具有永久开放性。[2]

还有学者认为,商法调整的是"以社会公共利益为本位平等主体营利性的商业流通经济关系"。民法调整的是个体本位平等主体间的财产关系和人身关系,而且民法调整的财产关系是平等主体非营利性的财产关系;经济法调整的是以整体为本位,国家的管理、组织和协调经济过程中所发生的经济关系。这些法律

---

[1] 参见王保树:《商事法的理念与理念上的商事法》,载王保树主编:《商事法论集》(第1卷),法律出版社1997年版,第2—5页。

[2] 参见徐学鹿主编:《商法学》(第四版),中国人民大学出版社2015年版,第5—6页。

的调整对象不同,三者共同构成了市场经济立法结构体系,都处于市场经济法律体系中的基本法地位。①

亦有学者认为,商法调整对象是指"因从事营业行为所引起的社会经济关系及与此相联系的社会关系的总和"②,"由营利性商事主体从事商事行为所引起的财产经营关系及与此相联系的社会关系的总和"③。

上述几种观点虽然存在差异,但都是将商法的调整对象表述为一定的社会关系。与此不同的是,有学者认为,商法的调整对象是"市场经济关系中的商人及其商事活动"④。

综合以上各种观点,可以将商法的调整对象界定为商事关系,这其实已经是国内商法学者的普遍观点。任何法律都以一定的社会关系作为自己的调整对象,商法亦不例外。具体而言,商事关系是商事主体按照商事法律的规定从事商事交易活动所发生的社会关系,或者说,商事关系是商事主体以营利为目的从事营业过程中发生的社会关系。

二、商法调整对象的范围

将商法调整对象界定为商事关系,只是完成了"定性"的任务,要想获得对商事关系的直观清晰认识,尚须完成"定量"的工作,即对商事关系进行分解,了解商事关系的具体构成。

商事关系的范围如何?许多学者对此进行了研究,形成了"两分法""三分法""五分法"等多种观点。

"两分法"将商事关系区分为两种关系。如有学者认为,商事关系包括商事财产关系和与商事财产关系密切联系的商事人身关系。⑤ 也有学者认为,商事关系包括商事组织关系和商事行为关系。⑥ 还有学者认为,商法的调整对象严格限定于两种关系:一为商人人格创制关系,二为商事营业实施关系。⑦

"三分法"将商事关系区分为三种类型,如有学者认为,商法调整对象包括以下三种关系:(1)商事主体基于营利性行为所产生的各种关系;(2)商事主体内部在商事运营中对自身的管理关系和组织关系;(3)商事管理关系,即国家与商事主体之间所发生的行政管理和监督关系。⑧ 有学者虽然将商事关系概括为商

---

① 参见任先行、周林彬:《比较商法导论》,北京大学出版社 2000 年版,第 19—25 页。
② 赵中孚主编:《商法通论》(第六版),中国人民大学出版社 2017 年版,第 8—9 页。
③ 官欣荣主编:《新编商法原理》,中国检察出版社 2009 年版,第 38—42 页。
④ 赵万一主编:《商法》(第五版),中国人民大学出版社 2017 年版,第 4 页。
⑤ 参见王卫国主编:《商法概论》,中国政法大学出版社 2000 年版,第 20 页。
⑥ 参见王作全主编:《商法学》(第四版),北京大学出版社 2017 年版,第 13 页。
⑦ 参见高在敏主编:《商法》(第二版),法律出版社 2016 年版,第 7—8 页。
⑧ 参见官欣荣主编:《新编商法原理》,中国检察出版社 2009 年版,第 42 页。

业组织关系和商行为关系两大类,但在具体划分时却表述了六种类型的关系:(1)在商流转过程中发生的交易关系;(2)在物流过程中发生的交易关系;(3)在资本流转过程中发生的交易关系;(4)在商业服务过程中发生的关系;(5)商业组织关系;(6)商事管理关系。①

"五分法"是将商事关系区分为五种类型,具体而言,包括商事组织关系、商事交易关系、商事代理关系、商事自律关系和商事监管关系。②

对于将商事关系区分为商事财产关系和商事人身关系,有学者提出了不同的意见,认为商事关系只能是一种财产关系,商法并不调整人身关系,因为商事关系是以营利为目的的经营关系,人身关系不具有营利性特征。商法之所以对商业名称权提供保护,仅仅是基于商业名称权的专用性和财产性,即商法是将商业名称权作为一种财产权利加以保护,而不是作为一种人格权来保护。③ 应当说这一观点具有一定的道理。

我们认为,对商事关系的具体构成的理解,不能脱离商法的概念和特征。从商法的概念看,商法调整的是商事主体在商事活动中发生的社会关系。基于营利目的发生的商事交易关系属于商事关系是毋庸多言的。就商事主体而言,现代商人多体现为各种组织体,如个人独资企业、合伙企业和公司。这些组织体的内部构造异常复杂、精巧,需要商法对此作出规范,因此商事组织关系也应当属于商事关系。而从商法的特征看,现代商法兼有公、私法属性,国家对商事领域的干预大大加强,由此发生的社会关系也应当属于商事关系的范畴。

第三节 商法的地位和渊源

一、商法的地位

商法的地位是指商法在整个法律体系中所处的位置和重要程度。研究商法的地位,主要是研究商法究竟是法律体系中一个独立的法律部门,还是从属于某一法律部门。

在大陆法系国家,关于商法的地位主要有两种立法模式:(1)民商分立模式。这一立法模式由法国开创,并由 40 多个国家采用。这些国家既有民法典,也有商法典,商法是其法律体系中一个独立的法律部门。(2)民商合一模式。也就是只制定民法典,不再另行制定商法典,商法被认为是民法的组成部分,商法规范要么见于民法典中,要么见于单行商事法规中。一般认为,这一立法模式

---

① 参见任先行、周林彬:《比较商法导论》,北京大学出版社 2000 年版,第 34—39 页。
② 参见雷兴虎、樊启荣主编:《商法概论》(第 2 版),清华大学出版社 2017 年版,第 4 页。
③ 参见施天涛:《商法学》(第六版),法律出版社 2020 年版,第 3—4 页。

由瑞士开创。

国内学者对商法是否是或者是否应当是一个独立的法律部门存在很大的争论。

赵中孚教授反对民商分立,他认为:"自成一体的部门法应有它自身固有的一般原理,这些一般原理与适用于其他部门法的一般原理有泾渭分明的区别,法的每一领域都有它自身的精神实质和基本特征。而民法和商法之间根本不存在明确的划分,随着生产社会化的发展,它们之间的划分越来越困难。我们发现:民商分立的国家商法所选定的那些标准本身就缺乏明确的定义,如何规定'商人'和'商业交易'等术语的定义,法学界对此几乎是一筹莫展。所有抽象定义都是含糊其辞。由于经济生活发展迅猛,这些定义往往很快过时,从而给社会生活造成诸多不便,繁复冗杂的标准、层出不穷的例外规定只能使定义显得毫无科学价值。重新开始有关商法自立的论战现在看来毫无价值了,商业交易在本质上属于民法范畴。相比之下,民商合一是进步的趋势,特别是对于避免民事法院和商事法院在司法管辖上的争议,是十分必要的。"①

相反,顾功耘教授坚持认为,商法应当也可能成为一个独立的法律部门,理由主要是:(1)各国都存在实质意义上的商法,商法是市场经济发展尤其是市场经济发展的必然选择。(2)民法只能调整简单商品经济时期以自然人、家庭为中心的商品交换关系,其基本理念和原则不能适应现代市场经济的要求,市场交易要求商法予以系统调整。(3)民法规范偏重于伦理性,反映了一国民族的文化特征,带有很强的地区性、传统性;商法规范偏重于技术性,反映了现代经济讲求效率和便于国际贸易交往的要求,带有很强的通用性和创新性。(4)商法有自己独立的调整对象,可以和民法的调整对象分清界限。更为重要的是,商法调整对象以其独特的市场调节机制保证市场运行的整体性和协调性,而民法只能分散地、个别地保障私法主体利益。(5)中国的民法制度也是在改革开放后逐渐建立起来的,难为商法提供足够的立法基础。中国商法完全可以在借鉴国际上最先进的商法制度的基础上直接创新,独立发展。②

赵旭东教授则认为,民商立法体例应当采用第三种模式,即民商立法体例的理性选择应当是有分有合、法典化与单行法并行的折中体例,具体是指"民法典与商法分别立法、商法通则与各个商事单行法分别立法,不制定一部无所不包的民法典和包罗所有商法规范的商法典"。无论完全的民商合一还是传统的民商分立,都很难与中国现代民商法的发展需求相容,不能成为科学建构民商法体系的合理选项,商法从民法中的分离以及商法各部门的单行立法是最为科学的立

---

① 赵中孚主编:《商法通论》(第六版),中国人民大学出版社2017年版,第33页。
② 参见顾功耘主编:《商法教程》(第二版),上海人民出版社、北京大学出版社2006年版,第15页。

法选择。理由主要是:(1)融合式立法会改变民法总则应有的规范构成,破坏其科学的逻辑体系。(2)分解融合式立法亦会形成制定商法通则的障碍,阻断商事立法的进程。①

通常而言,判断某种法是否成为一个独立的法律部门的标准,就是看该法是否具有独立的调整对象。商法的调整对象是商事关系,那么,商事关系是否能够独立于民事关系呢?我们认为,商事关系与民事关系存在本质区别,这些区别是:(1)从主体上看,民事关系大多是以自然人为基本主体,商事关系以商法人为基本主体。(2)从客体上看,民事关系的客体一般为特定物,而现代社会化的生产以批量和规模的极大化为基本追求,各类商品普遍采用行业、国家甚至国际标准,所以商事关系的客体具有明显的种类化趋势。金融产品的定型化、标准化则更是与传统商品的特征相异。(3)从目的性上看,民事关系一般以满足主体的自身消费需求为目的,而商事关系则以营利即资本增值为目的。(4)从对价关系上看,民事关系受市场波动影响较小,对价关系基本上由价值决定。而商事关系完全受市场的操纵,其对价关系主要受供求关系决定。(5)从交易链上看,民事关系以消费为目的,追求使用价值,交换一经完成,便进入消费过程,所以民事关系一般形不成交易链。而商事关系以营利为目的,追求交换价值,买进是为了卖出营利,所以一宗商品往往要几经转手,形成一定的交易链。(6)从交易形式上看,民事交易具有个别和偶然的性质,而商事交易表现为同种交易大量反复进行,从而具有集团交易和个性丧失的特点。(7)从交易方式上看,民事交易均是现货交易,商事交易既有现货交易,也有期货期权交易,还有其他复杂的金融衍生产品的交易。(8)从交易种类上看,民事交易只有简单的买卖、租赁、借贷等几种,而商事交易的种类繁多,从买卖商发展到投资商、服务商,从制造商发展到经纪商、运输商、保险商、证券商、广告商、管理商等。(9)从功能上看,民事交易是为了稳定个人、家庭等基本的生活秩序,商事交易则是为了建立一种以现代企业组织为核心的合理利用有限资源的市场运行机制和社会经济秩序。② 显然,现代商法具有自己独立的调整对象,完全可以成为一个独立的法律部门。

二、商法与邻近部门法的关系

（一）商法与民法的关系

商法与民法的关系最为密切,人们常常以"民商法"合称之,但两法也有显著区别。我们可以从以下几个方面认识两法之间的复杂关系。

---

① 参见赵旭东:《民法典的编纂与商事立法》,载《中国法学》2016年第4期。
② 参见顾功耘主编:《商法教程》(第二版),上海人民出版社、北京大学出版社2006年版,第11—12页。

第一,从调整对象看,两法都调整商品经济关系(财产关系)。但是,民法主要调整简单商品经济关系,反映简单商品经济的规律和要求;商法主要调整发达的商品经济关系,反映发达商品经济的规律和要求。民法调整平等主体之间的财产关系和人身关系,而商法只调整财产关系。民事关系是发生在平等主体之间的关系,而商事关系可以发生在平等主体之间,也可以发生在不平等主体之间,如商事管理关系。

第二,从法律属性看,民法是纯粹的私法,商法是以私法为主,但兼有公法的内容。因此,民法是私法的主要组成部分,在整个私法体系中居于核心地位。民法属国内法,不具有国际性。商法基本上属于国内法,同时具有较强的国际性。

第三,从立法价值取向看,虽然一部法律可以同时具有多种价值追求,但民法关注的主要是民事主体之间的地位平等和利益平衡,公平是其首要目标;商法关注的主要是商事主体的营利动机实现,效率是其首要追求。对此,不妨举例加以说明:在民事买卖中,如果卖方误标价格,其可以根据《民法典》中有关"重大误解"的规定请求变更或者撤销合同。但在商事交易(如证券交易或者期货交易)中,如果一方错误表示价格,以此为由变更或者撤销合同的主张不应受到支持。

第四,从法律原则看,民法中的一些基本原则也是商事主体在商事活动中应遵守的基本原则,如自愿原则、等价有偿原则、公平原则、诚实信用原则等。

第五,从法律内容和法律适用看。在民商合一的国家,商法是作为民法的特别法而存在。即使在民商分立的国家,商法同样具有民法特别法的属性。民法为一般社会生活确立了基础性的制度,如法人、所有权、债权制度,而商法常常对这一基础性的制度作出细化补充或者变更,从而确立特殊性的制度。《民法典》的颁布贯彻了我国民商合一的体例,但在法律适用上,由于商法属于特别法,根据特别法优于普通法的原则,有关商事的事项应先适用商法。当商法未作特别规定时,依照钱玉林教授的观点,应当区分为"无需作出特别规定"和"应当做出特别规定而未作特别规定"两种情形:商法无需作出特别规定的情形,适用民法的一般规定;而商法应当作出特别规定而未作特别规定的情形,则构成商法的漏洞,应以法律漏洞填补的方法予以补充。[①]《日本商法典》第1条体现了这一理念:"关于商事,本法无规定者,适用商事习惯法,无商事习惯法者,适用民法典。"

(二)商法与经济法的关系

在我国学术界,经济法是一个尚未获得统一认识的概念。通常认为,经济法是指调整国家在管理社会经济运行的过程中发生的社会关系的法律规范的总称。

虽然商法与经济法都要调整一定的社会经济关系,但它们是两个独立的法

---

① 参见钱玉林:《商法漏洞的特别法属性及其填补规则》,载《中国社会科学》2018年第12期。

律部门,两者之间的区别主要有以下几点:

第一,从产生原因看,商法之所以形成,是因为民法不能承担调整复杂商品经济关系这一任务;而由于民商法过度张扬意思自治、行为自由,市场机制的自发运行产生了诸多弊端,包括垄断、限制竞争等问题,政府于是开始介入市场运行以弥补市场机制的缺陷,经济法也随之产生和发展。

第二,从调整对象看,商法主要调整发生在平等主体之间的关系,商事管理机关与商人之间的管理关系只是商法调整对象的一小构成部分,因此商法调整的社会关系基本上是横向的。经济法则不同,其调整的是国家在干预经济的过程中发生的社会关系,这种关系基本上是纵向的。

第三,从法律属性看,商法基本上以个人为本位,偏重于保护商事主体的合法权益,本质上属于私法,商法规范更多的是任意性规范。经济法则是以社会为本位,偏重于维护社会公共利益,本质上属于公法,经济法规范更多的是强制性规范。

第四,从调整方法看,商法尊重当事人的意思自治,很多问题交由当事人自己决定,政府的角色较为消极;经济法更加强调发挥政府的作用,政府需要基于社会整体利益的考虑干预经济生活。

三、商法的渊源

法的渊源又称法源,是指法律规范的表现形式。所谓商法的渊源,就是指商法表现为哪些形式,具体可以分为国内渊源和国际渊源。

(一) 商法的国内渊源

1. 商事制定法

商事制定法又叫商事成文法,是指由国家立法机关或行政机关依据一定程序制定的各种规范性文件。商事制定法包括商法典、单行商事法规以及民法典中包含的商法规范。商事制定法是国内商法的重要渊源。

2. 商事习惯法

商事习惯法属于不成文法,在商法发展初期一直是商法的主要渊源,但后来逐渐让位于商事制定法。但是,由于社会关系的复杂性和变动性,商事制定法不可能为所有的商事交易提供细致明确的规范,此时商事习惯法可以发挥重要作用。《日本商法典》第1条的规定就反映出商事习惯法的重要性:"关于商事,本法无规定者,适用商事习惯法,无商事习惯法者,适用民法典。"

3. 商事自治法

商事自治法是商事主体(企业)就其组织、运作、成员权利义务、相对人权利义务等自主制订的规则。① 一般来说,商事自治法主要有三种形式:(1) 公司章程。公司章程是关于公司组织和运作最基本的法律文件,对公司、股东、董事、监事、高级管理人员具有约束力。(2) 交易所规则。证券交易所、期货交易所等制订的各项业务规则,对上市公司、证券公司或期货经纪公司以及其他交易当事人均有约束力。(3) 商业行会规约。为实现自我约束和自我发展,各商业行会常制订自治性的行业规范,对行业成员也有一定的约束力。

4. 商事判例法

在英美法系国家,商事判例法一直就是商法的重要渊源。在大陆法系国家,人们对商事判例能否成为商法渊源有不同的看法。

(二) 商法的国际渊源

1. 国际商事条约

国际商事条约是指两个或两个以上的国家所签订的商事协议,包括双边国际商事条约和多边国际商事条约(国际商事公约),如 1980 年《联合国国际货物多式联运公约》。国际商事条约是商法的重要渊源,就涉外商事关系而言,国际商事条约通常优先于国内商法而适用。而针对国内商事关系,国际商事条约一般需要通过国内商法的规定间接适用。

2. 国际商事惯例

国际商事惯例是指在国际商事领域被普遍认可并广泛适用的交易习惯,其是由两种非政府机构提出的具体商事规则:其一,附属于联合国的许多组织机构,如联合国国际商法委员会、联合国工业发展委员会;其二,某些专业性质的国际组织,如伦敦谷物贸易协议、利物浦棉花协会等。② 作为商法的一种渊源,国际商事惯例的适用通常需要当事人的明确意图。

第四节 商法的历史发展

商法历史悠久亘长,其形成和持续发展的根本原因在于商品经济和商业贸易的不断发展。法国学者丹尼斯·特伦就曾指出,商法的形成实际上来自实践,它们的系统化过程不是由于民法学者的传播,而是由于其推行者的努力。③ 或者说,只要存在商业贸易的地方就会存在商法。

一、欧陆法系商法

一般认为,在欧陆法系国家,商法经历了一个古代商法—中世纪商人法—近

---

① 参见王书江主编:《中国商法》,中国经济出版社 1994 年版,第 7 页。
② 参见张民安:《商法总则制度研究》,法律出版社 2007 年版,第 87 页。
③ 参见《中国大百科全书·法学》,中国大百科全书出版社 1984 年版,第 505 页。

代商法—现代商法的演变过程。

1. 古代商法

古代商法一般是指欧洲中世纪以前的商法。关于古代商法的最早起源,人们迄今尚无定论。一种说法认为,商法起源于古巴比伦的《汉谟拉比法典》,该法典由公元前18世纪古巴比伦第六代国王汉谟拉比于在位期间制定,包括买卖、租赁、借贷、寄存、雇工以及有关商人等诸多规定。另一种说法认为,商法起源于古希腊。由于海上贸易的繁荣,古希腊形成了大量的海事习惯,这些海事习惯经过汇编成为法典——著名的《罗得法》。该法中有许多关于海商方面的规定。例如,根据该法,如果船舶遇难,为保全船舶及剩余货物需要将一部分货物抛弃,那么所有的船主和货主必须分担损失。此即现代共同海损法之渊源。[1] 还有一种说法则认为,商法的最早起源应为古罗马法。公元前2世纪到公元1世纪,罗马成为西方世界最强大的国家。凭借着军事、地理优势,罗马境内的商业贸易获得了极大的发展,商人这一特殊的利益集团也开始形成,调整商事关系的法律规范因之大量产生。在当时的罗马法尤其是万民法中,就有关于代理、冒险借贷、海运赔偿等内容的商业习惯法,一些重要的商法原则和商法规范已经初步形成,并"支配着罗马帝国范围内绝大多数类型的商业交易,尤其是涉及远距离货物运输的商业交易"[2]。"无论从法律内容的发达状况,还是从法律技术的精细程度考虑,与以往的法律相比,罗马法中关于商品交换的法律规定已达到了一个崭新的、较高的水平。这些法律被后人所推崇和接受,从而对近现代欧洲商法,以至整个世界的贸易法都产生了较大的影响。"[3]

从人类社会的发展规律看,古代商法规范是随着社会分工和简单商品交换的出现而形成的,今天的人们实难考证商法究竟起源于何时何地。由于当时的生产条件较为简陋,商品经济关系较为简单,古代商法规范与民法规范相互交错,商法尚未形成一个独立的法律部门,但实质意义上的商法规范是存在的。

2. 中世纪商人法

国内外商法学者普遍认为,欧洲中世纪的商人法(Lex, Law of Merchant)才是近代商法的直接起源。所谓商人法,是指产生于中世纪西欧商人中间,调整他们彼此间关系的一系列习惯和法律。[4] 它的出现和发展有着深刻的社会

---

[1] 参见任先行、周林彬:《比较商法导论》,北京大学出版社2000年版,第144页。
[2] 〔美〕哈罗德·J.伯尔曼:《法律与革命——西方法律传统的形成》(第一卷),贺卫方等译,法律出版社2018年版,第440页。
[3] 任先行、周林彬:《比较商法导论》,北京大学出版社2000年版,第146页。
[4] 参见〔英〕戴维·M.沃克主编:《牛津法律大辞典》,北京社会与科技发展研究所译,光明日报出版社1988年版,第524页。

背景。

随着罗马帝国分列为东、西罗马以及西罗马帝国在公元476年灭亡,在中世纪开始以后的几百年时间里,欧洲范围内庄园经济盛行,大量民众被束缚在土地上。商人也备受教会以及教会控制之下的世俗政权的歧视和压迫,有偿借贷等行为被严厉禁止,商业贸易极度萎缩。这种情况从公元11世纪开始逐步改变。11世纪以后,欧洲农业经济获得了很大的发展,提供了大量剩余农产品用于交换,这为商业经济的复兴提供了物质基础。在西欧尤其是地中海沿岸、北海沿岸和波罗的海沿岸,出现了定期的集市,这些集市的数量和规模也日益扩大。除陆上贸易外,十字军东征打通了欧洲通向东方的商路,东西方海上贸易再次兴起,这促进了地中海沿岸、亚得里亚海沿岸等许多城市商业贸易的繁荣。

商业贸易的繁荣也促进了商人阶层的形成。商人需要法律承认并保护其利益,但当时占主导地位的封建法和教会法对于商人、商业总体上持抵制态度,许多商事交易行为被明令禁止,而且既有法律中也缺乏调整一些新型商事交易的规则。于是,商人们就组建了自己的团体——商人基尔特(Merchant Guild),其中比较著名的如汉萨同盟。这些商人基尔特团体凭借经济实力,争取到一定范围内的自治权和裁判权。它们发布调整商事活动的自治规约,编辑商事惯例,组建商事法院来裁决商人之间的纠纷。正是在这些商会规则、商业习惯和商事法院的判决的基础上,商人法逐渐形成。最初,各地的商人法之间存在较大的差异。例如,中世纪盛行的海商法实际上可以分为流行于地中海及其沿岸的康苏拉度海法,流行于大西洋沿岸的奥勒伦法,以及流行于波罗的海和北海沿岸的威斯比海法。[①] 但在人们的努力下,各地的习惯法逐渐统一,成为适用于各城市的共同商法。例如,位于海岸的阿马尔菲共和国采用的海商法汇集——《阿马尔菲表》就被意大利所有的城市共和国采用。因此,可以说,商法从一开始就具有"国际性"特征。在内容上,现代商法中的诚信原则、商人资格及公示规则、商事合伙、商事代理、票据、海商等许多内容,在中世纪商人法中已具雏形。

就其本质而言,中世纪的商人法不是国家法律,而是适用于商人团体内部的商事习惯法,具有自治性的特征。

3. 近代商法

这一阶段商法发展的最大特征体现在成文化和国家化方面。15、16世纪以后,商品经济的进一步发展促使欧洲范围内统一的民族国家纷纷成立,自治城市逐渐消亡。与此相适应,商法也由习惯法过渡到成文法和国家法。

1673年3月,由太阳王路易十四颁布的《商事条例》开创了国家立法的先河。该条例主要规范陆上商事活动,共计12章112条,内容涉及商人、票据、破

[①] 参见董安生等编著:《中国商法总论》,吉林人民出版社1994年版,第11—12页。

产、商事裁判管辖等。对于条例未规定的事项,商人习惯法仍可适用。商事法院的法官也由商人担任。1681年8月,路易十四又颁布了《海事条例》,主要规范海上商事活动,共五编,内容包括海上裁判所、海员及船员、海事契约、港口机场和海上渔猎。该法的主要目的是加强王室对海上贸易活动的控制,排除奥勒伦法和康苏拉度海法等商事习惯法对法国海商活动的适用。

德国在1871年统一前分裂为许多邦,其中,普鲁士从18世纪开始就以商人习惯法为依据制定成文商法,包括1727年《普鲁士海商法》、1751年《普鲁士票据法》、1776年《普鲁士保险法》和1794年《普鲁士普通法》等。

4. 现代商法

(1) 法国商法典

19世纪以后,随着法国资产阶级革命的成功,为巩固革命成果,适应资本主义商品经济发展的需要,进一步规范商事活动,拿破仑于1801年任命了一个7人委员会负责起草《法国商法典》。1807年9月,《法国商法典》正式通过。《法国商法典》共分四篇,计648条。第一篇为通则,其内容包括商人、商业账簿、公司、夫妻财产的分割、商业交易所、票据经纪人、行纪、买卖、汇票本票及时效,共九章;第二篇为海商,其内容包括船舶、船舶抵押、船舶所有人、船长、海员、佣船合同、载货证券、租船合同、以船舶抵押而设定的借贷、海上保险、海损、货物抛弃、时效、拒诉,共十四章;第三篇为破产,其内容包括家资分散、破产、复权,共三章;第四篇为商事裁判,内容包括法院的设立、管辖范围、诉讼方法、仲裁程序,共四章。

《法国商法典》是在《商事条例》和《海事条例》的基础上经过系统编纂而成,其重要的历史意义在于:① 它是世界上第一部商法典,首创民商分立体制,标志着现代商法已经形成;② 它采取客观主义的立法模式,只要行为人的行为属于商行为,就适用商法,从而打破了中世纪以来商法只适用于商人阶层的传统,变商人法为商行为法。这一立法模式反映了法国大革命所确立的自由平等观念,并为许多国家效仿,如比利时、卢森堡1811年的商法,西班牙1829年的商法,葡萄牙1832年及1888年的商法,希腊1835年的商法,土耳其1850年的商法,埃及1875年的商法,阿根廷1889年的商法,秘鲁1902年的商法。此外,意大利、波兰、罗马尼亚、巴西、智利的商法都直接或间接受到法国商法的影响,美国路易斯安那州的商法也受到法国商法的影响,从而形成了法国商法法系。

然而,最初的《法国商法典》也存在相当的局限性:① 体系不甚合理。该法公法与私法不分,实体法与程序法不分,对于陆商的规定要比对于海商的规定更为简单。② 内容较为简单。公司和票据制度是商法中的两项基本制度,该法仅在通则篇的第三章和第八章作了简单规定。涉及公司的条文只有20多条,其中,最为重要的股份有限公司只有13条,这反映出资合公司在当时尚未获得充分发展。与《法国民法典》相比,《法国商法典》的影响力要小得多。

《法国商法典》目前仍然有效,只是其毕竟制定时间较早,很多条款后来不能适应现实情况而被修改或者废除。此外,法国还制定了不少商事单行法以应对现实中的新情况,如 1867 年颁布的《股份公司法》、1919 年颁布的《商业登记法》、1925 年颁布的《有限责任公司法》、1955 年修订的《保险契约法》、1988 年修订的《证券交易所法》等。

(2) 德国商法典

在德国尚未统一时,商法的统一运动已经展开,人们试图"通过编纂统一法来推动德国政治统一运动"[①]。1861 年,《德国商法典》颁布,此即"德国旧商法典"。该法以《普鲁士普通法》和《法国商法典》为蓝本制定,沿袭客观主义立法模式。在结构上,该法共分五编,计 911 条。第一编为商人地位,第二编为商事公司,第三编为合伙,第四编为商行为,第五编为海商。该法典颁布后,德意志的大部分邦通过立法将其转化为邦法。

1871 年德意志帝国成立,不久之后就启动了修改旧商法典的工作。1897 年,新的《德国商法典》编纂完成,并于 1900 年 1 月 1 日起与《德国民法典》同时施行,此即"德国新商法典"。德国新商法典共四编三十一章,计 905 条。第一编为"总则",共八章,内容包括商人、商业登记簿、商号、商业账簿、经理权和代理权、商业辅助人和商业学徒、代理商、商事居间人。第二编为"商事公司及隐名合伙",共五章,内容包括无限公司、两合公司、股份公司、股份两合公司、隐名合伙。[②] 第三编为"商行为",共七章,内容包括总则、商业买卖、行纪业、承揽运输业、仓库业、货物运送、铁路运送。第四编为"海商",共十一章,包括总则、船舶所有人及船舶共有人、船长、货物运送、旅客运送、风险借贷、共同海损、海难救助、船舶债权人、海上保险、时效。

与旧商法典不同的是,德国新商法典采主观主义立法模式,即以商人为立法基础。按这种立法模式,同一行为若是商人所为则适用商法,若非商人所为则适用民法或其他法律。根据德国学者的解释,《德国商法典》的制定者以'商人'概念作为出发点,是因为他们持有一种十分陈旧的观点,即一个社会中的不同职业构成了相互独立的身份集团,而每一集团都有其专门的法律"[③]。那么,何谓商人呢?根据德国法律,公司(股份有限公司和有限责任公司)不管从事什么业务或活动,都因其法定的组织形式而一概具有商人身份。个人和合伙只有在具备了《德国商法典》第 1 条至第 3 条所规定的条件后,才能取得商人资格。《德国商

---

① 〔英〕施米托夫:《国际贸易法文选》,赵秀文选译,中国大百科全书出版社 1993 年版,第 9 页。
② 德国新商法典未规范有限责任公司,这是因为德国在 1892 年已经制定《有限责任公司法》。
③ 〔德〕罗伯特·霍恩、海因·科茨、汉斯·G. 莱塞:《德国民商法导论》,楚建译,中国大百科全书出版社 1996 年版,第 232 页。

法典》第 1 条第 2 款列举了九种商业活动（基本商职业），从事这些活动的人将被毫无例外地赋予商人身份。至于从事其他业务活动的经营者，须经登记才能被作为商人对待。[①] 德国商法的这种区分不仅有违平等观念，而且不能涵盖新型的商事经营活动。因此，1998 年修订的《德国商法典》没有对从事基本商营业与其他营业的人作出区分，根据该法第 1 条的规定，商人是指商事经营者，而商事经营是指任何营利事业，除非企业依其种类或范围不需要以商人方式进行经营。据此，只要行为人的行为属于商事经营，其就是商人。

必须指出的是，德国新商法典中的商人与中世纪商人法中的商人有所不同。商人法中的商人实际上是一个阶层或者阶级，商人法只适用于这个阶层或者阶级。新商法典中所谓的商人，是指经营营业的人，这种概念具有普遍性。[②]

《德国商法典》在世界上也产生了很大的影响，许多国家效仿德国的立法模式制定商法典，从而形成了德国商法法系。属于这一法系的国家有奥地利、土耳其（原属法国法系，后改德国法系）等。

（3）日本商法典

日本自明治维新后走上了资本主义的道路，为适应经济发展的需要，日本开始了法典的编纂工作。1881 年，日本政府聘请德国人赫尔曼·罗斯勒起草《日本商法典》。1890 年 4 月 27 日，议会讨论通过并公布该法典，并决定于 1891 年 1 月 1 日起实施，此即"日本旧商法典"。该法典共分三编，1064 条，第一编为总则，第二编为海商，第三编为破产。由于该法典被认为完全无视日本本国的商事习惯，与日本民法典也很不协调，日本学者对是否如期施行该法典产生了激烈的争论，并迅速波及政界和实业界。最终，延期派取得了议会的主导地位，该法典两次被延期施行，但其中的公司（第一编第六章）、票据（第一编第十二章）和破产一编自 1893 年起实施。

为了打破僵局，既解决旧商法存在的问题，又尽快确立商法制度，日本政府采取了名义上修改商法，实际上重新起草新商法的方针。1893 年，日本成立法典调查委员会，成员为梅谦次郎等日本著名的法学专家。1899 年 3 月 9 日，新的《日本商法典》获得议会通过，并于同年 6 月 16 日起施行，此即"日本新商法典"。日本新商法典共五编三十四章，计 689 条。第一编为总则，第二编为公司，第三编为商行为，第四编为票据，第五编为海商。

新的《日本商法典》自 1899 年 6 月 16 日起施行以来，为适应国内外的新形势进行了 50 多次修改和补充。在 1932 年和 1933 年，日本根据 1930 年《日内瓦

[①] 参见〔德〕罗伯特·霍恩、海因·科茨、汉斯·G.莱塞：《德国民商法导论》，楚建译，中国大百科全书出版社 1996 年版，第 232—234 页。

[②] 参见施天涛：《商法学》（第六版），法律出版社 2020 年版，第 27 页。

汇票本票统一法公约》和 1931 年《日内瓦支票统一法公约》，分别制定了汇票本票法和支票法，原来属于第四编的票据法予以废除。①

现行《日本商法典》分为三编，即总则、商行为和海商，共 851 条。其中，"总则"编分七章，内容包括商人、商业登记、商号、商业账簿、商业雇员、代理商等。"商行为"编分十章，内容依次为总则、买卖、交互计算、隐名合伙、居间营业、行纪营业、货运行纪营业、运输营业、保管、保险。"海商"编分为七章，内容为船舶及船舶所有人、船长、运输、海损、海难救助、保险和船舶债权人等。②

《日本商法典》在体制上仿效法国商法，内容上则采德国商法；在立法模式上兼采客观主义与主观主义，既重视商人，也重视商行为。例如，《日本商法典》第 4 条第 1 款规定了商人，第 501 条和第 502 条则具体列举了商行为。因此，日本商法仅适用于商人，非商人只能适用民法，这是主观主义模式。但是，商人必须以从事商行为为职业，不以从事商行为为职业的人不是商人，这又是客观主义模式。由于日本商法典同时以商人和商行为作为立法基础，这种立法模式又被称为折中主义模式。

上述法国、德国、日本等国家的商法典尽管立法模式不一，但都属于民商分立体制。此外，有一些大陆法系国家奉行的是民商合一体制。例如，瑞士于 1872 年颁布《瑞士债务法》。该法第一编为总则；第二编为契约分则，包括行纪、仓库、寄托、运送、承揽等；第三编为公司、有价证券及商号、商业合伙、票据、商业登记、商业账簿等内容。1907 年，《瑞士民法典》颁布，1911 年《瑞士债务法》被纳入民法典中成为其第五编，首创民商合一体制。意大利等国也采取这一立法体例。

二、英美法系商法

在英美法系国家，一般不存在大陆法系意义上的民法典和商法典，因此在这些国家，不存在民商分立或者民商合一的问题。

（一）英国商法

英国一向以不成文法为主，其商法传统上以判例法和习惯法为主要法律渊源。17 世纪早期，商法是涉及海外贸易的商人的法律，是商人在国际贸易活动中发展起来的惯例和通则，并在商事法院（海事法院）中使用。1606 年，爱德华·科克爵士成为上诉法院大法官后，普通法院也逐渐开始受理商事案件。在曼斯菲尔德爵士担任王座法院大法官后，他将原来的商法全部纳入普通法，由此奠定了英国现代商法的基础。

---

① 参见吴建斌：《现代日本商法研究》，人民出版社 2003 年版，第 5—6 页。
② 参见《日本最新商法典译注》，刘成杰译注，中国政法大学出版社 2012 年版，第 287—288 页。

19世纪以来,为适应商业经济发展的需要,英国开始在判例法和习惯法之外大量制定商事单行法,这些法律主要涉及公司、破产、票据和保险等领域。在公司法方面,英国在1844年制定了《合股公司法》,改变了只有通过皇家特许状或议会法案才能设立公司的局面,确认了设立公司的自由。1855年,英国颁布《有限责任法》,赋予股东以有限责任的庇护,该法后并入1856年《合股公司法》。1862年,英国通过第一部以"公司法"命名的法律,此后该法经历多次修改,最近的一次修改发生在2006年。在保险法方面,由于英国是现代保险的发源国家之一,因此保险法在英国的历史也较为久远。早在1746年,英国就颁布了《海上保险法》和《人寿保险法》。此后,英国又制定了1876年《保险单法》、1906年《海上保险法》、1909年《保险法》、1923年《简易人身保险法》、1958年《保险公司法》等。其中,1906年《海上保险法》对世界各国的保险立法产生了深远的影响。

尽管英国商法中已经存在大量的制定法,但判例法仍然在其商法体系中居于非常重要的地位,习惯法也是如此。在20世纪初,还有英国法官强调习惯法的作用:"商人习惯法并没有完全丧失它原来的性质,也并未忘记它是从中世纪自然法传下来的,它是各种形式的习惯法做法中所体现出来的普遍合理的规则。由于符合英国的程序和法律方法,因而它还可以从已经确定的一般惯例中得到加强。"[①]

(二) 美国商法

由于美国历史上曾为英国的殖民地,因此美国法律受到了英国法律很大的影响,美国商法尤其是早期商法也因此主要由判例法和习惯法构成。在19世纪以后,随着经济的不断发展,美国也开始制定一些成文的商事法律。

美国实行的是联邦制,根据宪法规定,联邦和州均有涉及商事的立法权。其中,属于联邦立法权的事项有进出口贸易、海商、州际通商、破产等,属于州立法权的事项有公司、保险、票据等。由于各州立法颇不一致,商事交易受到了不利影响。为解决这一问题,从19世纪末起,美国掀起了统一州法的运动,由全国州法统一委员会起草并颁布各种法律草案以推动法律统一,其中比较重要的有1896年《统一流通票据法》、1906年《统一买卖法》、1909年《统一提单法》和《统一股份转让法》、1922年《统一信托收据法》、1926年《统一商事公司法》(该法于1951年修正,改为《示范商事公司法》,其不具有强制性,是否采用由各州决定)。

美国统一州法运动产生的最为重要的成果,就是美国《统一商法典》(Uniform Commercial Code, UCC)。该法典由美国法学会和全国州法统一委员会共同起草,从1940年开始酝酿,至1952年公布第一个文本,历时12年之久。在经过修改后,该法典先后有1958年文本、1962年文本、1966年推荐本和1972年文

---

① 〔英〕施米托夫:《国际贸易法文选》,赵秀文译,中国大百科全书出版社1993年版,第11页。

本。该法典在 1966 年公布后,首先由纽约州议会确认为本州法律,以后各州纷纷效仿。目前,除路易斯安那州因奉行法国商法而不接受该法典的第二章和第九章以外,其他各州均已承认其为本州法律。

在体例上,当前美国《统一商法典》第一编为"总则",第二编为"买卖",第三编为"流通票据",第四编为"银行存款和收款",第五编为"信用证",第六编为"整体转让"(已废止),第七编为"所有权凭证",第八编为"投资证券",第九编为"担保交易"。在内容上,它以买卖为中心展开,后续各编都涉及商业买卖的一个阶段,既包含了大陆法系民法中的一些内容,如合同、所有权、债权、担保等,也包含了大陆法系商法中的一些内容,如票据、银行信贷、提单以及投资证券等,因此与大陆法系通常所指的商法典不同。

美国《统一商法典》是现代商法的一部杰作。英国学者施米托夫对此评价说:"它在精神上是现代化的,处理方案是切实可行的,概念上是综合性的",而且"从某种难以令人置信的宏大的学术项目的角度看,该法典已成为西方世界最先进的商法,梦想已成为现实"。[①]

三、中国的商事立法

我国封建社会持续了 2000 多年,在这一阶段,真正意义上的商法缺乏生长土壤。首先,古代中国以自给自足的自然经济为基础,商品交换只是偶然现象。其次,从商鞅变法以来,"农本商末""重农抑商"就成为历代王朝的国策,商人在政治上备受压制,商业活动也受到诸多限制。最后,明朝中叶开始实施"海禁"政策,海内外商业贸易的渠道被堵死。因此,在清朝末年以前,现代意义上的商法在我国并不存在。

(一) 清朝末年的商事立法

第一次鸦片战争后,中国社会传统的自然经济开始解体。至 19 世纪中后期,民族工商企业在社会经济生活中已经占有一定的比重。新的社会经济关系的产生和发展,迫切需要新法加以调整。因此,一些有识之士极力呼吁制订商律,以推动民族资本主义的发展。例如,光绪二十四年(1898 年)春,康有为在《应诏统筹全局折》中就建议:"今宜采罗马及英、美、德、法、日本之律,复位施行,不能骤行内地,亦当先行于通商各口。其民法、民律、商法、市则、舶则、讼律、军律、国际公法,西人皆极详明……故宜有专司、采定各律,以定率从。"

《辛丑条约》签订后,清政府的财政危机愈益严重,为缓解国库空虚的状况,不得不对其工商业政策作出变革。1903 年 4 月,清政府颁谕称:"通商惠工,为古今经国之要政。自积习相沿,视工商为末务,国计民生,日益贫弱,未始不因乎

[①] 参见〔英〕施米托夫:《国际贸易法文选》,赵秀文译,中国大百科全书出版社 1993 年版,第 107 页。

此。亟应变通尽利,加意讲求。兹据政务处议复,载振奏请设商部,业经降旨允准。兹著载振、袁世凯、伍廷芳先定商律,作为则例。俟商律编成奏定后,即行特简大员开办商部。"同年9月7日,商部正式设立(1906年,清政府将农工并入商部,改组为农工商部),由固山贝子载振(系首席军机大臣、庆亲王奕劻之子)任尚书,伍廷芳、陈璧分任左右侍郎。1904年1月21日,《钦定大清商律》颁布,其包括《商人通例》9条和《公司律》131条。1906年,清政府又编成《破产律》69条,并予公布。

1908年,修订法律馆又聘请日本学者志田钾太郎协助编订商律,并于次年完成,定名为《大清商律草案》,内分总则、商行为、公司律、票据律、海船律五编,共1008条。这是中国有史以来第一个商事法典,体例基本与1899年《日本商法典》一致。该法典草案在提交资政院核议时,人多讥其为直接抄袭日、德等国商法,不合中国国情,乃多有质疑。农工商部还根据对我国旧有商事习惯的调查加以修订。① 不久清王朝覆灭,该法并未实施。

(二) 中华民国时期的商事立法

中华民国建立后,北京政府于1913年宣布,前清各实业法规于民国国体无抵触者应继续适用。于是,《大清商律》暂准援用。1914年1月和3月,北京政府先后公布施行《中华民国公司条例》和《中华民国商人通例》。《中华民国公司条例》共251条,比《公司律》的篇幅大大扩充,其中"股份有限公司"占了132条。公司"谓以商行为为业而设立之团体",并明确宣称"凡公司均认为法人",又将公司分为无限公司、两合公司、股份有限公司和股份两合公司四种类型。此外,该条例还对各类公司的设立条件、集股手续、股东人的权利和义务、对外营业的法律责任、公司章程、公司变更、解散与债务清算等事项作了详细规定。此后,《证券交易所法》(1914年12月)、《物品交易所条例》(1921年3月)、《商标法》(1923年5月)等商事法规陆续出台。

1928年南京国民政府成立后,加快了商事立法的步伐。1929年,立法院院长胡汉民和副院长林森等人向国民党中央政治会议提交《民商划一提案审查报告书》,建议采取民商合一体例。在该报告书中,胡汉民等人为民商合一提出了八条理由②,兹摘录如下:

1. 因历史关系,认为应订民商统一法典也。商法之于民法之外,成为特别法典者,实始于法皇路易十四。维时承阶级制度之后,商人鉴于各种阶级,各有其身份法,亦遂组织团体,成为商人阶级,而商法法典渐亦相因而成。此商法法典别订于民法之外者,乃因于历史上商人之特殊阶级也。我国自汉初驰商贾之

---

① 参见张晋藩主编:《清朝法制史》,法律出版社1994年版,第707页。
② 《民商划一提案审查报告书》,载张国键:《商事法论》,三民书局1980年版,附录一。

律后,四民同受治于一法,买卖钱债,并无民商之分。清末虽分订有民法法典及商法法典之议,民国以来,亦沿其说。实则商人本无特殊之阶级,亦何可故为歧视耶。

2. 因社会之进步,认为应订民商统一法典也。反对民商法统一者言曰,商法所定,重在进步,民法所定,多属固定,故民商不便合并,此在昔日之陈迹,容或有之。不知凡法典应修改者,皆应取进步主义,立法者认为应修改即修改,与民商合一与否无关。例如英国民商合一,而公司法施行后,亦有数次之修改,而德国为民商分立之国,乃商法之改变,远不如英国。于此可见不当以法典之进步与否,而断定民商之应合一与否也。考之学说,盛倡民商合一之论者甚多,如意国之维域提氏(Viyonte),法国之他赖氏(Tnaller),德国之典尔伯氏(Dern Burg),其著者也。

3. 因世界交通,认为应订民商统一法典也。反对民商法典统一者之言曰,商法具有国际性,民法则否,此亦狃于旧见之说也。民商合一,对于商事法规,应趋于大同与否,立法者尽可酌量规定,并不因合一而失立法之运用。且民商划分之国,其法典关于本国之特别规定者,亦不一而足也。

4. 因各国立法趋势,认为应订民商统一法典也。意大利为商业发达最早之国,而其国之学者,主张民商合一最力,英美商业今实称雄于世界,而两国均无特别商法法典,瑞士亦无之,俄国 1893 年民法第一草案,1896 年民法第二草案,1906 年民法第三草案,1907 年民法第四次草案,均包括商法在内,似此潮流,再加以学者之鼓吹提倡,则民商合一,已成为世界立法之新趋势,我国何可独与相反。

5. 因人民平等,认为应订民商统一法典也。人民在法律上本应平等,若因职业之异,或行为之不同,即于普通民法之外,特订法典,不特职业之种类繁,不能普及,且与平等之原则不合。

6. 因编订标准,认为应订民商统一法典也。昔时各国商法,以人为标准,即凡商人所为者,均入商法,德国于 1897 年所订之商法亦然。法国自大革命后,以为不应为一部分之人,专订法典,故其商法,以行为为标准,即凡商行为均入于商法典,然何种行为,系商行为,在事实上有时颇不易分,我国如亦编订商法法典,则标准亦殊难定也。

7. 因编订体例,认为应订民商统一法典也。各国商法之内容,极不一致,日本商法分为总则、会社、商行为、手形、海商五编,德国商法无手形(票据),法国则以破产及商事裁判所组织法订入商法法典,体例分歧,可知商法规定之事项,原无一定范围,即创为独立之法典,亦只自取烦扰,再法典应订有总则,亦取其纲举目张,足以贴串全体也,而关于商法,则不能以总则贯穿全体也。

8. 因商法与民法之关系,认为应订民商统一法典也。在有商法法典之国,其商法仅系民法之特别法,而最重要之买卖契约,仍多规定于民法,而民法上之营利社团法人,仍须准用商法,则除有特别情形,如银行交易所之类外,民法商法牵合之处甚多,奈何取乎两法并立耶。且民商划分,如一方为商人,一方非商人,适用上亦感困难,因民商法相关联之处甚多,而非一班人所能意料者。要之各国民商法典,近时趋势,凡民商划一之国,鲜有主张由合而分者,其他民商划分之国,其学者主张由分而合者则甚多,其所以至今尚未实行者,盖因旧制历年已久,而理论实际,一时之间尚未能推翻之耳,而趋势则已大定也。且在无商法特别法典之国,如英美等,不过无欧洲大陆之所谓商法法典,而实则关于商人之各种法规,灿然具备。是民商合一与否,与商业之发达,并无关系,兹当百年革新之时,发扬总理全民之旨,应订民商合一法典,殊无疑义也。

国民党第183次中央政治会议接受了这一建议,确认采取民商合一的立法体制,将通常属于商法总则中的经理人、代办商和属于商行为的买卖、交互计算、行纪、仓库、运送等一并订入民法债编,不能订入民法的则另行制定单行商事法。根据这一原则,国民政府于1929年和1930年先后公布了民法的各编(总则、债、物权、亲属、继承),并于1929年公布了《中华民国公司法》《中华民国票据法》《中华民国海商法》《中华民国保险法》《中华民国交易所法》,1935年公布了《中华民国破产法》,1937年又公布《中华民国商业登记法》。至此,民商法典合一与单行商法相结合的立法格局在我国得以确立。

(三) 中华人民共和国的商事立法

1949年中华人民共和国成立后,国民党的旧法统被废除。由于受到苏联的影响,我国确立了高度集中的计划经济体制,尤其是1956年社会主义改造完成后,商品经济几乎被全面否定,商法观念和商法规范更是无从谈起。

改革开放以后,我国的商品经济获得了极大发展,商事立法也提上了议事日程。1979年,我国通过了《中外合资经营企业法》,规定合营企业的形式为有限责任公司。此后,一些法律法规陆续出台,如《外资企业法》(1986年)、《企业破产法(试行)》(1986年)、《中外合作经营企业法》(1988年)、《全民所有制工业企业法》(1988年)、《私营企业暂行条例》(1988年)、《企业法人登记管理条例》(1988年)、《乡村集体所有制企业条例》(1990年)、《城镇集体所有制企业条例》(1994年)等。

1992年,党的十四大确定了建立社会主义市场经济体制的目标,我国商事立法也进入一个新的阶段。1993年12月29日,第八届全国人民代表大会常务委员会第五次会议通过《公司法》;1997年2月23日,第八届全国人民代表大会常务委员会第二十四次会议通过《合伙企业法》;1999年8月30日,第九届全国人民代表大会常务委员会第十一次会议通过《个人独资企业法》。这些法律的颁布,表明我国已经突破按照所有制形式制定企业法的旧观念,而是按照国际通行做法,以企业的组织形式和投资者的责任形式为标准制定企业法。在商行为法领域,我国先后制定了《海商法》(1992年)、《票据法》(1995年)、《商业银行法》(1995年)、《保险法》(1995年)、《证券法》(1998年)、《信托法》(2001年)等一系列重要的商事法律。

为落实党的十六大提出的"建成完善的社会主义市场经济体制"的战略部署,2003年10月,党的十六届三中全会通过了《中共中央关于完善社会主义市场经济体制若干问题的决定》,提出了全面推进经济法制建设,加强经济立法,完善经济法律制度,深化国有企业改革的总体规划。修订、完善已有的商法成为这一时期商事立法的主要任务:1993年颁布的《公司法》分别于2004、2005、2013、2018年进行了修订,其中后三次修改最为广泛深入;同样,1998年颁布的《证券法》分别于2004、2005、2013、2014、2019年修改完善;《保险法》在2002、2004、2009年被修订;《票据法》在2004年得到修订;2006年废除《企业破产法(试行)》,制定新的《企业破产法》,确立适用于所有企业法人的破产程序;2006年修改《合伙企业法》,增加有限合伙制度,明确法人可以参与合伙。最高人民法院也注重总结审判经验,弥补法律漏洞,2006年至2020年,共颁布五个《公司法》司法解释以及三个《企业破产法》司法解释,以促进社会主义市场经济体制的进一步完善。另外,我国在十六大以来制定了《证券投资基金法》(2003年)、《电子商务法》(2018年)、《外商投资法》(2019年)等重要的商行为法律。

第五节 商法的基本原则

商法的基本原则是指反映商事关系的本质特性,体现商法的基本内容,统帅商法的具体制度,并贯穿于商法规范始终的共同准则。① 国内学者对商法基本原则的认识存在较大差异,主要有以下几种观点:

第一,"三原则说"。徐学鹿教授认为,商法的基本原则包括交易自由原则、交易诚信原则、交易公平原则。② 顾功耘教授概括的三原则是维护市场正常运行原则、提高商事交易效率原则、保障商事交易安全原则。③ 柳经纬教授主张的是商主体法定原则、促进交易便捷原则、保障交易安全原则。④

第二,"四原则说"。覃有土教授和赵万一教授均认为,商法的基本原则包括

---

① 参见顾功耘主编:《商法教程》(第二版),上海人民出版社、北京大学出版社2006年版,第18页。
② 参见徐学鹿主编:《商法学》(第四版),中国人民大学出版社2015年版,第26—34页。
③ 参见顾功耘主编:《商法教程》(第二版),上海人民出版社、北京大学出版社2006年版,第20—23页。
④ 参见柳经纬主编:《商法》(六版),厦门大学出版社2015年版,第12—17页。

强化商事组织原则、维持交易安全原则、促进交易迅捷原则和实现交易公平原则。① 学者官欣荣认为,商法基本原则应为商事主体法定与维持原则、提高市场运行效率原则、保障交易安全原则和促进权利互惠原则。② 施天涛教授则认为,商法基本原则应为促进交易自由原则、维护交易公平原则、提高交易效率原则和确保交易安全原则。③ 张民安教授认为,商法基本原则包括从商自由原则、企业维持原则、商事交易便捷性原则和商事交易安全性原则。④

第三,"五原则说"。高在敏教授认为,商法基本原则有五项内容,分别是商事营业维持原则、商事营业利益兼顾原则、商事营业国家干预原则、商事主体类型严格法定原则、商事交易迅捷安全原则。⑤ 王作全教授的观点是,商法基本原则是市场准入严格法定原则、维护交易公平原则、保障交易简便、迅捷原则、保障交易安全原则、企业维持强化原则。⑥

第四,"八原则说"。赵中孚教授认为商法基本原则应包括如下内容:依法自由行使权利原则、商事主体意思自治原则、诚实信用原则、合法原则、尊重公共利益、公序良俗原则、鼓励交易原则、保障交易便捷原则以及维护交易安全原则。⑦

第五,"九原则说"。该说界定的商法基本原则分别为:利润最大化原则、诚实信用原则、磋商调节原则、互惠原则、简便便捷原则、安全原则、经营自主原则、强化企业组织原则以及社会责任原则。⑧

我们认为,商法的基本原则应该是维护市场正常运行原则、提高商事交易效率原则和保障商事交易安全原则。

一、维护市场正常运行原则

现代社会是市场经济社会,市场是资源配置的基础手段,如果市场不能正常运行,人类的经济活动就无法取得理想效果,这不仅会导致资源配置的低效化,甚至可能引发大的经济动荡。就商事法律规范而言,虽然其产生和持续发展在

---

① 参见覃有土主编:《商法学》(第六版),中国政法大学出版社2015年版,第6—16页;赵万一主编:《商法》(第五版),中国人民大学出版社2017年版,第6—9页。
② 参见官欣荣主编:《新编商法原理》,中国检察出版社2009年版,第42—48页。
③ 参见施天涛:《商法学》(第六版),法律出版社2020年版,第14—24页。此外,侯怀霞教授界定的商法基本原则是:(1)促进交易自由原则;(2)维护公平交易原则;(3)交易便捷,提高经济效益原则;(4)鼓励交易,确保交易安全原则。这与施天涛教授的主张基本一致。参见侯怀霞主编:《商法学》,中国政法大学出版社2008年版,第21—23页。
④ 参见张民安:《商法总则制度研究》,法律出版社2007年版,第43页。
⑤ 参见高在敏主编:《商法》(第二版),法律出版社2016年版,第10—13页。
⑥ 参见王作全主编:《商法学》(第四版),北京大学出版社2017年版,第8—10页。
⑦ 参见赵中孚主编:《商法通论》(第六版),中国人民大学出版社2017年版,第23—30页。
⑧ 参见任先行、周林彬:《比较商法导论》,北京大学出版社2000年版,第82—96页。

根本上由商品经济关系驱动,但这并不意味着商法只是经济关系的被动反映,相反,设计良好的商事法律规范可以在很大程度上促进经济关系的有序发展,维护市场的正常运行,这主要体现在以下几个方面:

(一) 市场准入

现代市场经济运行中存在很高的风险,并非所有民事主体都具备了从事商事活动的知识和技能,如果不具备此种素质的人贸然入市,不仅对自己和交易相对人不利,甚至可能影响市场的正常运行。有鉴于此,各国商法大多以强制性规范的形式,对商事主体的市场准入作出明确、严格的规定。总的来说,市场准入可以从三个方面加以理解:

一是商事主体类型法定。商事活动的基本主体是企业,不同国家的商法对企业的类型有专门规定,当事人不得设立该国法律没有规定的企业类型。

二是商事主体设立条件法定。各国商法对不同类型的企业应当具备的条件都有规定,不符合法定条件者,不得设立该种类型的企业。例如,我国《合伙企业法》第14条规定了设立普通合伙企业应当具备的条件;而《公司法》第23条和第76条分别规定了设立有限责任公司和股份有限公司的条件。又如,尽管《公司法》允许人们设立一人公司,但依据该法第58条,由一个自然人投资设立的一人有限责任公司就不能再投资设立新的一人有限责任公司。而对于商业银行、保险公司、证券公司等从事特定商事活动的组织来说,它们不仅要满足《公司法》规定的一般条件,还要满足《商业银行法》《保险法》《证券法》中的特别条件。

三是商事主体设立程序法定。关于商事主体的设立,现代各国普遍采取准则主义,只要具备法定条件就可予以登记,但不经过一些必须的程序和步骤(如《公司法》中规定的出资、申请设立登记等),商事主体仍然无法成立。此外,在与准则主义相对的许可主义之下,即使商事主体符合法定条件,但如果未经有关政府机关批准,仍然不得设立。

(二) 企业维持

在商法中贯彻企业维持,就是指商事立法应尽最大努力确保企业组织的稳定,维持企业组织的存在,一切影响企业存在的处理方式(如企业设立无效、企业解散等)只有在必要时方可采取。

现代商法之所以贯彻企业维持,是基于以下两方面的考虑:其一,企业是市场中最为重要的商事主体,只有存在数量众多的企业,有效率的竞争市场才可能形成,经济发展才具备了坚实的主体基础。其二,企业内外部存在众多的利害关系人,这些人包括:股东、董、监事、经理等高管人员,债权人,雇员,等等。如果企业归于消灭,上述人员的利益就会受到巨大影响。尤其是对雇员来说,企业的消灭必然导致部分雇员失业,这不仅会危及社会经济秩序,甚至可能产生严重的社会问题。

商法对企业维持的贯彻主要体现在以下几个方面:

第一,企业设立瑕疵原则上不影响企业的存在。正如前述,任何企业的设立都应具备一定的条件、履行一定的程序,否则,企业的设立即存在瑕疵。此时,企业设立尤其是公司设立是否有效呢?英美法系的通常做法是,公司设立的瑕疵不会导致所设立的公司无效。我国《公司法》对此问题则未作规定。

第二,企业成员的变动原则上不影响企业的存在。一些国家的商事立法对某些类型的企业常会设置成员人数下限,如在大陆法系国家,一般的有限责任公司(一人公司除外)至少应有两名股东。但是,因企业成员的死亡或者权益转让,致使公司只剩一名成员时,该公司是否应予解散?一些国家的商事立法曾经对此持肯定态度,但近年来这一态度已经转变。现在各国通常的做法是给予公司一定的宽限期,公司可在宽限期内采取措施使股东人数满足法定要求。若宽限期满公司股东人数仍不符要求,或者是该公司的法人人格将被否认,唯一股东需要对以后的债务承担责任,或者是公司将被法院判决解散。我国《公司法》对此问题也基本上未予考虑。

第三,风险分散。市场交易必定存在着风险,通过设计一些规则,商法将市场风险分散在不同的市场主体之间,以避免少数主体因承担过高过大的风险最终不得不退出市场。例如,现代股份公司制度的设计本身就体现了风险分散。通过向社会公众招募股份,公司经营的风险由众多投资者一体承受;而股东原则上承担有限责任的制度,实质上又是将公司经营的风险在股东和债权人之间分配。又如,保险制度的本质即集合多数人的资金,对共同团体内遭受危险的少数人的损失进行弥补。此外,海商法中的共同海损制度也鲜明地体现了这一点。

(三) 市场退出

"流水不腐,户枢不蠹",一个有效率的市场应该是有进有退的市场。从原因上分析,退出市场可能是因为初始经营目标已经实现,也可能是因为经营无法持续下去,或者是因为其他事由。无论如何,现代商法应设计出一套顺畅的市场退出机制,否则,一部分市场主体虽欲退出而无门,另一部分市场主体虽不具备相关条件却无法退出,这不仅违背了当事人的内心意愿,也降低了资源配置的效率。

从形式上看,市场退出可以表现为多种渠道。例如,商法中有关于股份转让的规定,有上市公司退市的规定,还有公司解散的规定,这些规定都是市场主体可以利用的退出渠道。在此对我国相关法律中公司解散的规定作一简单分析。

在大陆法系国家,公司解散可以分为自愿解散和强制解散。自愿解散是指基于股东的意愿而解散公司;强制解散是指因行政机关的命令或司法机关的裁判而解散公司,其又可分为行政解散和司法解散。司法解散包括两种形式:一是公司因不能清偿到期债务而被法院宣告破产；二是因存在"公司僵局"或者大股东对小股东的压迫行为，由法院判决解散。公司解散是一种最为彻底的市场退出方式，存在有其必要性。但是，由于公司解散制度和企业维持的要求存在一定的冲突，因此应对公司解散尤其是强制解散的适用持有高度谨慎的态度。① 就此而言，我国《公司法》第182条强调法院判决解散公司的前提是"通过其他途径不能解决的"，《企业破产法》通过规定企业重整制度、企业和解制度以尽可能挽救还有希望的企业，均体现了这一谨慎态度，殊值称赞。

二、提高商事交易效率原则

商人从事商事交易的目的在于营利，商事交易的效率越高，营利目的就越有可能实现。如果商法对交易程序的规定过于烦琐，对交易方式的规定过于僵化，商人的交易成本就会增加，交易效率就会降低。因此，商法应通过规则设计尽可能实现商人之间交易的简单化，而交易的简便性又能促进交易的迅捷性，最终使商事交易效率得以提高。

提高商事交易效率原则的内容是：

（一）缔约方式自由化

商事交易主要通过契约进行，契约方式包括口头形式、书面形式和其他形式。书面形式的优点在于双方的权利、义务、责任明确，可以减少争议的发生，也有助于法院或者仲裁机关在争议发生后作出判断；缺点在于缔约过程较为烦琐，成本较高。口头形式的缺点在于双方之间的权利、义务和责任难以确定，争议发生后难以举证，法院或仲裁机关也难以明辨是非；优点是缔约过程简单，成本较低。

基于促进效率的考虑，现代各国商法均认可一般商事契约可以口头形式订立。我国《民法典》第469条的规定也体现了这一精神。此外，2015年修订的《保险法》第13条第1款规定："投保人提出保险要求，经保险人同意承保，保险合同成立。保险人应当及时向投保人签发保险单或者其他保险凭证。"第2款规定："保险单或者其他保险凭证应当载明当事人双方约定的合同内容。当事人也可以约定采用其他书面形式载明合同内容。"上述规定表明，在我国，保险合同的订立并非必须采取书面形式。

（二）交易定型化

商法促进商事交易迅捷的另一体现，就是交易的定型化。在我国台湾地区

---

① 自愿解散体现了股东的意志，即使解散决定的作出没有实质理由，只要符合法律规定，也不应以"企业维持"为由对股东的选择横加干涉。强制解散则不同，其具有相当明显的国家干预色彩，往往违背了当事人的意愿，因此适用必须受到限制。

学者张国键看来,交易定型化包括交易形态的定型化与交易客体的定型化。①

交易形态的定型化是指商法预先对交易形态作出定型安排,使任何人或任何集团无论何时进行交易都可获得同样的法律效果。例如,合同法中关于货物标定卖价的规定,就是使交易当事人一方预先陈列各种定型的货物并标明价格,以使另一方可以迅速决定是否购买该货物,从而促进交易的便捷。

交易客体的定型化是指交易客体的商品化和证券化。具体言之,若交易的客体是有形的物品,则使之商品化并予以统一的规格或特定的标记,从而使交易上可以大量供应同一品质的物品。例如,商标法上规定的商标就是使交易当事人表彰自己商品的标识,其使得顾客容易识别商品,因此得以大量交易,迅速成交。若交易的客体是无形的权利,因其不便于流通,商法就使其证券化。同时,商法又奉行要式主义,对于各种证券的记载事项和记载方式多设强制性规定,如公司法上对股票和公司债券的规定、票据法上对各种票据的规定、保险法上对保险单的规定、海商法上对提单的规定。权利证券化和证券定型化,极大地简化了权利认定的程序,使当事人能够迅速辨认。此外,商法通过设立背书制度,使得各种表彰权利的证券都可转让流通,实现了交易的便捷。

(三) 契约定型化

因为人的有限理性和现实世界很强的随机性、不确定性,即使在理想状况下,交易当事人也不能预计到所有的偶然事件。即使一些问题在缔约时能被预见,从交易成本的角度考虑,针对每一个问题列出一项安排也可能是成本高昂的。因此,商业交易中订立的契约必定具有不完备性。一方面,在契约履行过程中,如果当事人最初忽略或未能达成协议的问题真的出现,当事人可能就需要对此问题如何解决达成补充协议,此时,交易效率就会降低,甚至契约将可能难以顺利履行。

商法规范能够在一定程度上弥补契约的不完备性。一方面,商事交易虽然类别多样,新的交易类别随着时间推移还在不断产生,但由于商事交易是在重复大量进行,就各种类别的商事交易而言,仍然有一些交易规则能够获得商业社会的普遍认可。于是,商法将这些实践中已获普遍接受的规则确认在法律当中,以供其他商人在从事同类交易时选择。具体而言,针对当事人倾向于忽略的那些偶然事件,商法可以提供一套规定,这有助于唤起当事人的特别注意。另一方面,由于商法是将一些已获普遍认可的规则确认下来,交易当事人在缔约时只须参考法律,而无须就契约条款逐一讨价还价,交易环节将大为简化,交易成本将大为降低。合同法对有名合同的规定,公司法对一股一表决权、董事信义义务等的规定,就是商法这一功能的体现。

---

① 参见张国键:《商事法论》,三民书局1980年版,第40页。

契约定型化的另一体现,就是格式契约在商法中的运用。格式契约是指契约条款由一方当事人提供,对方当事人要么同意要么不同意的契约。传统民法因主要关注当事人之间的利益平衡,担心强势一方借此损害弱势一方的利益,因此对格式条款较为敌视。然而,格式条款省去了当事人讨价还价这一烦琐过程,提高了商事交易的效率,故现代商法对格式条款本身持认可态度,商事交易中格式契约的运用也非常普遍,如保险交易、期货交易中的保险单、期货合约等。

(四)短期时效主义

所谓短期时效主义,就是将交易行为所产生的请求权的时效期间予以缩短而从速确定其行为效力的立法规定。① 商人反复进行大量交易,一笔交易持续时间过长会影响商人从事其他交易。为此,各国商法普遍采取短期时效主义,缩短商事债权的受保护期间,以督促权利人及时行使权利,了结既存的交易关系。基于这一立法主义,商法针对商事请求权规定的时效期间通常要比民法时效期间更短。

我国的相关立法也鲜明地体现了这一主义。例如,按照《民法典》的规定,诉讼时效期间原则上为 3 年,而在相关商事法律中,短期时效的规定比比皆是,比如:

《公司法》第 22 条第 2 款规定:"股东会或者股东大会、董事会的会议召集程序、表决方式违反法律、行政法规或者公司章程,或者决议内容违反公司章程的,股东可以自决议作出之日起六十日内,请求人民法院撤销。"第 74 条第 2 款规定:"自股东会会议决议通过之日起六十日内,股东与公司不能达成股权收购协议的,股东可以自股东会会议决议通过之日起九十日内向人民法院提起诉讼。"②

《票据法》第 17 条第 1 款规定:"票据权利在下列期限内不行使而消灭……(二)持票人对支票出票人的权利,自出票日起六个月;(三)持票人对前手的追索权,自被拒绝承兑或者被拒绝付款之日起六个月;(四)持票人对前手的再追索权,自清偿日或者被提起诉讼之日起三个月。"

此外,依据《海商法》第 257 条、第 260 条和第 263 条的规定,就海上货物运输向承运人要求赔偿的请求权,有关海上拖航合同的请求权,有关共同海损分摊的请求权,时效期间均为一年。

---

① 参见雷兴虎、樊启荣主编:《商法概论》(第 2 版),清华大学出版社 2017 年版,第 10 页。
② 《最高人民法院关于适用〈中华人民共和国公司法〉若干问题的规定(一)》第 3 条规定,原告以《公司法》第 22 条第 2 款、第 74 条第 2 款规定事由,向人民法院提起诉讼时,超过公司法规定期限的,人民法院不予受理。

三、保障商事交易安全原则

商事交易虽然讲究效率,但也不能忽视交易安全,如果基本的安全都得不到保障,不仅效率难以实现,商人自身的存在可能都难以持续。因此,保障商事交易安全也自然成为商法的基本原则,其主要内容是:

(一)强制主义

强制主义又称"要式主义""干涉主义",是指商法为了维护社会公共利益和保障商事交易安全,通过采取强制性规则对商事组织和商事行为进行强行干涉,是商法公法化的重要表现。

强制主义在商法中体现得较为明显。就商事组织而言,公司法对公司资本制度的规定通常就被认为属于强制性规则,其目的不仅在于保证公司的稳健经营,更重要的是要保护债权人的利益。即使在最为崇尚公司自治的美国,很多学者和法官也认为公司法对董事、经理的义务、责任的规定应属于强制性规则,否则,中小股东的利益就可能会受到损害。就商事行为而言,证券法、票据法、保险法等也多设有强制性规范。例如,证券法对证券发行审核体制的规定,票据法对票据记载事项更改的规定,保险法对保险公司提取责任准备金的规定,等等。商事主体若违背了上述强制性规定,或者行为无效,或者行为有效,但相关当事人需要承担一定的法律责任。

(二)公示主义

经济学上认为,风险来源于不确定性,相关主体掌握的信息越多,不确定性就越少,风险也就越低。为确保市场主体拥有必要的信息,商法确立了公示主义。所谓公示主义,是指营业上一定的事实如与利害关系人有关系时,当事人必须公告周知才能发生法律效力。

为增强市场的透明度,现代商法极为重视公示主义。例如,在公司法上,公司决议合并、分立、减少注册资本时应通告债权人,以维护债权人的利益。公司召集股东会时,应将召集事由予以公告,以使股东在事前就如何行动做好充分准备。

在证券法中,公示主义体现为强制信息披露制度,即证券发行人或上市公司应根据法定要求,将自身财务、经营等情况向证券监管机构报告,并向社会发布公告。发行阶段的信息披露,其主要作用是使投资者准确判断证券的价值,从而作出投资决策;上市以后的信息披露,其主要作用不仅包括使投资者更好地作出投资决策,也是股东采取其他行动的必要前提,例如,当公司表现不佳时股东需要知道原因,据此决定是否通过罢免董事来扭转局面。

(三)外观主义

外观主义是指以当事人行为的外观为准去认定行为所产生的法律效果。德国学者称之为外观法理,英美法上则称之为禁止反言。在商事交易中,一方的内心真意与外观表示不一致的情形时常发生,如证券、期货交易中一方错误输入价格指令,如果允许其以此为由事后撤销交易,将会破坏对方当事人的善意信赖,有损交易安全。

在民法中,表见代理、善意取得制度奉行的其实也是外观主义,但它是作为对个别问题的解决办法而存在的。总体而言,外观主义在民法中处于次要的地位,它的适用具有补充性。而在商法中,由于现代商事交易具有节奏快、频率高的鲜明特性,当事人面对市场行情需要迅速作出判断,客观上不允许其对交易相对人进行细致的调查和了解,而只能通过对方已经表现的行为做出判断,因此商法更多地贯彻了外观主义的精神。

商法中的很多规定反映了外观主义。例如,我国《合伙企业法》第 37 条规定,合伙企业对合伙人执行合伙事务以及对外代表合伙企业权利的限制,不得对抗善意第三人;第 76 条规定,第三人有理由相信有限合伙人为普通合伙人并与其交易的,该有限合伙人对该笔交易承担与普通合伙人同样的责任。

在票据法上,我国《票据法》第 4 条第 1 款规定,票据出票人制作票据,应当按照法定条件在票据上签章,并按照所记载的事项承担票据责任。该规定体现了票据的文义性,实质上就是外观主义。票据属文义证券,票据上的权利只能以票据记载的文字为准加以认定,即使票据记载事项有误,也不允许以票据记载以外的证据来变更、推翻票据上的权利。

在保险法上,现代各国保险法普遍承认的禁止抗辩规则也是外观主义的体现。

(四)严格责任主义

严格责任主义是指商法特别使交易当事人承担较为严格的责任。必须强调的是,这里所说的"严格责任"指的是立法政策上的一种总体考量,不同于作为归责原则使用的"严格责任",后者常与"无过错责任"等同使用。

现代商事活动大多依赖少数特定人,商法对他们的责任予以严格规定,以促使其行为合法、适当。相较于民法,说商法对责任的规定更严格主要是因为商法更加频繁地适用连带责任和无过错责任。例如:

2018 年《公司法》第 30 条规定:"有限责任公司成立后,发现作为设立公司出资的非货币财产的实际价额显著低于公司章程所定价额的,应当由交付该出资的股东补足其差额;公司设立时的其他股东承担连带责任。"第 94 条规定:"股份有限公司的发起人应当承担下列责任:(一)公司不能成立时,对设立行为所产生的债务和费用负连带责任;(二)公司不能成立时,对认股人已缴纳的股款,负返还股款并加算银行同期存款利息的连带责任……"

2019年修订后的《证券法》第85条规定:"信息披露义务人未按照规定披露信息,或者公告的证券发行文件、定期报告、临时报告及其他信息披露资料存在虚假记载、误导性陈述或者重大遗漏,致使投资者在证券交易中遭受损失的,信息披露义务人应当承担赔偿责任;发行人的控股股东、实际控制人、董事、监事、高级管理人员和其他直接责任人员以及保荐人、承销的证券公司及其直接责任人员,应当与发行人承担连带赔偿责任,但是能够证明自己没有过错的除外。"第163条规定:"证券服务机构为证券的发行、上市、交易等证券业务活动制作、出具审计报告及其他鉴证报告、资产评估报告、财务顾问报告、资信评级报告或者法律意见书等文件,应当勤勉尽责,对所依据的文件资料内容的真实性、准确性、完整性进行核查和验证。其制作、出具的文件有虚假记载、误导性陈述或者重大遗漏,给他人造成损失的,应当与委托人承担连带赔偿责任,但是能够证明自己没有过错的除外。"

第二章 商事主体制度概述

第一节 商事主体的概念与特征

一、商事主体的概念

商事主体在传统商法中被称为商人,是商法制度发展中最为核心的概念之一。在欧洲11世纪中叶,随着生产力的发展,城市兴盛,越来越多的人开始从事商业,逐渐产生了商人这一特定的社会阶层。而在商人形成之初,因受到封建法律和教会法的种种限制和歧视,商业发展受到了诸多限制,严重损害了商人阶层的利益。为此,商人为维护自身利益,纷纷成立商业行会,同时以行业立法的形式自行规范商事活动,形成了中世纪的商人习惯法。① 可以说,早期的商法其实就是商人习惯法,是商业的繁荣造就了商人阶级,同时也成就了商法的繁荣。② 随着经济的不断发展,到19世纪后,商业职能和生产职能密切结合,社会普遍商化,商人不再是社会上的特定阶层,其特殊地位和被特别保护的利益已逐步消失,各国纷纷制定专门的商事法律以调整商事关系,并将"商人"作为一个法律概念固定下来。③ 例如,《法国商法典》第L121-1条规定:"实施商行为并以其为经常性职业的人是商人。"④《德国商法典》第1条规定:"本法典所称的商人,指经营商事营利事业的人。"⑤《日本商法典》第4条第1款规定,本法中"商人",指以自己名义从事商行为并以此为业者。⑥《韩国商法》第4条规定:"商人,是指以自己的名义从事商行为的人。"⑦ 上述表述尽管略有不同,但实质意义基本一致。

在我国的制度发展中,因长期处于封建社会,且受到重农抑商政策的影响,并无真正意义上的商法。改革开放后,尤其是在1993年明确提出建立"社会主义市场经济体制"的指导思想后,商业活动得到快速发展,商法的制度体系随之

---

① 参见范健主编:《商法学》,高等教育出版社2019年版,第44页。
② 参见赵旭东主编:《商法总论》,高等教育出版社2020年版,第52页。
③ 参见范健主编:《商法学》,高等教育出版社2019年版,第44页。
④ 《法国商法典》(上册),罗结珍译,北京大学出版社2015年版,第15页。
⑤ 《德国商法典》,杜景林、卢湛译,法律出版社2010年版,第3页。
⑥ 《最新日本商法典译注》,刘成杰译注,中国政法大学出版社2012年版,第289页。
⑦ 《韩国商法》,吴日焕译,中国政法大学出版社1999年版,第3页。

丰富和完善。但在法律层面,由于我国并无专门的形式意义上的商法,因此有关商人的定义、认定标准、类型划分等均没有在立法层面得到明确规定。相较于立法的缺失,商法理论界对商主体的内涵探讨较为深入,并形成了如下代表性的观点:(1)商事关系主体说,即认为商主体是指依法参与商事法律关系,并能够以自己的名义从事商行为,享有权利并承担义务的个人或组织;(2)商行为主体说,即以自己的名义实施商行为并能够独立享有权利和承担义务的人;(3)标准说,即以一定的组织形式从事商业活动,拥有独立财产,经注册登记,并以自己的名义实施商业交易为职业的组织和个人;(4)企业说,即商人就是指企业;(5)法定主体说,即具有商法上的资格或能力,能够以自己的名义从事营业商行为,独立享有商法上的权利并承担商法上的义务的组织和个人。[①]

上述概念的表述侧重和视角虽有不同,但总体而言并无实质差异。本书认为,商事主体是指依法享有商事权利能力和商事行为能力,能够以自己的名义从事商事活动,享受权利和承担义务的人,包括个人和组织。这里需要说明的是,商事主体与商事法律关系主体并非同一概念,由于商事交易既可能发生在商事主体之间,也可能发生在商事主体与非商事主体之间,因此商事法律关系的主体除了商事主体外,还可能包括非商事主体。商事法律关系主体的外延较商事主体更为广泛。

二、商事主体的特征

尽管商事主体与其他普通民事主体都属于私法上的主体,但二者在主体资格的取得、权利能力的范围、行为的目的等方面具有明显的差异,由此也就形成了商事主体的如下特征:

1. 商事主体属于法律拟制主体

商事主体不同于一般民事主体,从本质上看,它是一种法律拟制主体。商事主体参加商事活动,并在其中享有权利、承担义务的资格是由商法赋予的,其形成一般需经过国家的特别授权程序。因此,各国均以商法典或单行法的方式对商事主体资格的取得与丧失、权利与义务、主体的名称及类别、行为的范围及效果等作出详细规定,其目的在于规范商事主体的基本资质,保障交易安全,维护交易秩序,为市场交易提供一个良好的交易环境。

在我国,商事主体资格的取得除了一些小微经营者或者所谓的"小商人"外,一般均需获得国家主管机关的认可,履行商业登记手续。如果从事国家特许经营或者金融业等国家管制性行业的活动,商事主体的成立还需获得事前的特许审批。任何组织或者个人如果未经法定程序并依法登记,就进行营利性经营活

---

① 参见姬晨笛:《商主体立法的比较研究》,载《知识经济》2014年第12期。

动,会被按照无照经营或非法经营予以查处。

2. 商事主体具有商事能力

商事能力是商主体从事营业的权利能力和行为能力,是在民事能力的基础上,由商法赋予的特别能力,表明了商事主体在商法上的特殊资格和地位。可见,商事能力是一种附加于民事能力之上的能力,即具备商事能力者一般应以具备民事能力为前提,但具备一般民事能力并不必然具备商事能力。

如前所述,商人资格的取得并非天赋,而是强调法律授权和依法取得,这其中,商事主体经过国家授权所获得的商事能力,便是营业能力,是商事主体为了营利目的,采用一定的营业形式,运用有组织的财产进行商业活动,实现资本增值的能力。这种营业能力具有特定性和限定性,取决于商法规范的限定和商事主体设立的目的,因而不同的商事主体具有不同的商事能力。这也是商事能力与民事能力的不同。以自然人为代表的民事能力具有普适性,基于人生而平等的基本思想,自然人所享有的受法律保护的权利能力应无差别,即使是行为能力也仅是因受到自然人自身的认知能力限制而有所差异。

3. 商事主体以营利为目的

商事主体与民事主体相比,最为明显的区别之一,便是目的的营利性。这种营利性可以从如下几方面进行阐释:(1)通过营业行为来获取利润,这是投资人创设商事主体的根本目的,也是商法的基本精神,至于商事主体最终经营的结果是盈利还是亏损,并不影响其营利性特征。(2)商事主体的营利并非偶尔地、个别地进行获利,而是反复地、不间断地、有计划地进行获利,商事主体以此为其职业。(3)商事主体的营利目的,并非仅指组织体的获利,而且要求组织体在获利后,应当将利益分配给其股东或投资人,这通常也是后者设立商事主体的初衷。我国《民法典》第76条第1款也明确规定:"以取得利润并分配给股东等出资人为目的成立的法人,为营利法人。"因此,某些公益组织虽然也从事经济活动并且获利,但此利润并不分配给其成员,而是为了更好地实现其公益目的,这样的组织显然不是商事主体。

正是这种营利性特征使民事主体与商事主体具有诸多差异。例如,民事主体在进行交易时往往是"为买而买",以获得交易标的的使用价值,满足生活需要;而商事主体是"为卖而买",以实现其交换价值的增加,获得资本增值。

在实践中,商事主体的营利目的是通过营业活动来实现的,这种营业活动在许多国家的商法中被概括为"商行为"。因此,对商事主体概念与范围的界定离不开对商行为的分析,主体是否从事商行为甚至已经成为判断主体是否构成商事主体的重要标准之一。从各国的立法规定看,"营业"成为界定商人与商行为的核心要素,明确"商人"和"商行为"的含义,离不开"营业"概念的采用和支撑。例如,依据《德国商法典》第1条第1款和第2款之规定,德国在学理上又将"营业"定义为"一种独立的、有偿的,包括不特定的多种行为的、向外公示的行为,但是艺术、科学的活动和那些其成果需要高度人身性的自由职业不包括在内"[1]。《西班牙商法典》第1条规定:"本法典所称的商人是指具有合法的经商能力,并惯常从事商业活动的个人,以及依本法典设立的工商业公司。"

从域外的制度经验和理论研究来看,商法上的"营业"通常强调三点:一是独立性。营业应为商事主体的独立行为,由其以自己的名义实施,并在实质上享受权利和承担义务,法律行为的后果归属于商事主体自身。二是有偿性。这是商事主体为了实现营利目的的本质需求,即使在没有约定的情况下,商人的营业行为也应当获得酬金与报酬。三是职业性、持续性。所谓商事职业活动,就是指行为人为了满足自己经济利益的需要而持续不断地实施某种商行为,因此,职业活动本身就意味着习惯性活动,即反复、经常实施某种商行为。[2] 这一特点使商事主体与偶尔从事商事行为者相区别,只有以商行为作为其经常性职业的人才是商事主体。现代商事主体基本上表现为某种形态的商事组织,如公司企业、合伙企业、个人独资企业。这些商事组织均有固定的生产经营场所,并以长期从事某种商业活动为职业。[3]

第二节 商事主体的分类

商事主体的类型在不同历史时期各有不同。随着商品经济的发展,商事活动的主体日益呈现出多样化。可以说,商人类型的发展变化一定程度上反映了社会经济发展的状态,同时体现了商人这一特定的商事组织体的不断成熟。[4] 与此相应,在立法上也就出现了对商事主体的不同类型划分。当然,对于商法是否应当基于不同类型的商人,而设定不同的规则,大陆法系的做法并不一致。有些国家认为,法律不应当区分不同性质和类型的商人,无论什么性质或者规模的商人,都应当承担相同的义务和责任;有些国家则认为,法律应当明确区分不同类型的商人,并对他们课以不同性质和内容的义务。前者为法国商法所采取,强调商人地位平等原则;后者则为传统的德国商法[5]、日本商法所采纳,主张商人地位的差异性。[6]尽管域外立法存在不同观点,但针对不同类型的商事主体进行分析,对于我国商事法律制度的完善仍具有重要意义。

---

[1] 〔德〕C.W.卡纳里斯:《德国商法》,杨继译,法律出版社2006年版,第36页。
[2] 参见张民安、龚赛红:《商法总则》,中山大学出版社2007年版,第60页。
[3] 参见施天涛:《商法学》(第六版),法律出版社2020年版,第38至39页。
[4] 参见覃有土主编:《商法学》(第七版),中国政法大学出版社2019年版,第18—19页。
[5] 德国在1998年6月22日的《商法改革法》中废除了对商主体的区分制度,建立了统一的商人法律地位平等原则。
[6] 参见张民安:《商法总则制度研究》,法律出版社2007年版,第112页。

一、商法人、商合伙、商个人

以商人是自然人还是组织体以及组织体的具体形态为标准①,商事主体可分为商个人、商合伙和商法人,这是大陆法系国家商法及商法理论对商事主体最主要的分类。② 由于我国《民法典》实施民商合一的立法例,根据《民法典》"总则编"的规定,依照商事主体的地位、特征,以及出资人对商事主体所负责任的不同,可以将我国的商事主体区分为商法人、商合伙及商个人三类。

(一) 商法人

法人作为制定法上的概念首先在1794年《普鲁士邦普通法典》中出现,当被1896年《德国民法典》采用时,其影响即扩大到全世界。③ 商法人是现代商事活动中最基本的商主体类型之一。所谓商法人,是指基于营利性目的而设立的,具有特定商事能力和人格,依法独立享有权利承担义务,并以其财产独立承担责任的经济组织。我国《民法典》中称之为"营利性法人"。在传统民法中,法人被分为公法人和私法人,后者是依据私法的规定成立的法人,即依民法或依民法之特别法——商法成立的法人。可见,并非所有法人都是商法人,商法人仅是法人概念下私法人中的一种。

在我国,商法人的特点在于如下三方面:一是具有独立的财产。商法人的财产区别于其投资者的自有财产,法人对于自己的财产享有独立的法人财产权,能够独立占有、使用和处分,这是法人营业的基础,也是其独立承担法律责任的关键。二是具有独立的意志。法人作为拟制的商事主体,其具有自己独立的意思形成机构、执行机构和监督机构,这是法人能够独立经营的组织基础。三是独立承担法律责任。法人能够以其自己的全部财产对外承担法律责任,直至资不抵债而破产,其投资人仅以认购的投资额为限承担有限责任,如果法人的资产不足以偿还债权人,债权人通常情况下不得要求投资者向其承担责任。此外,从税法的角度看,商法人是独立的纳税主体,承担独立的纳税义务和责任,在一个会计年度结束后,如果商法人的经营产生盈余,还应当缴纳企业所得税。

(二) 商合伙

商合伙又称"商业合伙",是指由数个合伙人为实现营利性目的而共同出资、共同经营、共享利润、共担风险所形成的集合体。在大陆法系民商法理论中,合伙曾长期被视为一种合同关系,而非法律上的主体。④ 随着社会经济的发展,合伙在不少国家立法中成了与自然人和法人并列的另一种独立的法律主体。德国

---

① 参见顾功耘主编:《商法教程》(第二版),上海人民出版社、北京大学出版社2006年版,第35页。
② 参见赵旭东主编:《商法总论》,高等教育出版社2020年版,第58页。
③ 参见张俊浩主编:《民法学原理》,中国政法大学出版社1997年版,第163页。
④ 参见樊涛:《中国商法总论》(第二版),法律出版社2019年版,第50页。

和英美法系国家,虽认为合伙不具备法人资格,但承认其主体地位,赋予其团体能力,包括诉讼能力、商号权等。法国等国家不仅确立了合伙企业的商事主体资格,还承认合伙具有独立的法人人格。① 如《法国民法典》第 1842 条第 1 款规定:"除第三章规定的隐名合伙以外的合伙,自登记之日起享有法人资格"②。因为根据大陆法系国家的法人理论,法律独立人格并非建立在投资人有限责任的基础上,而是建立在企业拥有的独立财产基础上。③

在我国,商合伙被称为合伙企业,是指自然人、法人和其他组织依照《合伙企业法》在中国境内设立的普通合伙企业和有限合伙企业。普通合伙企业由普通合伙人组成,除有特别规定外,合伙人对合伙企业债务承担无限连带责任;有限合伙企业由普通合伙人和有限合伙人组成,普通合伙人对合伙企业债务承担无限连带责任,有限合伙人以其认缴的出资额为限对合伙企业债务承担责任。在我国,依据《民法典》的规定,合伙企业属于非法人组织。

(三) 商个人

所谓商个人,是指按照法定程序取得了特定的商事能力,独立从事营业性商行为,依法承担商法上的权利和义务的个体企业或自然人。商个人作为法律拟制的主体,享有商事权利和商事行为能力,但不具有完全的责任能力。商个人在经营中所发生的债务,个人经营的,以个人财产承担;家庭经营的,以家庭财产承担。

从自然人的角度看,其参与经济活动可能是基于民事主体的身份,即作为一般消费者参与商品交换关系,也可能是基于商事主体的身份,即作为生产经营者直接参与商品生产和商品交换。对于后者,应当由商法予以调整。实质上,商个人就是一般自然人经特定形式和程序进入商事领域,被商法确认的法律主体。④ 并非所有的自然人均可被依法确认登记为商人。由于商业投资具有较高的风险性,自然人必须具有健全的心智和认知能力方可进行投资,即应当具有完全行为能力,且不应受到特别法律对其投资行为的限制,如公务员、检察官、法官受到职业规范的要求均不得投资商事活动。

在我国,商个人主要包括如下三类:一是个人独资企业,即依照《个人独资企业法》在中国境内设立的,由一个自然人投资,财产为投资人个人所有,投资人以其个人财产对企业债务承担无限责任的经营实体。二是个体工商户,即自然人以个人财产或家庭财产作为经营资本、依法核准登记并在法定的范围内从事非农业性经营活动的个人或家庭。个体工商户是我国法律制度特有的概念和形

---

① 参见范健主编:《商法学》,高等教育出版社 2019 年版,第 50 页。
② 覃有土主编:《商法学》(第七版),中国政法大学出版社 2019 年版,第 20 页。
③ 参见张民安:《商法总则制度研究》,法律出版社 2007 年版,第 119 页。
④ 参见范健主编:《商法学》,高等教育出版社 2019 年版,第 46 页。

式。三是农村承包经营户,即农村集体经济组织的成员,在法律允许的范围内,按照农村承包合同的规定,使用集体所有的土地和其他生产资料独立从事商事经营活动,由一人或多人组成的农户。农村承包经营户只能是农村集体经济组织的成员,只能按照承包经营合同从事商事经营活动。

二、法定商人、注册商人、任意商人

依照商事主体是否必须办理注册登记手续,依照法律授权或法律设定的要件、程序和方式进行划分,商事主体可分为法定商人、注册商人和任意商人。

法定商人也称必然商人或免登记商人,是指从事法定的特定商行为(也称绝对商行为)的商人。任何人,无论是个人还是组织,也无论是否登记,只要实施绝对商行为即为必然商人。法定商人概念主要存在于德国、日本、韩国等国家,其在具体立法上又表现为不同名称,但多规定以实施法律明确规定的绝对商行为为其营业内容。此种商事主体资格的取得在于其从事法律规定的特定商事行为,而非登记行为,即只要从事法律规定的商事行为便自动取得商人资格。这类商事主体亦可申请注册登记,但此时登记仅具有公示性效力,不具有创设效力。①

注册商人是指不以法律规定的绝对商行为为营业内容,而经一般商业登记程序设立,并以核准的营业范围为其商行为的商主体。对于这些主体而言,法律规定其进行注册登记是强制性的,获得商人资格是因为进行了商事登记而非所进行的商行为,因为这些商行为不属于法律规定的绝对商行为。这类商人主要有三个特点:一是经营以营利为目的,且不属于绝对商行为,也不属于商法规定的自由登记商人所从事的商行为;二是需要建立较为完备的、有规则的具有商人特征的经营方式;三是必须进行商事登记注册,否则不能被视为商人。登记注册对其商主体资格而言具有创设效力。注册商人是商事领域中最普遍的主体。②

任意商人也称自由登记商人,是指可以依法自主决定是否注册登记的商人。《德国民法典》第3条规定,农业经营者和林业经营者不具有商人身份,即便他们实施了第1条规定的商行为或者以第2条规定的方式从事活动,也是如此。但是,如果农业经营者和林业经营者以附属方式从事《德国商法典》第1条和第2条规定的活动,当他们将此种附属活动在商事登记机关登记之后,此种经营者即获得商人身份。农业经营者和林业经营者是否进行注册登记,完全由他们自由决定,法律不强制他们注册。这些人虽然在很长时期内从事《德国商法典》第1条和第2条规定的经营行为,但这些行为相对于他们从事的主要经营即农业经

---

① 参见顾功耘主编:《商法教程》(第二版),上海人民出版社、北京大学出版社2006年版,第36页。
② 参见樊涛:《中国商法总论》(第二版),法律出版社2019年版,第51页。

营和林业经营而言,具有附属性的特点。① 它有登记的权利而无登记的义务。在从事这些业务经营时,如果不注册则不适用商法;如果选择注册则作为商人而适用商法。

上述分类方法主要是在德国立法中得以体现,但长期以来这一分类在德国也备受争议。1998年修改后的《德国商法典》最终废除了对商主体的这种区分制度,确立了商主体平等原则,建立了统一的商主体制度。

三、大商人、小商人

依照经营规模的大小,商事主体可划分为大商人与小商人。

大商人又称完全商人,是指具有一定经营规模,有固定的场所和相应的机构,依法设立的商人。大商人通常从事法定的某种营利性行为,其设立必须符合法定条件和程序,其形式一般为企业或社团组织,其规模多为大中型企业。因此,大商人是完全符合法定标准的典型商人。除1998年修订前的《德国商法典》立法上正式使用了该概念外(现已废止),该概念实际上只是学理上为对应于小商人概念而提出。

小商人又称不完全商人,是指资本规模很小,通常没有固定营业场所而依赖简单交易行为谋生的商人。小商人营业规模一般较小,主要从事农牧业、修理业、服务业、手工业等。由于小商人的营业规模通常较小,为减少其营业成本,商法中有关商业登记、商号、商业账簿等规定常常不适用于小商人。如《韩国商法》第9条规定:"本法中有关经理、企业名称、商业账簿及商业登记的规定,不适用于小商人。"当然,对于究竟如何界定小商人,各国或地区的标准并不相同。有的以资金多少为标准,如依《日本商法典》第7条;有的以经营规模和范围为标准,如在我国台湾地区,小商人主要指沿街叫卖的行商者,在市场外设摊营业者,家庭农、林、渔、牧业者,家庭手工业者,以及其他小规模经营者。

客观来看,大商人与小商人的划分很难找到一个明确的标准,其很大程度上只是一个相对区分。但是,对小商人的权利予以同等保护,同时考虑其经营成本,适度放松对其管理的要求,具有制度上的合理性和启发性。

四、固定商人、拟制商人

依照经营者的法律状态和事实状态,商人可分为固定商人和拟制商人。

固定商人是指以营利为目的,有计划地、反复地、连续地从事商法所列举的特定商行为的商人。

拟制商人是指不以商行为为职业,但商法着眼于主体的经营方式和企业形

---

① 参见张民安:《商法总则制度研究》,法律出版社2007年版,第114页。

态,仍将其视为商人的一种商人。如《日本商法典》第 4 条第 2 款规定:"利用店铺及其他类似设施销售物品并以此为业者或者不以实施商行为为业的经营矿业者,亦视为商人。"在日本商法上,拟制商人有三种:(1)利用店铺及其他类似设备以出售物品为业者,如设置店铺出售自己生产的农产品、水产品的人。出售原始取得的物品不认为是商行为,即使是以此为营业,营业者也不被认为是商人。因此,即使同样利用店铺出售物品,根据出售的物品是否从他人处有偿取得,营业者成为或不成为商人。这样区别的理由并不充分。(2)矿业经营者。在矿业法上,所谓矿业,是指矿物的勘探、采取及附属的选矿、制炼等其他事业。矿业是原始产业,不属于商行为,但是由于通常使用大规模的商人的设备进行,因此其营业者一般被视为商人。(3)民事公司。民事公司只能准用关于商事公司的有关规定。1938 年《日本商法典》修改时,明文规定民事公司为公司。以进行水产业、畜牧业、采沙业等营利行为为目的而设立的公司都是民事公司。[①]

五、普通商人、许可商人

从商人所营事业要否经政府主管部门的特别批准或许可,可将商人分为普通商人与许可商人。

普通商人是指在一般行业从事经营的商人。法律对这种行业的经营未作限制,市场准入门槛较低。商人经注册登记即可营业,无须经任何主管部门批准。

许可商人是指在一些特殊行业被许可从事经营的商人。这些特殊行业均是法律或法规明确规定需经批准才可被允许经营的,如金融、保险、邮电、公用事业、危险品以及专卖品的经营。政府对这些行业和产品经营加以严格管制,或者是为了国家安全,或者是为了公众的普遍利益,或者是为了国家财政税收等方面的考虑。

第三节 商中间人与商辅助人

一、商中间人

(一)商中间人概述

随着商业社会的发展,商事活动的类型日益复杂,商事交易的范围也不断扩大,商人囿于自己的时间、精力、知识和技能而无法事事亲力亲为,必须借助于他人的力量来处理商事经营活动,以实现营利目的。此时,商中间人的职业类型及相关制度便应运而生。所谓商中间人,就是指以从事间接商行为或中介商行为

[①] 参见张民安:《商法总则制度研究》,法律出版社 2007 年版,第 117 页。

为业,促进商事交易得以缔结和顺利完成的商人。虽然商中间人也是独立商人,但是与直接从事商品生产和商品交换的商主体在经营方式、权利能力和责任承担等方面有明显差异。从目前的商业实践来看,从事中介活动的商中间人主要有代理商、居间商、行纪商等。

商中间人具有如下法律特点:(1) 本身是独立商人,具有商主体资格;(2) 与特定商主体订立合同,为商主体的商事交易提供帮助;(3) 与商辅助人相比,商中间人属于对商主体的外部辅助,而商辅助人是发生在商主体组织内部的辅助;(4) 商中间人与被辅助的商主体在法律地位上处于平等状态,不存在从属、命令、指挥等管理关系。[①]

(二) 代理商

代理商是指接受其他商人即被代理人的委托,在代理权限内,固定地为被代理人促成或缔结交易的独立商人。代理商是非常重要的一类商中间人。

与民事代理相比,商事领域的代理商有如下特点:(1) 商事代理权只能源于被代理人之委托,即商事代理只能是委托代理,并不存在民事代理中的法定代理或指定代理。(2) 代理商的行为方式主要是为被代理人促成交易或缔结交易提供辅助。促成交易是指通过代理商的介绍活动,直接或间接地影响有意向缔结交易的第三人,从而使被代理人和第三人达成交易协议;缔结交易是指代理商为被代理人的利益提出缔约意思表示或接受他人的缔约意思表示。(3) 代理商以营利为目的,因而通常是有偿代理,民事代理则不强调有偿性。(4) 代理商需持续性地从事商事代理行为。代理商与被代理人之间建立的是一种长期的、持续性的、完整的委托关系。(5) 商事代理的形式灵活,代理商不以显名为必要,既可以以被代理人名义,也可以以自己的名义从事商事活动。(6) 代理商是独立商人。代理商经登记依法取得商事主体资格,有自己的住所、商号、独立的账簿等,自己承担费用,同时获得收益。一个代理商可以同时为多个被代理人提供商事服务。同时,根据代理协议中不同的权利义务设置,代理商还可细分为独家代理、普通代理、总代理等不同的类型。

代理商基于商事代理行为而享有的主要权利有:(1) 报酬请求权。代理商是独立的商人,以营利为行为目标,因而商事代理通常是有偿代理,代理商的报酬请求权是其最主要的权利。有学者甚至进一步指出,代理商的报酬请求权以法定为原则,即使合同没有约定商事委托人需要支付报酬,也应当认为其具有该权利。但是,合同未约定报酬数额时,报酬数额按照代理商职责所涵盖的活动领域实行的商事惯例计算;没有此种商事惯例的,根据业务交易的相关因素进行合

[①] 参见王保树:《商法总论》,清华大学出版社2007年版,第203页。

理给付。① （2）费用偿还请求权。对于代理商为处理委托事务而支出的必要费用，委托人有偿还义务。（3）补偿请求权。这是出于公平原则的考虑，在特定情形下，代理商在代理合同终止后，可以向被代理人请求适当的补偿的权利。《德国商法典》在第89b条规定了该权利，并明确了适用情形，即企业主在合同关系终止后，仍因与代理商争取到的新客户的交易联系而获得重大利益；代理商由于合同关系的终止而丧失了报酬请求权，而该请求权如果在合同关系继续的情况下本来有可能由于已经成立的或者将要成立的与其争取到的客户的交易而获得。因为上述请求存在代理商代理行为与代理成果的相关性。代理商要自己承担努力和投资无成果的风险，也相应地应参与到其在履行其行为义务时开创的成果的分享，如果这种分享因合同终止而无法实现，就是不公平的。② 补偿和报酬在性质上具有类似性，都是对代理商在商事委托人和第三人交易中所付出的劳动的对价。但是，报酬主要发生在代理关系存续期，而补偿发生在代理关系终止后。（4）代理商的留置权。留置权是为了保证商事交易中的债权得以实现，维护商事交易安全而设置的重要制度。有些国家规定了代理商的留置权，其目的就是在于保障代理商的合法权利的实现。例如，《日本商法典》第51条规定，代理商于其因充任交易的代理或媒介而产生的债权已届清偿期时，在其未受清偿前，可以留置为本人占有的物或有价证券；但另有意思表示者，不在此限。

与代理商接受委托，为被代理人的利益处理代理事务相适应，代理商主要负有如下义务：（1）勤勉义务。代理商应努力为委托人媒介或成立交易，维护委托人的利益，并以通常商人的注意履行其义务。（2）报告义务。代理商有义务将委托事务的进展情况及时报告给委托人，并在处理完代理事务后，向委托人作出详细报告。（3）忠实义务。代理商有义务将处理委托事务而获取的一切收益归还于委托人，且未经委托人允许，代理商不得进行自我代理或双方代理，防止利益冲突。（4）保密义务。代理商应当保守委托业务项下的商业秘密，不得泄露。根据《德国商法典》第90条的规定，这种保密义务不仅可以作为代理商合同有效期间的合同义务，而且代理合同关系终止后，只要不违反通常商人的职业观，代理商也应当承担。

（三）居间商

居间活动对于促进商事交易发挥着重要作用。在商业实践中，居间活动又可分为两种：一是报告居间，即向委托人报告订立合同的机会；二是媒介居间，即提供订立合同的媒介服务。所谓的居间商，就是为了获取佣金，向委托人报告订立合同的机会或者提供订立合同的媒介服务，以促成交易缔结的商人。对委托

---

① 参见赵旭东等：《中国商事法律制度》，法律出版社2019年版，第294页。
② 参见〔德〕C. W. 卡纳里斯：《德国商法》，杨继译，法律出版社2006年版，第450—451页。

人而言,之所以需要居间商的辅助,就在于可以充分利用居间商的专业知识和市场信息,迅速找到交易伙伴或寻求到适当的市场交易条件,提高交易效率。

从法律规定及行为特征来分析,居间商的特点主要体现在:(1)居间商的行为在于积极促成委托人与第三人的合同缔结,为缔约双方提供交易信息或者斡旋交易。(2)居间商不直接介入委托人与第三人的合同中,不受双方所订立合同的约束,同时也不对其促成的商事交易所导致的后果负责。在居间活动中,居间商不以自己的名义,也不以他人的名义为他人从事契约的缔结,不代表双方当事人任何一方,也不直接参加谈判,仅仅提供订约机会、传递信息或充当合同双方当事人之间的媒介、桥梁,在双方当事人确定合同的权利义务时,居间商不表达自身意思,因此,对其所促成交易导致的后果也不负法律义务。(3)居间商提供的是有偿服务,有权收取报酬。居间商属于商人,以营利为目的,有权依据合同约定或法律规定向委托人请求报酬。但一般情况下,居间商获取报酬以委托人与第三人之间的交易缔结为要件,如果居间商没有促成交易达成,则无权请求报酬。(4)居间商属于独立商人,其虽然辅助委托人从事商事活动,但并不是委托人的雇员,不是以委托人的名义行为,而是以自己的名义从事商事活动,其本身具有独立的商人身份,享有商事权利承担商事义务。

在居间业务中,居间商的权利主要包括报酬请求权和费用偿还请求权,其负有的义务则主要是如实报告缔约信息义务和对委托人所委托事项的信息保密义务。

(四)行纪商

行纪商是指以自己的名义为他人即委托人购买或销售货物、有价证券,并以此作为职业性经营的商人。在域外立法中,行纪人也被称为商事经纪人。例如,《德国商法典》第383条就规定,所谓商事经纪人,即是指以自己的名义为他人(委托人)购买、销售货物、有价证券并以其为职业性经营活动的人。

行纪商具有如下法律特点:(1)以自己的名义实施商行为。这也是行纪商最显著的特点。行纪商与第三人进行交易时,必须以自己的名义而非委托人的名义进行,独立享受权利和承担义务。从法律关系的形式看,委托人与第三人之间不存在直接的法律关系,交易行为的后果先是归于行纪人,然后才归于委托人。(2)行纪商为委托人的利益从事贸易活动,在实施行纪行为时,必须遵从委托人的指示,对委托人负责。行纪商虽然是以自己的名义从事贸易活动,与第三人直接发生法律关系,但其所产生的权利和义务最终是由委托人承受,风险也由委托人承担,因此,行纪人必须忠实于委托人的委托。尤其是在办理受托的行纪事务时,必须在委托人指示的权限内进行,不得超越权限,否则应自行承担责任。(3)行纪行为的标的具有限定性,主要是有关动产、有价证券等方面的贸易活动。

行纪商的权利主要包括:(1)报酬请求权。(2)介入权。行纪商在接受委托后,在特定情形下,可以自己作为交易相对人,与委托人订立交易合约,除委托人有反对的意思表示外,行纪人自己得为出卖人或买受人。之所以允许行纪商介入交易,最关键的一个因素是,委托人所委托的证券或其他商品买卖具有市场定价的特性,即该类交易的价格公开、统一,单个交易者无法左右市场的交易价格,不会发生自我交易的道德风险。一旦行纪商介入交易,那么行纪商与委托人之间就形成了两种法律关系:买卖关系和行纪关系。(3)提存权。提存是指当债务人因债权人原因无法履行债务时,将标的物交由有关部门保存以消灭债权债务关系的行为,目的在于将债务人从合同项下的履行义务中解脱出来。在实践中,提存通常是因为债权人不及时受领交易标的物所造成。具体到行纪行为中,行纪商的提存权往往是因为行纪人按约定买入货物,委托人应及时受领,经行纪人催告,委托人无故拒绝受领;或者是因为委托物品不能卖出或者委托人撤回出卖,经行纪人催告,委托人不取回或不处分。此时,行纪商有权选择提存,标的物不宜提存的,可以变价后提存价款。(4)留置权。所谓留置权,是指行纪商全部完成或部分完成委托事务后,委托人应当支付报酬而不支付,行纪商留置委托物以实现其报酬的权利。

与此相应,行纪商的义务主要有:(1)对委托人之买卖价格指示的忠实义务。如果行纪商以不利价格进行交易,高于委托人的指定价格买入或低于其指定价格卖出,则需要经过委托人同意,或者其补充差价后方可对委托人有效;如果行纪商以有利价格交易,高于指定价格卖出或低于指定价格买入,虽无须委托人同意,但由此获得的利益归属于委托人而非行纪商。(2)保管义务。行纪商对于待售或已经买入的物品负有保管义务,只有因不可归责于行纪商的事由而发生的损失,如自然耗损(腐蚀)、不可抗力或委托人过错(未包装好),其方可免责。(3)处置义务。对于待售的物品,委托人交给行纪商时有瑕疵或物品易于腐蚀、变质,若不及时处置可能发生毁损或灭失,经委托人事先同意后可处置,如行纪商无法与委托人及时取得联系的,行纪商可以合理处置,否则应承担违约责任。

二、商辅助人

(一)商辅助人概述

商事辅助人又称商使用人,是指基于委任或者雇佣合同关系而从属于商事主体以辅助其营业的人。商辅助人本身不是商人,在对外交易中,不是独立的法律关系主体,而是受商人支配和委任,以商人的名义从事法律行为,行为后果由商人承担。

商辅助人因获得商人授权的方式和范围不同,在商主体内部形成的关系也不同,通常可以分为两种:一是委任关系,二是雇佣关系。委任关系是指因商主体授予商辅助人代理权,委托其代为法律行为所产生的权利义务关系。商辅助人根据商人的委任或授权,以商人的名义对外开展商事活动。雇佣关系是指因商主体雇佣商辅助人所产生的法律关系。此时,商辅助人是提供劳务的人,这种雇佣关系通常受劳动法或者雇佣合同调整,商法不予专门规范。就商法角度而言,基于委托关系而形成的商辅助人,主要是经理人和代办人两种。

此时,需要强调的是应当注意商中间人与商辅助人的区别。商中间人是商人,商辅助人则不是商人。商中间人是为直接商行为提供中介服务和条件的独立商主体,其与委托其辅助处理商事活动的商主体之间是平等的外部关系;而商辅助人是指辅助商主体活动的内部使用人。商辅助人不是商主体,没有独立的商人地位,二者间的关系通常是委任或支配关系,商辅助人以商人的名义开展商事活动,其后果由商人承受。

(二) 经理人

经理人是指基于商人的委任和授权而为其进行业务经营及管理的人。经理人以其所享有的特殊权能——经理权为其产生和存在的基础。在西方国家,商法中关于经理权和经理人的规定是企业法中的基础制度,确定了经理职位的法律性质和权限范围,是具体企业法律中有关经理制度的立法依据。

由于经理在行为时不是以自己的名义行为而是以商人的名义行为,因此经理不是商人,其虽然享有经理权,能够以商人名义行为,但权利受商人的授权范围限制,不得超越。

从法律上讲,经理权是以民法上的代理权为基础,但又有其特殊性,主要表现为:(1) 经理人与商人之间的关系是一种委托—代理关系,其权限源于商人的直接授权,并非法律规定,是典型的直接代理,以被代理人的名义为商行为。(2) 经理人在行使权利时,必须将自己的签名附加于商号,以使其代理行为与个人行为相区别。(3) 经理人通常又称为全权代理人,对外全权代表商人。在其营业范围内,经理人的权限原则上不受限制。商人如果对经理的代理权施加限制,则该限制仅在商人内部有效,不得对抗善意第三人,即除非第三人明知经理权受限制,否则对第三人而言,经理享有概括性代理权。但为了防止经理滥用权利,维护商人核心财产的安全和稳定,有域外国家的立法或商业惯例规定,经理人除特别授权外不得处分商人的不动产。(4) 经理权不具有单一性和排他性,商主体可同时委任多个经理。也就是说,经理人可以是一人,也可以是数人,可以单独或者共同代理商事主体。(5) 经理权是专属于经理自身的权利,经理有权聘任或者解聘其他商事辅助人,或将某一个别事务委托给他人,但不得将其自身拥有的专属经理权概括委托他人代为行使。易言之,经理人在行使其经理权时,不得进行转委托。

(三)代办人

代办人是指受商人委托,以商人的名义办理其事务之全部或一部分的非经理人。代办人以商主体的特别授权——代办权为其产生和存在的基础。代办人与经理人相似,都存在着商人的直接授权,都是行使代理权,但二者也具有如下区别:

(1)经理人的权利广泛,对外有概括性的代理权。在法律上,经理超越商人对其进行的授权,除非第三人明知或应知,否则不得对抗善意第三人。因此,一旦授予他人经理权,商人便承担由此产生的风险和责任。而代办商的权限较小,一般被限定在特定的业务范围内,第三人不能轻信代办人具有类似经理人的同样授权。

(2)经理人的权利必须通过明示授予,代办商的权利则可以通过默示授予。对第三人而言,代办权具有推定性。法律推定代办人以商人名义对外处理事务时具有相应的代办权,这是基于权利外观保护的思想。第三人可以根据通常状况善意地信赖代办人的权利外观,并合理地推断出代办人享有一定范围内的商事代办权。即使权利行使者实际上并没有代办人的身份,只要其具有通常状况下的权利外观,就应当参照表见代理的规则,保护第三人的合理信赖,即承认容忍代办权和表见代办权。当然,应当排除特殊事项的代办权推定,如土地的让与或设定负担、票据债务的承担、借贷的继受或诉讼的实施等,因为这些事项关涉商人的重大利益。"通常状况"的判断则需要结合商人规模、业务类型等具体因素,按照商业习惯进行确定。①

---

① 参见赵旭东主编:《商法总论》,高等教育出版社 2020 年版,第 273 页。

第三章 商 个 人

第一节 商个人概述

一、商个人的内涵

所谓商个人,是指独立从事商业经营、依法承担权利义务的个人。早期商事主体的法律人格由自然人派生,在表现形式、权利属性等方面都表现出自然人的特征,因此,这些从事营业的自然人被形象地称为"商自然人"。但随着现代市场经济的发展,现代商法上商个人的内涵不断丰富和发展,不但包括自然人状态,而且包括单一出资组织体的法律人格状态,即个人独资企业。此时,个人独资企业不再是简单的自然人个体,而是一种与出资人相区别的组织形式或机构体系。因此,现代商法上的"商个人"一词,强调的不再是外观上的单一自然人形态,而是将投资主体的单一性与一般商法人、商合伙所指向的投资主体复数性或团体组织性作为区别的基本属性。同时,该单一投资主体只限于自然人,不包括法人、其他组织。有学者为此还专门区分了"商个人"与"个体商人"的不同,并认为"个体商人"的对应概念是"商组织",或称"组织商人"也即企业商人,后者以组织形态出现,包括商法人、企业型的商合伙和商个人,如合伙企业、个人独资企业。在此意义上,"个体商人"就是"非组织商人",是自然人个人充任并完全以全部财产承担无限责任的个体商人,如个体工商户、农村承包经营户、小商贩等个体经营者。[①]

在商个人的内涵界定中,自然人是必要构成要件。在市场经济中,自然人可以消费者的身份参与商品交易,亦可以经营者的身份以营利为目的参与经营活动。如为后者,自然人便成为商法上的商个人。因此,商个人的许多特质与自然人高度相关,这主要体现为商个人与自然人投资者的姓名、个人属性、财产归属与责任承担等方面紧密相连。尤其是自然人进行商事投资后,对商个人的全部财产可自行决定如何使用和处分,商个人的财产本质上即属于投资者个人或家庭所有,投资者有义务以个人全部财产或家庭全部财产承担责任。同时,如果自

---

① 参见李建伟:《对我国商个人立法的分析与反思》,载《政法论坛》2009年第5期。

然人投资者发生变化,如死亡,则商个人也会相应发生变化。

当然,自然人成为商法上的商个人必须满足法律规定的条件,并通常需要经过必要的程序方可。例如,自然人要成为商个人,必须具备完全民事行为能力,同时必须有与经营规模相应的物质基础。在具备法定条件后,一般还需要向登记管理部门进行登记,方可获得商事主体资格。

尽管说自然人要素是商个人的核心构成要件,但二者毕竟不同。商个人是法律拟制主体,依据我国商法的规定,其可以表现为一个自然人也可以表现为一个户,还可能表现为一个独资企业。因此,作为商法主体的商个人,与民法上的自然人既密切相关又相互区别:(1)商个人是法律拟制的商事主体,所享有的主要是商事权利能力即营业能力,并不享有与自然人人身相关的许多权利,如健康权、生命权等。(2)商个人可以有自己的名称,也可以在自然人名称之上设定商事名称,商个人名称只对商行为有效。在有的国家中,商个人的名称可以和自然人姓名重合,对此情形,法律通常规定,如果行为人为商事交易签字,则视为商行为;如果行为人为日常生活签字,则视为个人行为。(3)自然人的权利能力始于出生,终于死亡,而商个人作为法律拟制体,其权利能力的取得或丧失一般需经法定程序。

二、商个人的外延

(一)传统商个人的类型

我国尽管没有形式意义上的商法,在法律层面并无对商个人的外延规定,但从传统的制度理解来看,我国学界一般认为,商个人主要包括以下三种:

一是个人独资企业。它是指依法在中国境内设立,由一个自然人投资,财产为投资人个人所有,投资人以其个人财产对企业债务承担无限责任的经营实体。尽管《民法典》将个人独资企业定位为"非法人组织",但这并不影响商法理论对个人独资企业的分类,即因其投资主体的单一性而被划分为商个人。

二是个体工商户。有经营能力的公民,依法经市场管理部门登记,从事工商业经营的,为个体工商户。这里"户"的含义是指工商登记的户,即工商登记的一个注册单位。个体工商户可以是个人经营,也可以是家庭经营。个体工商户产生于我国改革开放初期,并非典型的企业组织形态,甚至在名称上不能被称为企业。国家工商行政管理总局曾在2008年12月31日发布的《个体工商户名称登记管理办法》中明确规定,个体工商户名称后缀可以选用厂、店、馆、部、行、中心等字样,但不得使用企业、公司和农民专业合作社等字样。由于个体工商户的投资人需对个体工商户的对外债务负无限责任,因此个体工商户不具备法人资格。国务院于2011年4月16日公布的《个体工商户条例》对个体工商户作了专门规定,2017年通过的《民法总则》以及2020年通过的《民法典》中也均对个体工商户的主体类型予以了法律认可。

三是农村承包经营户。农村承包经营户是农村集体经济组织的成员在法律允许的范围内,按照承包合同的规定从事商品经营,以户的形式独立开展营业活动的法律主体。我国理论界诸多主张认为,应当将农村承包经营户作为与个体工商户相并列的商个人。但随着商法理论的不断发展,对农村承包经营户是否应当纳入商个人类型的质疑也日渐增多。

(二)商个人类型的反思

1. 个体工商户

我国商法理论通常将个体工商户定位于"商个人",属于商事主体,这一观点鲜有争议。《民法典》虽将个体工商户置于"自然人"章节,但考虑到《民法典》所奉行的民商合一体例,个体工商户与民法理论上一般的自然人应当有所区别。若个体工商户满足以营利为目的、持续性开展营业活动等要件,将其视为商事主体应无疑义。[1] 同时,需要说明的是,个体工商户商事主体的定位具有中国特色,符合中国历史实践的情况,是域外各国传统商人概念所不具备的。

对于个体工商户的争议主要集中于其存废问题上。"个体工商户"概念的存续说认为,个体工商户仍具有极强的社会和经济意义,对于解放生产力、扩大就业、促进经济增长具有重要推动作用;同时,从设立数量上观察,个体工商户相比于个人独资企业更受到市场的青睐。[2] "个体工商户"概念的废除说则主张,个体工商户的制度功效和经济实质与个人独资企业极为相似,二者缺少本质的差异;而实践中应当被"个体工商户"概念所容纳的市场主体却大多表现为未经登记的流动商贩,这也极大地削弱了"个体工商户"的可适用性,因此"个体工商户"的概念应当予以废除或变更。[3]

实际上,"个体工商户"概念的存废仍应以其在社会经济生活中的作用为关键考虑要素。首先,从市场需求看,我国具有极为庞大的市场,但并非所有营业均适合以企业作为载体,因为企业的制度负担、经营成本往往较高。相较而言,个体工商户所具备的灵活性、低组织成本、低人力成本,使得其在部分市场中更具制度优势,更能适应特定的经营需要。个人独资企业虽然与个体工商户在制度上具有一定的相似性,但其仍然存在一定的组织成本,这也是实践中个体工商户更为人选择的原因之一。其次,从经营者的角度看,个体工商户低廉的设立成本能够促进更多人以个体工商户的形式参与市场交易,吸纳就业人数,保证社

---

[1] 参见李建伟:《民法典编纂背景下商个人制度结构的立法表达》,载《政法论坛》2018年第6期。

[2] 参见樊涛:《中国商法总论》(第二版),法律出版社2019年版,第53—55页;童列春:《论常态市场中的个体工商户制度》,载《浙江工商大学学报》2020年第2期。

[3] 参见范健主编:《商法学》,高等教育出版社2019年版,第47页;李友根:《论个体工商户制度的存与废——兼及中国特色制度的理论解读》,载《法律科学(西北政法大学学报)》2010年第4期。

经济的正常运行,而个体工商户的快捷性有助于经营者针对市场需要自主决策,及时组织生产,提供产品和服务。因此,个体工商户在目前的实践中依然是不可或缺的商事主体,不应对其采取废除的态度。

2. 农村承包经营户

与个体工商户相同,农村承包经营户的民事主体地位也为《民法典》所确认,并置于"自然人"章节之下。但在商法理论上,农村承包经营户是否应当被视为商个人,进而被确定为具有商事主体资格,一直以来都有所争论。

持否定观点的理由主要在于:第一,农民以户为单位在通过承包合同所得的土地上从事种植业、林业、畜牧业等农业生产,对土地上产生的农产品有权出售处分,这只是一种典型的农业生产活动,应当区别于商业活动;第二,我国现行法律不要求农村承包经营户进行商事登记,因为农民承包土地的权利是基于《民法典》等法律所产生的法定权利,行使该法定权利的农村承包经营户不应当被视为商事主体;第三,农村承包经营户没有字号,其活动是其家庭生产、生活的组成部分,不具备商事主体的要素。①

上述分析并非完全没有道理,但存在一定缺陷。首先,商事主体进行商事登记是商法的基本原则,但也存在豁免登记的例外。《市场主体登记管理条例》第3条第1款即规定:"市场主体应当依照本条例办理登记。未经登记,不得以市场主体名义从事经营活动。法律、行政法规规定无需办理登记的除外。"尤其是对小规模商人实行豁免登记有助于满足其生活需要,减轻其经济负担,符合小规模营业的经济实质。② 农村承包经营户主要系为满足自己基本生活需要而生产,应当认为其可以豁免登记。其次,商号虽然是彰显商主体的标志,理论上应当与商事经营者的姓名不一致,但特殊情况下也可能相互一致。例如,《个体工商户条例》第8条允许个体工商户在不使用名称的情况下,仅登记经营者的个人姓名。农村承包经营户与个体工商户在规模和经营者性质上具有相似性,因此也应当允许农村承包经营户使用其经营者姓名,不额外要求其使用商号。

存废问题的真正症结在于农村承包经营户行为的性质。绝大多数农村承包经营户的行为是为了满足自我生活需要,不以营利为目的,但现实中也出现了大量农村承包经营户从事明显具有营利属性的农林牧渔产品生产、销售行为。若对此种"异质化"现象进行一刀切式的处理可能会违背农村承包经营户活动的经济实质,进而损害农村承包经营户的经济活力。因此,目前比较合理的方案是以农村承包经营户的行为是否具有营利性为判断标准:对于绝大多数以满足自我生活需要、不以营利为目的的自给型农户,不视为商事主体,对其偶然性的出售

---

① 参见吕来明:《论我国商事主体范围的界定》,载《北方法学》2008年4期。
② 参见肖海军:《我国商事登记豁免制度的构建》,载《法学》2018年第4期。

多余农产品的行为定性为民事法律行为,由民法调整;对于持续从事具有明显营利属性行为的农户,应该视为商事主体,归商法调整。①

3. 流动商贩

流动商贩的法律地位是目前我国商法理论上一个较为模糊的问题。一般而言,流动商贩的特征可以概括为:(1) 未经商事登记,一般也不具备营业执照;(2) 没有固定经营地点,或者经营地点相对不稳定;(3) 从事比较简单的交易活动,一般不需要签订书面商事合同;(4) 所经营的商品以小商品和日用生活必需品为主;(5) 经营形式一般以个人或者家庭为主。②

理论上一般认为,法律应当承认流动商贩的商事主体地位,并将其定位于商个人。这主要是因为:第一,流动商贩从事的是营利性活动。尽管有观点认为,流动商贩的经营目的仅是谋生,而不是追求财富增长或利润投资,因此不应当将流动商贩视为商事主体,但必须指出,商事行为的营利性与其行为动机并无必然关联,否则多数个体工商户也应当被否认商事主体地位。第二,承认流动商贩商事主体地位具有必要性。迫于个人、家庭的生存需要,从事流动商贩经营是城市失业人口、农村转移劳动力等困难群体的首选。流动商贩在一定程度上缓解了我国的就业问题,对社会经济的稳定运行有着重要意义,不能简单地因为其缺少固定经营场所和必要的营业执照即否定其商事主体地位。此外,也有观点提出,商个人的商事主体资格来源于"营业权"这一基本人权,流动商贩天然地应当属于商事主体。③ 立法者在实践中也逐渐倾向于认可流动商贩的商事主体地位。例如,《个体工商户条例》第 29 条授权省、自治区、直辖市人民政府根据当地实际情况自行制定无固定经营场所摊贩的管理办法;而《无证无照经营查处办法》第 3 条则将"在县级以上地方人民政府指定的场所和时间,销售农副产品、日常生活用品,或者个人利用自己的技能从事依法无须取得许可的便民劳务活动"排除出无证无照经营的范围,一定程度上认可了流动商贩经营的合法性。

更困难的问题在于如何进行流动商贩在商个人中的归类。有观点认为,流动商贩与个体工商户在实质上并无太大差别,流动商贩可以纳入个体工商户的外延,直接适用个体工商户的有关规定。诚然,流动商贩与个体工商户具有一定相似性,例如二者都以个人或家庭为经营单位,所从事的经营也相对简单。但是,个体工商户必须经过商事登记才能经营,并且其一般具有相对固定的营业地点;流动商贩则是未经商事登记,于任意的时间地点从事经营活动。个体工商户的运营以固定经营场所为必要条件,而这对于广大经营者来说属于稀缺资源,不

---

① 参见李建伟:《民法典编纂背景下商个人制度结构的立法表达》,载《政法论坛》2018 年第 6 期。
② 参见苗延波:《中国商法体系研究》,法律出版社 2007 年版,第 313 页。
③ 参见李建伟:《从小商贩的合法化途径看我国商个人体系的建构》,载《中国政法大学学报》2009 年第 6 期。

少流动商贩正是因为缺少合适的经营场所才选择流动经营;同时,没有场地成本也是大量流动商贩的营利空间,否则将会对流动商贩的经营带来沉重负担。因此,流动商贩需要更为宽松的经营条件,若将其归入个体工商户的范畴,势必会给流动商贩带来过大的成本,将其视为独立的商个人类型可能是更为合理的选择。

对于流动商贩,我国可以借鉴《德国商法典》上的分类,将其定位为自由登记商人,即登记对流动商贩而言是一项权利而非义务。这一定位的基础理念在于,流动商贩的经营规模较小,强制要求其进行登记只会徒增营商成本,不符合流动商贩的经营需求;但仍然鼓励具有相对稳定经营模式与营业实力的流动商贩申请商事登记,以便于市场管理。选择登记的流动商贩成为法定的商事主体,享有对外的公示及对抗效力;未登记的流动商贩则是事实上的商事主体,虽无法享受商事登记产生的公法和私法保护效果,但其营业仍应得到承认,不应被随意取缔。

第二节　个人独资企业

一、个人独资企业的概念与特征

(一)个人独资企业的特征

个人独资企业也称独资企业、单一业主制企业,是指由一个自然人依照《个人独资企业法》在中国境内设立,财产为投资人个人所有,投资人以其个人财产对企业债务承担无限责任的经营实体。个人独资企业具有以下特征:

第一,个人独资企业仅由一个自然人出资设立。个人独资企业的投资人身份和数量均受限制,仅能为自然人,法人或其他非法人组织不得作为投资人;投资人只能为一人,不得为两名或多名。

第二,个人独资企业不享有独立的财产权利。相较于其他非法人组织,例如合伙企业,个人独资企业的一大特点在于企业财产的完全不独立。个人独资企业的财产直接归属于投资人个人所有。具体而言,在企业设立层面,个人独资企业的投资人无须履行移转出资财产所有权或使用权等权利的程序;在企业存续期,企业经营积累而形成的增值部分的财产,投资人自动地享有所有权,无须经过法定或约定程序分配给投资人。

第三,投资人对企业债务承担无限责任。由于个人独资企业不享有独立的财产权利,投资人是个人独资企业经营的实际受益者,其也应当是企业经营风险的最终承担者,投资人对个人独资企业的债务承担无限责任是逻辑推导的合理结果。个人独资企业财产不足以清偿债务的,投资人应当以其个人的其他财产予以清偿。

第四,个人独资企业属于非法人组织。我国《民法典》确认了个人独资企业非法人组织的法律地位,尽管其能够拥有商号、以自己的名义从事营业活动,但其仅具有有限的权利范围。个人独资企业缺乏独立意思能力,在财产归属和责任承担层面表现出的与投资人的混同,是其不具备独立法人资格的根本原因。

(二)相关概念辨析

1. 个人独资企业与个体工商户

个人独资企业与个体工商户具有一定的相似性,例如二者均要求自然人出资。但个人独资企业仅由一个自然人出资设立,即使以家庭财产出资,投资人也只能是一名自然人;而个体工商户可以是以家庭为单位进行出资。

此外,个人独资企业体现出一定的组织性。从历史上看,《个人独资企业法》颁布前,我国曾以雇工人数对个人独资企业与个体工商户加以区别,以是否具备八名以上雇工为标准进行界分。尽管这一区分标准缺乏科学性,但体现了立法者对个人独资企业规模性的关注。在现行立法中,《民法典》也关注到了这一区别,将个体工商户置于"自然人"章节下,而将个人独资企业界定为非法人组织,在商事权利的享有上比个体工商户更广泛。从具体设立条件来看,设立个人独资企业必须具备投资人申报的出资、固定的生产经营场所和必要的生产经营条件、必要的从业人员等条件,较之个体工商户的设立条件更为严格,体现其更强的组织性特点。

2. 个人独资企业与一人公司

个人独资企业与一人公司虽然对投资人数量要求相同,但实质上存在着显著区别:(1)投资人性质不同。个人独资企业的投资人只能是自然人,不能是法人;而一人公司的投资人既可以是自然人,也可以是法人。(2)企业财产归属不同。个人独资企业的财产归投资人所有;而一人公司的财产,无论是股东初始投资还是后续的经营或非营业所得,均是归一人公司独立享有,一人公司享有完整的法人财产权。(3)投资人的责任形式不同。个人独资企业的投资人对企业债务承担无限责任;而一人公司的唯一股东仅以其出资额为限对公司承担有限责任。除法定情形外,一人公司的股东对公司债务不承担直接责任。(4)法律地位不同。个人独资企业属于非法人组织;而一人公司拥有独立的法人资格。(5)税收规则不同。个人独资企业不是独立法人,对其所得仅对投资人征个人所得税;而一人公司为独立法人,负有独立的纳税义务,因而对于企业所得需先征收企业所得税,当税后利润分配给投资人时,投资人还需依法缴纳自身的所得税。

二、个人独资企业的设立条件

根据我国现行《个人独资企业法》的规定,设立个人独资企业,必须同时具备下列条件:

(一)投资人为一个自然人

个人独资企业的投资人须为自然人,应具有完全行为能力,且不属于法律、行政法规禁止从事营利性活动的人。对于不具有完全民事行为能力的人,不应成为个人独资企业的投资人。因为商事经营活动具有高风险性,而不具有完全民事行为能力的人缺少对复杂商事交易足够的认知能力,也不能独立承担责任,所以无民事行为能力人、限制民事行为能力人均不能成为个人独资企业的投资人。

(二)有合法的企业名称

企业名称具有使企业区别于其他企业的专属性特征,也是企业在商业活动中用以彰显自身独特法律地位的标志。个人独资企业具有相对独立的法律地位,有权拥有合法的企业名称。由于商事名称的功能不仅在于体现商事主体的独特性,也在于维护商事主体的外观,保持商事交易的稳定,因此商事名称应当保证商事主体的形式和实质具有一致性。这主要体现为个人独资企业的名称中不得使用"有限""有限责任"或者"公司"字样,因为个人独资企业并非公司,投资人也不承担有限责任,如使用上述字样,就会构成对商事名称功能的破坏。因此,个人独资企业的名称不得出现以上表述。若违反上述规定,登记管理部门会给予责令限期改正、罚款等行政处罚。

(三)有投资人申报的出资

投资人申报出资是个人独资企业与个体工商户的重要区别。由于个人独资企业是由投资人对企业债务承担无限责任,因此在商事交易中,相对人注重的是个人独资企业的投资人的个人信用,而不是个人独资企业资本的信用,因而法律无须规定个人独资企业注册资本的最低限额。这既不会危害交易安全,又可简化企业的设立条件,还能起到鼓励、促进个人独资企业发展的作用。当然,为了明确责任财产的范围,《个人独资企业登记管理办法》第 10 条规定,投资人申报出资数额的同时,还应表明是以其个人财产还是家庭财产作为出资。

(四)有固定的生产经营场所和必要的生产经营条件

个人独资企业作为企业组织体应当具备固定的生产经营场所,以满足生产经营活动的需要;同时,正常的个人独资企业还应具备必要的生产经营条件,否则只是徒具外观的"皮包企业",不能充分利用社会资源进行生产经营。但必要的生产经营条件并不是确定的,而是取决于各个独资企业具体生产经营活动的需要。

(五) 有必要的从业人员

"企业是人的要素和物的要素相结合而产生的实体。"[①] 尽管法律对个人独资企业的规模并无要求,但个人独资企业作为具有一定组织性的商事企业,其内部拥有一定的分工和相应的从业人员是现代企业的应然现象。根据《个人独资企业法》的规定,个人独资企业可以招用职工,投资人也可以委托或者聘用其他具有民事行为能力的人负责企业的事务管理。由于个人独资企业的需求不一,不同规模的个人独资企业所需人员并不相同,因此"从业人员"应作宽泛灵活的理解,可以包括职工、受托人或被聘用的人员,也可以包括从事业务活动的个人独资企业投资人本人。

三、个人独资企业的设立程序

由于个人独资企业仅有一名投资人,企业规模通常不大,经营模式也简单,因此其设立程序也并不复杂,主要分为设立申请和核准登记。

(一) 设立申请

个人独资企业的设立,应当由投资人或其委托人向个人独资企业所在地的登记机关申请设立登记。投资人应向登记机关提交设立申请书、投资人身份证明、生产经营场所使用证明等文件。其中,设立申请书应包括如下事项:企业的名称和住所(以企业主要办事机构所在地为住所);投资人的姓名和居所;投资人的出资额和出资方式;经营范围。若个人独资企业的经营事项属于法律、行政法规或国务院决定属于应当首先审批的业务,还应当在申请设立登记时提交有关部门的批准文件。

(二) 核准登记

登记机关在收到申请人依法提交的全部文件后,应当对申请材料进行形式审查。对申请材料齐全、符合法定形式的,予以确认并当场登记。不能当场登记的,应当在 3 个工作日内予以登记;情形复杂的,经登记机关负责人批准,可以再延长 3 个工作日。如申请材料不齐全或者不符合法定形式,登记机关应当一次性告知申请人需要补正的材料。

个人独资企业营业执照的签发日期,为个人独资企业的成立日期。在领取个人独资企业营业执照之前,投资人不得以个人独资企业名义从事经营活动。违反该规定,尚未领取营业执照即以个人独资企业名义从事经营活动的,登记管理部门有权责令停止经营活动,并处以一定金额的罚款。

---

① 郭富青主编:《企业法》,中国政法大学出版社 2003 年版,第 75 页。

四、个人独资企业及其投资人的权利、义务

(一) 个人独资企业的主要权利、义务

个人独资企业作为商事主体,具有相对独立的法律地位,享有一定范围内的权利,并在一定程度上负担义务。在这一方面,个人独资企业体现出较为明显的主体性。

关于个人独资企业的权利。根据《民法典》和《个人独资企业法》的有关规定,个人独资企业可享有下列权利:(1) 自主经营权。个人独资企业作为商事主体,有权在登记的经营范围内开展自主经营,例如缔结商事交易合同、依法申请贷款、取得土地使用权等。自主经营权对于促进个人独资企业的经营活动和发展至关重要。(2) 作为《民法典》所确认的非法人组织,个人独资企业享有法律、行政法规所确认的各项权利,例如名称权、名誉权和荣誉权等。为维护自身的合法权益,个人独资企业有权作为诉讼当事人参加诉讼或仲裁。(3) 设立分支机构的权利。个人独资企业有权为了自身业务发展的需要,在其住所地以外设立从事生产经营活动的场所。个人独资企业应当承受分支机构在从事生产经营活动过程中所产生的法律义务和责任。

关于个人独资企业的义务。个人独资企业的义务主要体现为现代企业在企业组织运营和商事交易中应当遵循的一般义务,即个人独资企业从事经营活动必须遵守法律、行政法规,遵守诚实信用原则,不得损害社会公共利益;个人独资企业应遵守相关的监管规定,依法进行信息登记、备案;个人独资企业应依法招用职工,与职工签订劳动合同,保障职工的劳动安全,按时、足额发放职工工资,并按照国家规定参加社会保险,为职工缴纳社会保险费;个人独资企业应依法设置会计账簿,进行会计核算,并自觉做到依法纳税。

(二) 投资人的主要权利

个人独资企业投资人的权利分为两类,即经济性权利和管理性权利。

关于经济性权利。这主要体现为投资人对个人独资企业的财产依法享有所有权,其有关权利可以依法进行转让或继承。这一方面意味着,投资人的出资活动并未发生财产所有权的移转,投资人可以不经债权人同意对财产进行处分;另一方面意味着,无论是投资人对个人独资企业的出资,还是个人独资企业基于经营所发生的资产增值,或是企业非经营性所得(例如接受赠与),实际上都是投资人的财产增加。需要说明的是,投资人的这项权利并不会导致债权人无法受到保护的后果,因为投资人仍然以自身的全部财产对企业经营进行担保。该权利也明显区别于合伙人和股东的经济性权利,极大地突出了个人独资企业的客体性,使得个人独资企业一定程度上可以被视为财产的集合。

关于管理性权利。这主要体现为投资人对个人独资企业的生产经营活动享有完全的决策权、管理权和监督权,可以自主决策企业事务。当然,投资人也可以根据经营管理的需要,委托或者聘用他人负责企业的事务管理。此时,受托人在与投资人签订书面委托合同后就应当对投资人承担忠实义务和勤勉义务。这些义务与《公司法》上董事、监事、高级管理人员所需承担的义务相似。但稍有区别的是,投资人与受托人之间的关系和股东与董事之间的关系有所区别,因为公司法上董事并不直接对股东承担义务,其职权以法定为主要表现形式;而个人独资企业中,投资人与受托人之间存在直接的法律关系,受托人的权利主要依赖于投资人的书面授权,因此,投资人仍在企业管理中占据主导地位。投资人若发现受托人或者被聘用人员有违反合同或其他不法行为,有权直接撤销委托或解除聘用关系。需要说明的是,在实践中,个人独资企业投资人委托或聘用他人进行经营管理的情形并不多见,因为投资人需要对委托或聘任的人的经营行为承担无限责任,对于投资人而言风险非常大。

由于个人独资企业仅有一名自然人投资,同时投资人对个人独资企业日常经营享有着完全的控制权,这使得个人独资企业的意志实际上与投资人的意志几乎合一。正因如此,通常情况下,除非投资人委托或聘任他人经营,个人独资企业一般不存在所谓的"两权分离"现象。同时,由于投资人需要对个人独资企业的经营行为和结果承担无限责任,因此立法上也无须对投资人苛以过多的义务。

五、个人独资企业的债务承担

个人独资企业在法律上是独立于投资人的非法人组织,尽管其不享有独立的财产权利,但出于对其法律地位和独立营业的尊重,个人独资企业的债权人在请求债务人偿债时,应遵循如下规则:

首先,应以个人独资企业财产优先清偿。《个人独资企业法》第31条规定,个人独资企业财产不足以清偿债务的,投资人应当以其个人的其他财产予以清偿。这说明个人独资企业尚存在企业财产时,个人独资企业的债权人应先向个人独资企业提出偿债请求,从个人独资企业的全部财产中求偿。

其次,投资人承担无限清偿责任。投资人在经营个人独资企业时,实际上是以其全部个人财产作为担保。当个人独资企业的全部财产不足以清偿到期债务时,投资人应以其全部个人财产清偿企业债务,而不仅限于其出资财产。即使个人独资企业已经终止,投资人仍需对企业存续期间的债务承担无限责任。为了维持投资人与债权人的利益平衡,《个人独资企业法》进一步规定了债权人对投资人债权的消灭时效,即独资企业解散后,债权人在5年内未向债务人提出偿债请求的,则该责任消灭。这里还需说明的是,个人独资企业的投资人在申请企业设立登记时,明确是以家庭共有财产作为个人出资的,应当是以家庭共有财产对企业债务承担无限责任。

六、个人独资企业的解散与清算

（一）个人独资企业解散的原因

个人独资企业的解散是指个人独资企业因出现某些事由导致其主体资格的消失。这些事由主要包括：(1) 投资人决定解散；(2) 投资人死亡或者被宣告死亡，无继承人或者继承人决定放弃继承；(3) 被依法吊销营业执照；(4) 法律、行政法规规定的其他情形。

这里需要区分个人独资企业解散和终止的关系。企业解散后经过清算，办理完注销登记手续后才终止，在此之前企业仍可以企业名义从事企业尚未完结的活动。可以说，解散是终止的原因，终止是解散的法律后果。

（二）债务清算

个人独资企业的清算是指，个人独资企业解散事由出现后，处理企业尚未了结的法律关系的程序。清算结束，进行注销登记，个人独资企业才最后退出市场。我国个人独资企业的清算一般包括以下程序：

1. 清算人的产生。清算人是指清算企业中执行清算事务及对外代表企业的人，其主要职责包括清理个人独资企业财产、处理与清算有关的未了结事务、清理债权债务关系、代表个人独资企业参加诉讼或仲裁等。根据我国《个人独资企业法》的规定，个人独资企业解散，由投资人自行清算或者债权人申请人民法院指定清算人进行清算。

2. 通知或公告程序。依据《个人独资企业法》的规定，投资人自行清算的，应当在清算前15日内书面通知债权人，无法通知的，应当予以公告。债权人接到通知的应当在接到通知之日起30日内，未接到通知的应当在公告之日起60日内，向投资人申报其债权。通知或公告程序的目的在于使个人独资企业的债权人知悉清算事宜，尽快向清算人申报债权，以便完成清算程序，实现对债权人的保护。《个人独资企业法》并未规定法院指定清算人时的清算程序，此时，也应当适用相同的规则，采取通知和公告两种方式。

3. 债权核对与登记。债权人申报债权时，应当说明债权的有关事项，并提供债权的有关证明材料，由投资人或人民法院指定的清算人对债权进行核对与登记。

4. 清算财产的处理。投资人或者人民法院指定的清算人在债权申报结束后负责清理企业债权债务。按照《个人独资企业法》规定，个人独资企业解散的，应当按照下列顺序清偿：(1) 所欠职工工资和社会保险费用。职工工资和社会保险费用直接关系到职工的生活和养老、医疗等问题，涉及人民群众的切身利益。而支付职工工资和为其缴纳社保费用也是个人独资企业的法定义务，应被列为清偿的第一顺序。(2)所欠税款。税款是国家财政收入的主要来源和经济建设的重要支柱。一切负有纳税义务的单位和个人,都应当依照国家税法的规定履行纳税义务,个人独资企业当然不能例外。为了保护国家利益,所欠国家税款被列为清偿的第二顺序。(3)其他债务,即因合同或者法律规定,个人独资企业应当承担的债务,包括合同之债、侵权之债等。

为保障各类债务的清偿,个人独资企业在清算期间,不得开展与清算目的无关的经营活动;在债务清偿前,投资人不得转移、隐匿财产,个人独资企业及其投资人在清算前或清算期间转移或者隐匿财产、逃避债务的,依法追回其财产,并按照有关规定予以处罚;构成犯罪的,需追究刑事责任。

5. 注销登记。个人独资企业清算结束后,投资人或者人民法院指定的清算人应当编制清算报告,并于 15 日内到登记机关办理注销登记。"清算结束"是指个人独资企业经过清算,所有业务得到了结,所有债权均已收回,所有债务均得到清偿或处理,可以依法终结个人独资企业各种法律关系的时候。为了保护债权人的利益,投资人或者人民法院指定的清算人在清算后还应编制清算报告,包括清算期间各种收支报表和财务账册等。这一方面便于债权人了解和监督清算人在对个人独资企业财产进行清算过程中的工作情况,另一方面也是办理个人独资企业注销登记手续所必备的法律文件,因此清算人必须保证清算报告的内容真实、准确、完整,不得存在虚假陈述。一旦完成注销登记,个人独资企业的主体资格即告消灭。

(三) 注销后的责任承担

由于个人独资企业的投资人对企业债务需承担无限责任,因此个人独资企业解散并注销后,对于尚未清偿完毕的企业存续期间产生的债务,原投资人仍应承担偿还责任,但债权人在 5 年内未向债务人提出偿债请求的,该责任消灭。

第四章 商事合伙

第一节 商事合伙概述

一、商事合伙的产生与发展

商事合伙产生于中世纪，但是其雏形可溯及罗马法所规定的遗产继承制度。在古罗马时期，罗马法认可了两种组织形式，即共有契约和公共性质的组织。其中，前者仅存在于共同继承人之间，是基于共同继承关系产生的一种组织。根据罗马法规定，当某一家父死亡时，其子女对家父的遗产享有继承权，此时，子女们可能会现实地分割遗产，也可能决定不分割遗产，而将所继承的遗产投入共同经营。如果继承人选择了后者，则该种遗产的共同经营即构成了一种联合体（consortium）。此后，基于商事发展的需要，人们逐渐承认了从事特定事业的组织形式，到了中世纪，商法中便出现了共同经营的商事合伙组织。当时存在两种具体的合伙组织形态，即 Command 组织和 Associate 组织。在 Command 组织中，一部分合伙人提供资本，另一部分合伙人负责经营管理，提供资本的合伙人不负责经营管理，仅以自己的出资额为限对合伙组织债务承担有限责任，而负责经营的合伙人则需要对合伙组织的债务承担无限连带责任。这种组织在大陆法系国家逐渐发展为公司法中的"两合公司"，在英美法系国家则演变为有限合伙组织。在 Associate 组织中，所有合伙人共同出资、共同经营、共享利润、共担风险，所承担的是共同的无限连带责任。在大陆法系国家，该组织最终发展为公司法中的"无限公司"，在英美法系国家则演变为一般合伙组织。[①] 以英国和美国为代表，其分别颁布法律对上述两种合伙组织进行规范，即英国 1890 年《合伙法》、1907 年《有限合伙法》，以及美国 1914 年《统一合伙法》、1916 年《统一有限合伙法》。

在我国，中华人民共和国成立前夕，全国约有 130 万工商业户，除万余家公司外，其余均为独资或合伙组织。1956 年资本主义工商业改造完成后，受苏联体制的影响，合伙企业一度销声匿迹。20 世纪 80 年代后，随着经济体制的改革

[①] 参见张民安：《商法总则制度研究》，法律出版社 2007 年版，第 184—186 页。

和发展,合伙企业有了较大发展。[①] 为了对合伙组织进行规范,我国先后制定了有关合伙方面的法律,包括《民法通则》和《合伙企业法》。在 2017 年制定的《民法总则》、2020 年颁布的《民法典》中,将合伙企业作为非法人组织的形式予以明确认可。在合伙组织的具体类型上,我国《合伙企业法》基于合伙人对合伙企业债务所负责任的不同,把商事合伙分为普通合伙和有限合伙,其中在普通合伙中又区分了一般的普通合伙和特殊的普通合伙。

二、商事合伙的概念和法律特征

所谓商事合伙,是指两个或者两个以上的合伙人,以营利为目的,按照合伙协议的约定,共同出资、共同经营、共享收益、共担风险的商事组织。在现代市场经济体制中,商事合伙因其灵活的经营形式和相对较低的管理成本,普遍受到各国法律的重视,成为商事主体的重要类型之一。

商事合伙具有如下几方面的法律特征:(1) 商事合伙是由两个或者两个以上的合伙人组成。根据我国《合伙企业法》的规定,合伙人可以是自然人,也可以是法人或者其他经济组织,但国有独资公司、国有企业、上市公司以及公益性的事业单位、社会团体依法不得成为普通合伙人。(2) 商事合伙的设立基础是合伙协议。合伙协议是合伙企业存续和发展的基础,调整着合伙企业最基本的组织管理关系,是全体合伙人之间达成的一种长期合约。通过订立合伙协议,各合伙人明确了合伙企业的经营方式、合伙人相互间的权利义务及责任承担。(3) 商事合伙具有显著的"人合性"特征。商事合伙是合伙人之间基于高度的信任关系而组建,因而普通合伙人相互间存在受托关系,都有权对内经营管理,对外代表合伙进行交易。因此,每个普通合伙人即是合伙体的代表人,也是其他合伙人的代理人。(4) 商事合伙不具有法人资格,是非法人组织。作为商事主体,商事合伙虽具有营业资格,能以自己的名义独立从事商事活动,但不具有独立的责任承担能力。商事合伙的普通合伙人对合伙体的债务需承担无限连带责任。在商事合伙的资产不足以清偿合伙债务的时候,债权人有权要求任何一个普通合伙人予以全部清偿。当然,在合伙企业内部,合伙企业债务是由合伙人按照出资比例或者合伙协议的约定分别承担,合伙人对外向合伙企业债权人承担责任后,可就超过自己应承担数额的部分向其他合伙人追偿。

商事合伙的上述特点,也凸显出了其与商法人的区别:(1) 投资财产归属不同。商法人的投资人进行投资后,投资所形成的财产归商法人所有;而商事合伙的投资人进行投资后,财产是归合伙人共有。(2) 责任承担机制不同。商法人的投资人对商法人债务仅以出资额为限承担有限责任;而商事合伙的出资人(指

[①] 参见张民安:《商法总则制度研究》,法律出版社 2007 年版,第 184—186 页。

普通合伙人)应对合伙企业债务承担无限连带责任。(3) 法律地位不同。商法人具有独立的财产、独立的责任承担能力,因而是具有独立法人资格的实体;而商事合伙是非法人组织。(4) 信用基础不同。商法人属于资合性组织;而商事合伙具有明显的人合性,其中普通合伙是典型的"人合性"组织,有限合伙则兼具人合性和资合性。(5) 企业治理模式不同。商法人的治理机制中,法律规定相对较多,尤其是投资人数众多的公众性公司,治理结构的强制性色彩明显,且"所有权"与"经营权"的两权分离度较高;而商事合伙的管理模式更强调合伙人的自治,主要由合伙协议来进行约定,法律的限制性要求较少,在经营管理中的两权分离度也较低。(6) 税收规则不同。商法人因具有独立的法人资格,在税后获利时,必须缴纳企业所得税,企业在将税后利润依法分配给投资人时,投资人还需缴纳各自的所得税,属于双重征税;而商事合伙因属非法人企业,对于经营所得,并不征收企业所得税,而是在将利润分配给成员时,由各合伙人缴纳各自的所得税,属于单重征税。

三、商事合伙的法律性质

商事合伙组织究竟是一种各合伙人的聚合体还是一种独立的组织体?各国法律对此态度不一。总体来看,有如下三种代表性理论:

一是法人实体论。该理论认为,合伙组织就像公司一样是一种法律实体,属于法人,具有自己独立的主体地位。基于此,合伙企业可以有自己独立的名称,以自己的名义持有合伙财产,并以此名义独立参与商事活动,享有并承担区别于合伙人的独立权利和义务。这一理论主要为法国、意大利、比利时、日本和我国台湾地区法律所坚持。例如,《法国民法典》第1842条规定,隐名合伙以外的合伙,自登记之日起具有法人资格。美国《统一合伙法》和各州立法也基本使合伙具有类似于法人的权利能力和行为能力。但该理论也受到一定质疑,主要是因为,既然合伙组织是独立法人,那么合伙人对合伙债务承担无限连带责任缺乏合理基础。

二是聚合体理论。该理论认为,合伙组织并不是一种独立的法律实体,而仅仅是合伙人的一种聚合体。合伙人对他们向企业共同投资的财产和企业在存续期取得的收益享有共同的权利,是法律上的共有人,如果合伙组织的财产不足以清偿债务,则合伙组织的债权人可以要求普通合伙人承担无限连带责任。此种理论主要为德国、瑞士的立法所采用。但此种理论的问题在于,它无法解释为何合伙人可以以自己的名义订立契约、起诉和应诉。

三是折中理论。该理论认为,合伙组织既不是完全的法人组织,也不是完全的自然人聚合体,而是一种介于法人组织和自然人中间的一种组织。不过,虽然折中理论也不认为合伙具有独立法人资格,但在"法律实体"和"聚合体"的二元色彩中,"法律实体"的特质更为主要。这一理论为我国《合伙企业法》所采用,在后续的《民法总则》《民法典》中也得到认可,目前商事合伙已经作为"非法人组织"的一种被纳入民事主体范畴。

从合伙企业的制度规则来看,我国当前所采取的这种立法模式具有其合理性。这主要是因为,商事合伙确实已经不再是纯合同的协议关系,其组织体的团体性色彩在财产管理、组织管理等方面都得到了明显体现:

(1) 合伙企业有自己的财产管理规则,且与合伙人的自有财产相互独立。虽然合伙企业财产终极意义上属于合伙人所有,但在合伙存续期间,合伙人的出资及合伙企业存续期间的收益,都是由合伙人共同管理和使用,在合伙企业进行清算之前,合伙人不得请求分割合伙企业的财产,也不得私自转移或者处分合伙企业财产。

(2) 合伙企业有相对独立于合伙人的经营管理机制。"任何一个社团——也包括无权利能力社团——都需要具备一个法人性质的组织,以使社团独立于它的成员。"首先,合伙企业有自己的权力机关,即合伙人会议,合伙事务的决定均需经过合伙人同意,且必须按照一定的决策规则和程序,除非合伙协议另有约定,否则任何合伙人无权随意决策。其次,合伙企业有自己的事务执行机关。合伙事务可以由全体合伙人执行,也可以委任专门的合伙人甚至第三人执行。这种合伙事务执行人对内管理企业,对外代表企业。

(3) 合伙企业能以自己的名义独立享有权利、承担义务。合伙企业作为一个团体是被法律认可的,因此,合伙企业的权利义务是区别于合伙人的。同时,合伙企业具有当事人能力,即作为诉讼当事人出现在法院的能力。[1] 换言之,它是民事诉讼中保护民商事权利的请求权人及其相对人的起诉或被诉的能力,应属于民商事权利的有机组成部分。一般认为,有权利能力者即有当事人能力。[2] 我国民事诉讼法赋予了合伙企业完全的当事人能力,可以起诉应诉。

(4) 合伙企业有契合于组织体的成员变动机制。合伙人的入伙、退伙都涉及合伙协议的重新签订、企业登记事项的变更等,而不是简单地通过合同法进行合同解除或终止。同时,合伙企业的解散、清算也完全是按照一个独立的组织体的要求进行制度构建。

从域外的制度发展来看,现在许多国家也已不再将合伙仅作为单纯的契约关系来看,而是更多着眼于其所从事的经营活动,使其具有相对独立的主体资格。如果仍然坚持将合伙视为一种简单的合伙人之间的契约,已不能适应社会

---

[1] 参见〔德〕迪特尔·梅迪库斯:《德国民法总论》,法律出版社2000年版,第855页。
[2] 参见王保树:《商法总论》,清华大学出版社2007年版,第126页。

发展的需要。因此,对合伙企业的法律性质的认知需要有所改变和深化。①

四、商事合伙与民事合伙的区别

商事合伙与民事合伙有很多相似之处,设立基础都是合伙协议,且都是依据合伙协议确定彼此间的权利、义务和责任关系,但两者间也存在很大差异:

一是设立目的不同。商事合伙的设立是以营利为目的,且这种营利需要具有持续性,偶尔实施的获利行为,不能算作商法上以营利为目的的商事经营行为;而民事合伙的设立主要是为了确定并维持合伙人间的特定关系,并不强调营利性,其业务可能是为了实现合伙人间的互助协作关系,以彰显互助性。

二是设立条件不同。设立民事合伙只需合伙协议即可;而设立商事合伙,除合伙协议外,还需满足商事组织体的要求,例如选取企业名称、制定组织规范、认缴出资、确定营业场所等。这也是因为,对商事合伙而言,营利目的的实现有赖于营业活动的开展,而营业实体的存在是开展营业的先决条件。但对于民事合伙而言,由于不强调营利目的,从而使民事合伙仅表现为合伙人之间的相互关系,即民事合伙合同关系。

三是设立程序不同。民事合伙不需要特别的设立程序,协议签订后民事合伙即告成立;而商事合伙作为法律拟制主体,必须遵循商事登记制度的要求,办理商事登记方可成立。

第二节 普 通 合 伙

一、普通合伙企业的设立条件

普通合伙企业是由两个以上合伙人组成,所有合伙人对合伙企业债务承担无限连带责任的一种企业组织。设立普通合伙企业需要具备如下条件:

(一)具有两个以上的合伙人

这里的合伙人可以为自然人,也可以为法人或其他组织。(1)如果合伙人为自然人,需具备两个要求:一是具有完全行为能力。投资商事合伙是高风险的行为,投资者必须具有完全的认知能力,能够理解投资行为的风险性并承担相应的法律后果。因此,无民事行为能力人和限制民事行为能力人不得成为合伙人。二是未受到法律对特定主体投资商业行为的限制。有些具有公职身份的自然人,如公务员、法官、检察官等,因其本身是公权力的行使者,从事商业投资具有身份上的利益冲突,所以受相关法律的限制不得进行投资。(2)如果合伙人是

---

① 参见樊涛:《中国商法总论》(第二版),法律出版社2019年版,第60页。

法人,则需要注意,为了避免国有企业和上市公司以其全部财产对合伙企业的债务承担无限连带责任,以保护国有资产和上市公司股东的利益,国有独资企业、国有企业、上市公司不得成为普通合伙人。此外,公益性的事业单位、社会团体,因其从事的活动涉及公共利益,不能以其全部财产对外承担无限连带责任,所以也不得成为普通合伙人。

(二)订立书面合伙协议

合伙协议是合伙企业成立的基础,是由各合伙人订立的明确相互间权利义务以及合伙企业组织管理的协议。合伙协议应由全体合伙人协商一致,以书面形式订立,并经全体合伙人签名、盖章后生效。合伙人应当按照合伙协议享有权利、履行义务,如违反合伙协议应承担相应的违约责任。合伙协议在签订后,如需修改,同样需要经全体合伙人一致同意。

由于合伙协议规范合伙人最基本的权利义务,调整合伙企业的基本运行,因此应载明下列事项:合伙企业的名称和主要经营场所的地点;合伙目的和合伙经营范围;合伙人的姓名或者名称、住所;合伙人的出资方式、数额和缴付期限;利润分配、亏损分担方式;合伙事务的执行;入伙与退伙;争议解决办法;合伙企业的解散与清算;违约责任。

对于合伙协议的法律效力,应注意两点:(1)合伙协议在合伙企业经营以及合伙人之间具有优先适用的效力。合伙协议体现了合伙人的意思自治,在不违反法律规定,不违背公序良俗,不影响国家利益、社会利益、他人利益的情况下,应当予以充分尊重。因此,对于合伙事务的处理,合伙协议有约定的事项,从约定;未约定或约定不明的,由合伙人协商决定;协商不成的,依照合伙企业法等法律、行政法规规定处理。(2)如果合伙协议对合伙人或合伙事务执行人的权利进行了限制,除非第三人明知或应知这种限制,否则对第三人不发生法律效力,即合伙协议中的约定不得对抗善意第三人。

(三)合伙人认缴或者实际缴付出资

对于商事组织而言,资本是一个企业的血液。在合伙企业中,合伙人认缴或实缴出资是合伙企业得以成立并开展经营活动的基本物质条件。由于普通合伙企业属于典型的"人合性"组织,合伙人要对合伙企业债务承担无限连带责任,因此法律并没有对合伙企业的注册资本作最低限额的要求。同时,相较公司而言,合伙人的出资更为宽松,这主要体现为:(1)合伙人的出资方式相对更为灵活,不仅可以用货币、实物、土地使用权、知识产权或者其他财产权利出资,而且可以用劳务出资。(2)对非货币财产出资不要求强制评估。合伙人以实物、土地使用权、知识产权或者其他财产权利出资,需要作价的,可以由全体合伙人协商确定价格,也可由全体合伙人委托法定评估机构进行评估作价;合伙人以劳务出资的,评估办法可以由全体合伙人确定,也可以由全体合伙人委托法定评估机构评估。

合伙人一旦认缴出资后，就应当按照合伙协议的规定进行出资，出资方式、出资数额、出资的缴付期限均应符合合伙协议的规定。其中，以非货币财产出资，依照法律、行政法规的规定需要办理财产转移手续的，应当依法办理。如果合伙人违反合伙协议约定的出资义务，需要对其他合伙人承担违约责任。

（四）名称和生产经营场所

一般而言，商事主体应当有自己独立的名称，以彰显自身在商事活动中的人格，以便享有权利、承担义务和法律责任。同时，商事主体所选取的企业名称必须符合法律规定，且需获得登记管理部门的认可。根据我国相关法律法规的规定，普通合伙企业应在其名称中标明"普通合伙"字样，而且由于普通合伙人对企业债务承担无限连带责任是一种法定责任，因此在合伙企业的名称中不能出现"有限"或"有限责任"等字样。

作为一种持续性的、职业性的营利性组织，商事合伙企业必须有自己的生产经营场所。从法律角度看，生产经营场所的意义在于确定合同履行地、明确诉讼管辖地以及相关法律文件的送达地等。根据相关规定，经企业登记机关登记的合伙企业主要经营场所只能有一个，且应当在企业登记机关登记管辖区域内。

（五）法律、行政法规规定的其他条件

除上述条件外，特殊行业的企业在设立过程中，可能还需要根据特定行业的特点满足其他条件要求。尤其是当合伙企业计划从事的经营业务中，有法律、行政法规规定，在进行主体登记前必须先经行业主管部门批准的，合伙企业应先依法经过批准，并在进行设立登记时提交批准文件，方可取得商事主体资格。这便是实践中"先证后照"的商事主体登记管理制度。

二、普通合伙企业的设立程序

1. 各合伙人应签订书面的合伙协议，认缴或实际缴纳出资，同时还应选定经营场所。

2. 如果经营范围涉及需要国家事前审批的许可性行业，则需办理相应的审批程序。这种实施"先证后照"的事前审批项目通常是由法律、行政法规或者国务院决定所明确的。当然，绝大多数合伙企业的经营范围一般不涉及审批项目，因此办理相关审批并非所有合伙企业设立的必经程序。这里需要指出，在商事登记制度中，有两种不同的经营审批事项：一种是针对企业设立的审批，即"先证后照"的审批类型。另一种是针对企业成立后具体经营事项的审批，即"先照后证"审批。在此种审批中，商事主体的资格先行登记取得，在登记后，如其经营范围中有涉及审批的项目，则就该经营项目再进行审批，否则不得经营该经营项目下的业务。

3. 提出设立申请。设立合伙企业,应由全体合伙人指定的代表或者共同委托的代理人向企业登记机关提交申请文件,由登记机关进行审核登记。合伙人所提交的设立文件主要包括:全体合伙人签署的设立登记申请书;全体合伙人的身份证明;全体合伙人指定代表或者共同委托代理人的委托书;合伙协议;全体合伙人对各合伙人认缴或者实际缴付出资的确认书;主要经营场所证明;登记管理部门规定提交的其他文件。如涉及法律、行政法规或者国务院决定设立合伙企业须事先批准的,还应提交行业主管部门的批准文件。

4. 文件审查。登记管理部门应当对合伙人所提交的材料进行审查。这种审查只要做到形式审查即可。登记机关只对申请材料的完备性、有效性进行审查,而不负责审查材料的真实性与合法性。

5. 核准登记。登记机关应当对申请材料进行形式审查,对申请材料齐全、符合法定形式的,予以确认并当场登记。不能当场登记的,应当在3个工作日内予以登记;情形复杂的,经登记机关负责人批准,可以再延长3个工作日。申请材料不齐全或者不符合法定形式的,登记机关应当一次性告知申请人需要补正的材料。

合伙企业的营业执照签发日期,为合伙企业成立日期。合伙企业领取营业执照前,合伙人不得以合伙企业名义从事合伙业务。

三、普通合伙企业的财产制度

(一)合伙企业财产的构成

通常而言,合伙企业的财产构成主要包括三部分:一是合伙企业的原始资产,即合伙人的出资。这里的出资不仅仅是"实缴"出资,还包括"认而未缴"的"待缴"出资。合伙人应当以合伙协议中约定的"认缴"出资的数额向合伙企业履行出资义务,这些出资形成合伙企业的原始财产。二是合伙企业在经营中所取得的收益。合伙企业是独立的商事组织,以营利为目的,通过持续性的营业活动创造经济价值,实现资本增值。因此,合伙企业在经营中以自己名义取得的收益,当然属于合伙企业财产,并成为非常重要的组成部分。这些经营中的收益包括未分配盈余、合伙企业的应收债权、合伙企业取得的知识产权、商业秘密以及合伙企业的名称(商号)、商誉等各项有形或无形的财产或财产性权利。三是合伙企业在存续期间,依法取得的非经营性收入的其他财产,例如接受赠与所获财产。

(二)合伙企业财产的归属

合伙企业的上述财产,在法律上如何归属?合伙企业对合伙财产是否有如同商法人一样的独立的法人财产权?有观点认为,合伙企业作为一种商事组织体,完全可以像公司那样以自己的名义占有、使用、处分自己的资产,因此,合伙组织对其合伙财产应享有独立的财产权。但长期以来,主流观点却认为,合伙组织对合伙财产并不享有财产权,而是认为该种财产是合伙人之间的一种共有财产。在域外立法中,采取这一观点和立场的也较多。例如,《德国民法典》规定,合伙财产是全体合伙人的共同财产,包括合伙人的出资以及在合伙存续期间因合伙事务而得到的财产;《日本民法典》也有类似规定,即各合伙人的出资及其他财产,属全体合伙人共有。

否认合伙企业独立拥有财产权的理由之一,是合伙企业没有独立的法人资格,因而无法拥有独立的财产权,只能是在其存续期间实际占有、使用这些财产。我国立法也是认可了合伙企业财产由合伙人共有的性质,至于这种共有是共同共有,还是按份共有,学界存在诸多争议。但需要特别指出的是,即便认为合伙人对合伙企业的财产享有共有权,这种共有权也不同于一般民法上的共有,而是有其特殊性:一是合伙财产是合伙企业作为商事组织进行经营的基本物质基础,为了保证合伙企业经营的持续,维护全体合伙人共同利益,在合伙存续期间,合伙人不得请求分割合伙企业的财产,也不得私自转移或处分合伙组织的财产;二是未经全体合伙人同意,不得出于个人目的或非合伙企业的目的擅自使用或处分合伙企业的财产。

四、普通合伙人财产份额的处分

所谓合伙人财产份额的转让,是指合伙企业的合伙人向他人转让其在合伙企业中的全部或者部分财产份额的行为。由于合伙组织是建立在合伙人之间的高度信任关系基础上,而合伙人财产份额的转让尤其是对外转让,势必会影响合伙人之间的信任关系,进而影响合伙企业以及各合伙人的切身利益,因此法律对合伙人财产份额的转让作了如下规定:

第一,合伙人将其在合伙企业中的全部或者部分财产份额在合伙人内部进行转让时,应当通知其他合伙人。由于合伙人财产份额的内部转让不涉及合伙人以外的人加入合伙企业,合伙企业存续的"人合性"基础没有发生实质性变化,因此不需要经其他合伙人一致同意。但是,这种内部转让涉及合伙人相互间权利、义务、责任的分配比例,因而需要通知其他合伙人。

第二,合伙人将其在合伙企业中的全部或者部分财产份额向合伙人以外的第三人转让时,须经其他合伙人一致同意,但合伙协议另有约定的除外。由于合伙财产份额的对外转让,涉及第三人加入合伙企业,会直接影响合伙人之间的"人合性"信任关系,因此只有经过其他合伙人一致同意,才能表明其他合伙人同意与受让人共同维持原合伙企业,合伙企业才能继续存续下去。当然,基于对合伙人意思自治的尊重,如果合伙协议约定,合伙人对外转让合伙财产份额时,不需要全体合伙人一致同意,那么法律应予以尊重。但这里需要思考的一个问题是,如果合伙人拟对外转让其合伙财产的份额,但部分合伙人同意、部分合伙人不同意,在无法进行转让的情况下,如何对拟转让的合伙人的权益进行保护？我国立法对此没有进行规定,这是一个法律漏洞。此时,基于对转让方合伙人投资自由的尊重,以及对其他合伙人人合性的保护,应进行利益平衡。比较合理的方法是,允许转让方合伙人按照"退伙"的方式进行结算,一方面给予转让方退出通道,另一方面维护其他合伙人之间的信任关系。

第三,合伙人向合伙人以外的人转让其在合伙企业中的财产份额的,在同等条件下,其他合伙人有优先购买权,但合伙协议另有约定的除外。优先购买权是指在合伙人对外转让其财产份额时,其他合伙人基于同等条件可先于外部的非合伙人进行购买的权利,同等条件主要包括价格条件、对价支付期限、支付方式等。该制度的目的在于维护合伙企业合伙人相互间的信任关系,保障合伙企业的"人合性"。当然,如果合伙协议对于优先购买权另作规定的,应适用合伙协议的规定。

第四,合伙人以其在合伙企业中的财产份额出质的,须经其他合伙人一致同意;未经其他合伙人一致同意,出质行为无效,由此给善意第三人造成损失的,由行为人承担赔偿责任。之所以对合伙人财产份额的出质行为进行严格限制,是因为若合伙人以其在合伙企业中的财产份额作为质押物来担保其债权人的债权实现,而一旦合伙人不履行债务,就可能导致作为质押物的财产份额的权利发生转移,从而破坏合伙企业合伙人之间的"人合性"基础。

五、普通合伙企业的经营管理

普通合伙企业作为一个法律拟制的商事组织体,在其经营过程中,必然也需要有决议机制、执行机制和监督机制。同时,对于担任合伙事务执行人的合伙人或非合伙人,也有着忠实义务和勤勉义务的要求。

(一)合伙企业事务的决议机制

合伙企业的经营活动通常需要先由决策机关做出决议,然后交由执行人负责具体执行。在具体的决议机制方面,需遵守如下规则：

首先,如果合伙协议对合伙企业经营事项的决议机制作出规定,则应遵循合伙协议的约定,除非其与法律规定相抵触。

其次,如果合伙协议对决议机制未约定或者约定不明,则应采取合伙人一人一票,且经全体合伙人过半数通过的表决办法。与公司治理不同,各合伙人无论出资多少,每一个合伙人对合伙企业经营事项均有同等的表决权,表决权数应以合伙人的人数为准,这主要是源于所有合伙人的无限连带责任。

最后,考虑到经营决策的慎重性,对于关涉合伙企业发展的重要事项,除非合伙协议另有约定,我国《合伙企业法》规定了严格的表决机制,即全体合伙人一致同意。这些事项包括:(1)改变商合伙的名称;(2)改变商合伙的经营范围、主要经营场所的地点;(3)处分商合伙的不动产;(4)转让或者处分商合伙的知识产权和其他财产权利;(5)以商合伙名义为他人提供担保;(6)聘任合伙人以外的人担任商合伙的经营管理人员。

(二)合伙企业事务的执行

从理论上看,普通合伙企业属于典型的"人合性"组织,为公平保护所有合伙人的权益,所有合伙人原则上均有权执行合伙企业的事务。但由于每个合伙企业的人数组成不同,考虑到执行的效率问题,为尊重合伙人的自治,法律通常允许合伙人自行确定合伙企业事务的执行方式。通常而言,可选择的合伙企业事务执行方式有三种:

一是全体合伙人共同执行。全体合伙人均有权直接参与企业经营,对内处理合伙企业事务,对外代表合伙企业活动。我国《合伙企业法》在第26条明确规定,合伙人对执行合伙事务享有同等的权利。一般而言,这种模式比较适合合伙人人数较少的合伙企业。

二是委托一个或数个合伙人执行。为提高合伙事务的执行效率,减少合伙人之间的协调成本,对于合伙人人数较多的合伙企业而言,可以按照合伙协议约定或者经全体合伙人决定,委托一个或数个合伙人执行合伙企业事务,并对外代表合伙企业进行活动。此时,受委托执行合伙企业事务的合伙人便是合伙企业的执行合伙人。一旦委托事项完成,其他合伙人便不得再执行合伙事务,以避免出现执行中的冲突。如果不具有事务执行权的合伙人擅自执行合伙事务,给合伙企业或者其他合伙人造成损失的,需承担赔偿责任。

三是委托非合伙人执行。如果合伙人在合伙协议中约定或者经过全体合伙人一致同意,可以聘请合伙人以外的人执行合伙事务。这一模式在实践中的采用比较少见,主要原因在于,这种"所有权"和"经营权"完全分离的治理模式,会给合伙人带来潜在的巨大风险,即管理人对合伙企业拥有管理和执行权却不承担经营失败的风险,而合伙人不经营管理企业却要对管理人的经营行为承担无限连带责任。正是因为上述风险,我国《合伙企业法》规定,除合伙协议另有约定外,如聘任合伙人以外的人担任合伙企业的经营管理人,需要经全体合伙人一致同意方可。一旦非合伙人被聘任为管理人员后,应在合伙企业授权范围内履行职务,如果超越合伙企业授权范围履行职务,或者在履行职务过程中因故意或者重大过失给合伙企业造成损失的,应当承担赔偿责任。

(三)合伙企业事务执行的监督机制

合伙企业虽没有类似于公司的专门监督机构和人员,但是任何企业的良性经营都不可能离开监督机制的有效实施,否则就可能产生经营中的高额代理成本。为规范企业的经营管理,尤其是对合伙企业事务执行人的行为进行规范和监督,合伙企业的制度规则中也存在诸多的监督机制。以我国的《合伙企业法》为例,主要的监督机制包括:(1) 合伙人的知情权。合伙经营是以营利为目的的经济活动,合伙人之间是基于共同投资形成了合伙企业的财产并成为企业经营的物质基础,同时,对于合伙企业的经营结果共同承担,即共享利润、共担风险。为此,每个合伙人都有权了解合伙企业的经营活动,尤其是对合伙企业会计账簿等财务资料的查阅,以此维护其合法的投资权益。这一权利也应属于合伙人的固有权利,不应被限制或剥夺。(2) 非合伙事务执行人的监督权。合伙事务的执行情况涉及每个合伙人的切身利益。为督促合伙事务执行人更加认真谨慎地处理合伙企业事务,不执行合伙事务的合伙人有权监督执行事务合伙人执行合伙事务的情况,以维护合伙企业的利益。(3) 合伙人分别执行模式中的异议权和撤销权。在合伙人分别执行合伙事务的情况下,由于执行合伙事务的合伙人的行为所产生的亏损和责任要由全体合伙人承担,因此我国《合伙企业法》规定,合伙人分别执行合伙事务的,执行事务合伙人可以对其他合伙人执行的事务提出异议。提出异议时,应当暂停该项事务的执行。如果发生争议,依照有关规定作出决定。受委托执行合伙事务的合伙人不按照合伙协议或者全体合伙人的决定执行事务的,其他合伙人可以决定撤销该委托。

(四) 合伙事务执行人的权利与义务

合伙事务执行人的权利主要在于,能够对内处理合伙企业事务,对外代表合伙企业从事经营活动。合伙事务执行人对外代表合伙企业从事的法律行为,法律效果归属于合伙企业,利润或亏损均由合伙企业承担,对全体合伙人都有效。如果合伙企业对合伙事务执行人对外代表合伙企业的权利予以一定限制,那么该内部限制不对善意第三人发生效力,除非第三人对此限制明知或应知。保护善意第三人的利益主要是为了维护商事交易的安全,这也是商法的基本原则。如果合伙事务执行人对外代表合伙企业所从事的行为侵害了他人利益,造成损失,则该侵权行为的后果也归属于合伙企业,由合伙企业承担相关的法律责任。当然,合伙企业在承担责任后,有权向有过错的合伙事务执行人进行内部追责。

合伙事务执行人在履行职责的过程中,应当承担的义务主要包括:(1) 忠实义务。合伙事务执行人不得利用职务上的便利,将应当归合伙企业的利益据为己有、侵占合伙企业财产、与合伙企业进行竞业、篡夺合伙企业交易机会、泄露合伙企业商业秘密等。(2) 勤勉义务。合伙事务执行人应当在执行事务中勤勉履职,不得怠于执行合伙企业的事务,或者未经允许擅自进行转委托,必须恪尽职守地为合伙企业的最大利益执行事务。(3) 报告义务。由于合伙事务执行人执行合伙事务产生的收益归合伙企业,产生的费用和亏损也是由合伙企业承担,其执行事务的效果与每个合伙人休戚相关,因此合伙事务执行人应定期向其他合伙人报告事务执行情况以及合伙企业的经营和财务状况,主动接受其他合伙人的监督。

六、普通合伙人的权利与义务

（一）普通合伙人的权利

在合伙企业中，合伙人的权利主要包括：(1) 利润分配请求权。分享利润是合伙人最主要的权利之一，是获得投资回报的主要途径。合伙人享有利润的比例往往取决于合伙人之间的协议，合伙协议未约定或约定不明确的，由合伙人协商决定；协商不成的，由合伙人按照实缴出资比例分配；无法确定实缴比例的，平均分配。但依据我国《合伙企业法》规定，合伙协议不得约定将全部利润分配给某些部分合伙人，因为这违反了合伙企业中利润共享的基本理念，有违公平原则。(2) 对合伙事务的管理权。合伙人行使合伙事务管理权的主要方式就是召开合伙人会议并作出合伙组织的决议。(3) 获得信息的知情权。商事组织的设立是为了其成员能够获得经济上的利益，为此，商事组织成员当然需要了解企业的基本情况，作出理性的商业决策，这对于承担无限连带责任的合伙人而言尤其重要。任何合伙人都有要求其他合伙人就影响合伙企业的一切情况提供真实的全部信息的权利。(4) 对合伙事务执行的监督权、提出异议权、撤销委托权等。

（二）普通合伙人的义务

合伙人在享有法律规定的各种权利的同时，自然也应当对合伙组织和其他合伙人承担各种义务。这些义务包括忠实义务和注意义务。

忠实义务是指合伙人所承担的不损害合伙组织的利益，尤其是不得以牺牲合伙企业的利益为代价而获得个人利益的义务。忠实义务的表现形式多种多样，主要包括：(1) 竞业禁止义务，即合伙人不得自营或者同他人经营与本合伙企业相竞争的业务。各合伙人组建合伙企业是为了合伙经营、共享收益，如果某一合伙人自己又从事或者与他人合作从事与合伙企业相竞争的业务，势必影响合伙企业的利益，背离合伙的初衷，同时还可能形成不正当竞争，使合伙企业处于不利地位。(2) 禁止自我交易义务，即合伙企业中每一合伙人都是合伙企业的投资者，如果自己与合伙企业交易，就会将自己利益与其他合伙人利益置于相互冲突的状态，极易使其他合伙人利益受损。因此，通常情况下，合伙人不得同本合伙企业进行交易。(3) 不得篡夺交易机会的义务，即合伙人不得将本属于合伙企业的交易机会据为己有，否则便是对合伙企业利益的侵害。当然，对于上述三项义务，如果合伙协议另有约定或经全体合伙人一致同意，可以予以例外允许。(4) 合伙人还负有不得获取秘密利益的义务、不得侵占或滥用合伙企业财产的义务以及保密义务等。这些忠实义务是法律所强加的义务，不得放弃。

注意义务是指合伙人必须遵守合伙协议规定以及合伙决议的义务，就其所知悉的有关合伙事务的信息如实告知其他合伙人的义务，以及合伙人如为合伙事务执行人,在执行合伙事务时,还须尽到一个理性的人在同样情况下所应尽的注意义务。

七、普通合伙企业的利润分配与亏损分担

(一) 基本规则

商合伙的利润分配与亏损分担,按照合伙协议的约定办理;合伙协议未约定或者约定不明确的,由合伙人协商决定;协商不成的,由合伙人按照实缴出资比例分配、分担;无法确定出资比例的,由合伙人平均分配、分担。但是,合伙协议不得约定将全部利润分配给部分合伙人或者由部分合伙人承担全部亏损。

(二) 合伙企业债务承担的特别规定

首先,合伙企业财产优先清偿。在合伙企业存在自己的财产时,合伙企业的债权人应先向合伙企业提出请求,从合伙企业的全部财产中求偿,而不能越过合伙企业直接向合伙人请求清偿债务。只有在合伙企业所有财产不足以清偿合伙企业债务时,就合伙企业未能清偿的部分,合伙人才需承担无限连带责任。也就是说,合伙人的无限连带责任是补充性的责任。

其次,合伙人的无限连带清偿责任。对这一责任的理解需注意两点:一是连带责任。所有合伙人无论自己在合伙协议中所承担的债务比例如何,均应对合伙企业未能清偿的债务向债权人承担全部清偿。当某一合伙人对外偿还合伙企业的债务超过自己依据合伙协议所应承担的数额时,有权在内部向其他合伙人追偿。二是无限责任。所有合伙人不仅以自己投入合伙企业的资产和企业的其他资产对债权人承担清偿责任,而且要以合伙人自己所有的财产对债权人承担清偿责任。

最后,双重优先原则。合伙企业财产先用于偿还合伙企业债务,有剩余再分配给各合伙人用于清偿个人债务;合伙人的个人财产先用于偿还其个人债务,剩余的再用于清偿合伙企业的债务。总体而言,双重优先权原则是比较公平合理的。对于债权人来说,合伙的债权人对合伙财产享有优先受偿权,即有权主张合伙财产优先满足自己的债权。如果合伙共有财产不足以清偿合伙债务,只有当合伙人的个人债务分别得到满足,同时合伙人还有剩余的个人财产可用于偿还合伙债务时,合伙的债权人才能求偿于合伙人的个人财产;反之,合伙人个人的债权人有权就合伙人的个人财产优先享有受偿权,当合伙人个人财产不足以清偿债务时,只有在合伙的债权人已经得到满足,合伙人共有财产还有剩余的条件下,合伙人个人的债权人才能就该合伙人在合伙共有财产的应有份额来偿还债务。可见,双重优先权原则强调企业的债权人立足于企业财产,个人的债权人立足于个人财产,区分了合伙债务和合伙人个人债务的不同,划分了两种财产的性质,这可以公平合理地维护合伙企业债权人的利益和合伙人债权人的利益,使双

方都有平等的机会从债务人那里得到清偿。

（三）合伙人的债务清偿与合伙企业的关系

在合伙企业存续期间，可能发生个别合伙人因不能偿还其私人债务而被追索的情况。由于合伙人在合伙企业中拥有财产权益，合伙人的债权人可能向合伙企业提出清偿请求。为平衡保护合伙企业、其他合伙人、合伙人之债权人的合法权益，应当注意以下三点：

首先，合伙人的债权人不得以其对合伙人的债权抵销其对合伙企业的债务。这是因为，该债权人对合伙企业的负债，实际上是对全体合伙人的负债，而合伙企业某一合伙人对该债权人的负债，只限于该合伙人个人。如果允许两者抵销，实质上是要求其他合伙人对某一合伙人的个人债务承担责任。

其次，合伙人的债权人不得代位行使合伙人在合伙企业中的权利。因为合伙人相互之间高度信任的"人合性"是合伙企业存续的基础，如果允许个别合伙人的债权人代位行使该合伙人在合伙企业中的权利，尤其是参与到合伙企业的管理，则实质上是破坏了这种"人合性"，其他合伙人将不得不承担该债权人参与合伙事务管理带来的无限责任风险，这显然不公平。

最后，当合伙人的自有财产不足以清偿其个人债务时，该合伙人可将其从合伙企业中分取的收益用于清偿；债权人也可以依法请求人民法院强制执行该合伙人在合伙企业中的财产份额用于清偿。如果是前者，则既保护了合伙人个人债权人的利益，也无损于全体合伙人的合法权益；但如果是后者，即通过强制执行合伙份额的方式来清偿合伙人的个人债权人，则无异于合伙份额的转让。此时，基于对普通合伙企业"人合性"的保护，人民法院在强制执行合伙人的财产份额时，应通知全体合伙人，其他合伙人有优先购买权；若其他合伙人未购买，又不同意将该财产份额转让给他人的，应为该合伙人办理退伙结算，或者办理削减该合伙人相应财产份额的结算。

八、普通合伙企业的成员变更

入伙和退伙对普通合伙企业而言，是非常重要的投资者结构变化，法律对此进行了明确规定。同时，由于合伙人变化属于合伙企业的重大事项，因此应进行相应的变更登记。

（一）入伙

入伙是指在合伙企业存续期间，合伙人以外的第三人加入合伙，取得合伙人资格的法律行为。第三人加入合伙企业的原因可能是基于两种：一是向已经成立的合伙企业投资，把一定数额的财产投入到合伙企业而取得合伙人资格；二是从原合伙人处受让了合伙财产的份额，从而获得合伙人资格。

由于普通合伙的合伙人之间承担无限连带责任，第三人无论是基于上述哪种原因新加入合伙企业,除非合伙协议另有约定,都应经全体合伙人一致同意。这主要是由于合伙企业典型的"人合性"特点所致:当所有合伙人均承担无限连带责任时,新的合伙人加入合伙企业,必然会改变原有的合伙人之间的信任关系,因而就必须取得全体合伙人的一致同意。

在全体合伙人同意第三人入伙后,原合伙人应当与新入伙人订立书面的入伙协议,随后到企业登记管理部门办理相应的变更登记手续。通常而言,入伙协议应包括入伙人的姓名、入伙时间、入伙人的出资形式、出资数额、出资期限、盈余和亏损分担比例等。一旦签订入伙协议,新合伙人加入合伙企业后,即与原合伙人享有同等权利,承担同等责任。尤其是我国《合伙企业法》规定,新合伙人对入伙前合伙企业的债务,需要与原合伙人一样,承担无限连带责任。

(二)退伙

1. 退伙原因

退伙是指合伙人退出合伙企业,从而丧失合伙人资格的法律行为和事实。退伙的原因主要是三种:一是法定退伙,二是自愿退伙,三是强制退伙。

法定退伙又称当然退伙,是指合伙人因出现法律规定的事由而导致的退伙。这些法定事由主要包括:(1) 作为合伙人的自然人死亡或者被依法宣告死亡;(2) 个人丧失偿债能力;(3) 作为合伙人的法人或者其他组织依法被吊销营业执照、责令关闭撤销,或者被宣告破产;(4) 法律规定或者合伙协议约定合伙人必须具有相关资格而丧失该资格;(5) 合伙人在合伙企业中的全部财产份额被人民法院强制执行。需注意的是,对于合伙人被依法认定为无民事行为能力人或者限制民事行为能力人的,并非当然退伙,而是允许合伙人进行处理方式的选择:一是经其他合伙人一致同意的,可以依法转为有限合伙人,普通合伙企业依法转为有限合伙企业;二是其他合伙人未一致同意的,该无民事行为能力或者限制民事行为能力的合伙人退伙,退伙事由实际发生之日为退伙生效日。

自愿退伙又称声明退伙,是指合伙人基于自愿的意思表示而实施的退伙,其又可分为:合伙协议约定了企业存续期的退伙和未约定企业存续期的退伙。对于合伙协议约定了企业存续期的退伙,主要包括如下情形:(1) 合伙协议约定的退伙事由出现;(2) 经全体合伙人一致同意;(3) 发生合伙人难以继续参加合伙的事由;(4) 其他合伙人严重违反合伙协议约定的义务。对于合伙协议未约定企业存续期的退伙,合伙人在不给合伙企业事务执行造成不利影响的情况下,提前30日通知其他合伙人,即可实施退伙。

强制退伙是指因合伙人出现严重侵害合伙企业利益的情形,被合伙企业的除名决议所作出的退伙。强制退伙涉及被除名合伙人的根本利益,因而属合伙企业的重大事项,需经其他合伙人一致同意方可。通常而言,强制退伙往往是因为被除名的合伙人出现如下情形:(1) 未履行出资义务;(2) 因故意或者重大过失给合伙企业造成损失;(3) 执行合伙事务时有不正当行为;(4) 发生合伙协议约定的事由。对合伙人的除名决议应当书面通知被除名人。被除名人接到除名通知之日,除名生效,被除名人退伙。为保护被除名人的合法权益,当其对除名决议有异议时,可自接到除名通知之日起 30 日内,向人民法院起诉,寻求司法救济。

2. 退伙的法律效力

对退伙人而言,退伙会使其合伙人身份归于消灭。此时,退伙会导致结算和财产继承。

关于退伙结算。除合伙人死亡或者被依法宣告死亡的情形外,合伙人退伙时:(1) 其他合伙人应当与退伙人按照退伙时的合伙企业财产状况进行结算。退伙结算的目的是确认退伙人应当分得的财产份额,同时明确退伙人应当承担的债务。若退伙时有未了结的合伙企业事务的,待该事务了结后进行结算。(2) 结算后,退还退伙人的财产份额,退还办法由合伙协议约定或者由全体合伙人决定,可以退还货币,也可以退还实物。(3) 退伙人对其退伙前已经发生的合伙企业债务,与其他合伙人承担连带责任。若退伙时,合伙企业财产少于合伙企业债务,退伙人应按照合伙协议规定的比例分担亏损,如合伙协议未约定或者约定不明的,由合伙人协商决定;协商不成的,由合伙人按照实缴出资比例分担;无法确定出资比例的,由合伙人平均分担。(4) 退伙人对给合伙企业造成的损失负有赔偿责任的,相应扣减其应当赔偿的数额。

关于财产继承。合伙人死亡或者被依法宣告死亡的合伙份额处理时:(1) 对该合伙人在合伙企业中的财产份额享有合法继承权的继承人,按照合伙协议的约定或者经全体合伙人一致同意,从继承开始之日起,取得该合伙企业的合伙人资格。(2) 有下列情形之一的,合伙企业应当向合伙人的继承人退还被继承合伙人的财产份额:继承人不愿意成为合伙人;法律规定或者合伙协议约定合伙人必须具有相关资格,而该继承人未取得该资格;合伙协议约定不能成为合伙人的其他情形。(3) 合伙人的继承人为无民事行为能力人或者限制民事行为能力人的,经全体合伙人一致同意,可以依法成为有限合伙人,普通合伙企业依法转为有限合伙企业;全体合伙人未能一致同意的,合伙企业应当将被继承合伙人的财产份额退还该继承人。

九、普通合伙企业的终止

(一) 企业解散的原因

合伙企业的解散是指因法定或合伙人约定的事由出现或者经全体合伙人决定终止合伙协议,退出市场的行为。

通常而言,合伙企业的解散有自愿解散和被迫解散。其中,自愿解散包括的主要情形有:(1)合伙期限届满,合伙人决定不再继续经营;(2)合伙协议中约定的解散事由出现;(3)全体合伙人决定解散;(4)合伙不具备法定人数,且已经达到30天;(5)合伙协议约定的合伙目的已实施或无法实现。被迫解散的情形则主要是指合伙企业被依法吊销营业执照、责令关闭或者被撤销。

(二) 企业清算

合伙企业的清算是指合伙企业解散后,为了终结合伙企业现存的各种法律关系,依法清理合伙企业债权债务、分配合伙企业剩余财产的行为。

1. 清算人的产生

清算人是指合伙企业解散后依法产生的专门负责清理合伙企业债权债务、分配剩余财产的人。根据我国《合伙企业法》的规定,清算人的产生方式主要包括如下三种:(1)如果合伙人无特别约定,由全体合伙人担任清算人。合伙人是合伙企业的财产所有者,合伙人有权在法律允许的范围内对合伙企业的财产和债权债务关系作出安排。(2)经全体合伙人过半数同意,可以指定一个或者数个合伙人,或者委托第三人担任清算人。在此种情形下,清算人是基于全体合伙人的信任而执行清算事务,必须勤勉履职。(3)自合伙企业解散事由出现之日起15日内未能确定清算人的,合伙人或者其他利害关系人可以申请人民法院指定清算人。

2. 清算人在清算期间的主要职责

清算人的职责主要包括:(1)清理合伙企业财产,编制资产负债表和财产清单。这是清算人依照有关财务规则,对合伙企业的财产、债权债务进行全面清查的必要过程,是完成其他清算任务的前提和基础。(2)处理合伙企业未了结的事务。这主要是针对合伙企业在解散前已订立但尚未履行的合同事项。清算人可以根据实际情况决定继续履行或者终止履行。(3)处理债权的申报与审核。合伙企业清算的重要内容之一,是清理和了结合伙企业的对外债务,因此,清算人确定后,应当及时通知合伙企业的债权人尽快申报债权,以便顺利清偿债务。清算人应当自被确定之日起的10日内以书面方式通知债权人申报债权,并应当在60日内在报纸公告合伙企业解散事项和债权申报期限,催促债权人及时申报债权。债权人应当自接到通知书之日起30日内,未接到通知书的应当自公告之日起45日内,向合伙企业的清算人申报债权。合伙企业的债权人向清算人申报债权时,应说明债权的有关事项,如债权产生的日期、性质、数额和到期日等,并提供合同等证明材料。清算人应当对债权人申报的债权逐项审核、登记,以便确定企业的对外债务情况。(4)缴纳所欠税款。依法纳款是合伙企业应尽的基本义务,合伙企业解散时,清算人应查清企业的纳税事项,依法缴纳所欠税款。(5)清理债权、债务。清算人一方面要代表企业积极主张债权,受领债务人的清偿,另一方面应以合伙企业的财产清偿企业自身所欠债务。(6)处理企业的剩余财产。所谓剩余财产,是指合伙企业在支付清算费用、职工工资、社会保险费用和法定补偿金、所欠税款、企业债务后仍有剩余的财产。剩余财产的处理和分配比例应当依法进行。(7)代表合伙企业参加诉讼或仲裁。清算期间,合伙企业的主体资格仍然存在,清算人有权代表合伙企业到法院起诉或应诉,或者到约定的仲裁机构申请仲裁或者参加仲裁活动。

3. 清算财产的处理

清算人在清理合伙企业财产、编制资产负债表和财产清单后,确认合伙企业现存的财产大于所欠债务,并能够清偿全部债务时,应按照法定顺序进行财产处理和分配:(1)支付清算费用。清算费用包括企业财产的评估、保管、变卖和分配等所需要的费用,发布解散公告所需费用,清算人的报酬,委托注册会计师、律师的费用,以及诉讼费用、仲裁费用,等等。(2)支付职工工资、劳动保险费用和法定补偿金。(3)缴纳税款。(4)偿还合伙企业的对外债务。对于有担保的债权,债权人对担保物享有优先受偿权;对于无担保债权,则只能在合伙企业财产支付了前述所有的款项后,始得清偿。(5)剩余财产对合伙人的分配。在分配时,先按照合伙协议的约定办理;合伙协议未约定或者约定不明确的,由合伙人协商解决;协商不成的,由合伙人按照实缴的出资比例分配;无法确定出资比例的,由合伙人平均分配。

4. 注销登记

清算财产分配结束后,清算人应编制清算报告。清算报告是清算人对清算事务的总结和汇报,内容主要包括:清算人对合伙企业资产的认定,对解散事由出现前未了结事务的处理以及债权债务的结算,剩余财产的分配,等等。

清算报告应当经全体合伙人签名、盖章,予以认可。清算人或者由全体合伙人担任,或者受全体合伙人的委托产生,清算的结果也是由全体合伙人承担,因此,清算报告的内容需要全体合伙人的认可。

清算报告经全体合伙人签名、盖章后,清算人应当在15日内报送企业登记机关,申请办理注销登记。如果清算人未依法向登记机关报送清算报告,或者报送清算报告隐瞒重要事实,或者有重大遗漏的,登记机关有权责令其改正。由此产生的费用和损失,由清算人承担和赔偿。

(三)注销后的法律后果

合伙企业在清算结束后,应办理注销登记。在办理注销时,需要将营业执照交回登记机关。一旦注销登记完成,其主体资格即告消灭。

由于普通合伙企业的合伙人承担的是无限连带责任,因此即使合伙企业解散并注销,原合伙人仍应对合伙企业存续期未清偿完毕的债务承担无限连带责任。

第三节 特殊的普通合伙

一、特殊的普通合伙的产生背景

特殊的普通合伙企业,是自 20 世纪 80 年代以来在英美国家产生发展起来的一种适用于会计师事务所、律师事务所等专业服务机构的组织形态。域外许多国家和地区将其称为"有限责任合伙"。

该组织形式源于美国。美国 1914 年《统一合伙法》规定,所有的合伙人都应对合伙企业的债务承担无限连带责任。然而,20 世纪 80 年代出现的一系列诉讼,开始让人们反思该制度的合理性。这一系列诉争主要涉及会计师事务所、律师事务所等专业服务机构。当时,美国在清理金融机构债权债务的过程中,发现"节俭社团""存贷社团"等金融机构在经营活动中存在严重的违规行为,之后为其提供会计和法律服务的会计师事务所、律师事务所等专业服务机构被相继追究了渎职责任。由于这些律师事务所或会计师事务所都是合伙组织,因此在合伙财产不足以偿还债务时,全体合伙人都要被判决承担无限连带责任,包括诸多从未参与此类业务的、无辜的合伙人。[①] 这些合伙人仅仅是因为合伙人身份,就要对自己从未参与、更无过错的他人执业行为承担无限连带责任,显然不公平。这也直接抑制了专业服务机构的发展,因为越发展,合伙人人数越多,合伙人之间的信任度就越低,与此同时,无限连带责任的风险却越大。正是在这一背景下,有限责任合伙制度得以诞生。

为解决专业服务机构因采取普通合伙形式而面临的巨大经营风险,美国得克萨斯州于 1991 年修订其《合伙企业法》时增加了一项规定:"一个专业合伙中的合伙人对另一个合伙人、雇员或合伙代表作提供专业服务时的错误、不作为、疏忽、缺乏能力的或者渎职的行为,除其在合伙中的利益外,不承担个人责任。"得克萨斯州的这种立法在其他州得到了迅速响应,其他州都先后制定了专门的有限责任合伙法。截至 1999 年,美国共有 50 个州和哥伦比亚特区通过了有限责任合伙的法律。在美国的影响下,其他英美法系国家和地区也纷纷制定了有限责任合伙法,并且大多采取的是单独立法的形式。英国于 2000 年 7 月颁布了专门的有限责任合伙法,将有限责任合伙作为一种公司、合伙之外的新的企业组织形式,且明确将有限责任合伙的适用范围扩大到一般性的商业活动,从而使其演变成为一种兼顾了中小企业需求的一般性企业组织形式。[②]

[①] 参见宋永新:《美国非公司型企业法》,社会科学文献出版社 2000 年版,第 240—241 页。
[②] 参见范健:《关于我国是否引入有限责任合伙制度的立法思考》,载王保树主编:《非公司企业法制的当代发展》,社会科学文献出版社 2009 年版,第 317 页。

在我国,引进有限责任合伙的重要推动力是中国注册会计师协会。其实,不仅会计师,包括律师在内的其他专业服务人员的共同特点是,以专业知识与技能向社会提供服务。对于这类机构而言,资本并非最重要的因素,个人的知识、技能、经验和信誉才是决定性的发展因素。因此,这类机构更适合采用合伙的形式经营。但随着经济发展,专业服务机构所服务的企业越来越多,规模越来越大,同时其自身也存在着发展壮大的内在驱动,因此,专业服务机构的规模和人员不断扩充。但如果此时仍然采用传统的合伙形式,让专业服务机构的全体合伙人彼此之间承担无限连带责任,势必会出现美国当年的风险。为此,引入美国的有限责任合伙制度成为专业服务机构发展的迫切愿望。在 2006 年 8 月,有限责任合伙终于得到我国立法的承认,纳入了修订后的《合伙企业法》中,并以"特殊的普通合伙"专节进行规定。

之所以"有限责任合伙"在我国被称为"特殊的普通合伙",是因为在《合伙企业法》修订审议时,有人认为,法律中同时出现"有限合伙"和"有限责任合伙"容易产生混淆,公众难以区分,而既然有限责任合伙属于一种特殊的普通合伙,称其为"特殊的普通合伙"更能反映出其本质特征,也给社会公众和债权人对这种组织形式更清晰的认识。据此,全国人大常委会将"有限责任合伙"改为"特殊的普通合伙",但同时明确,该合伙组织的英文仍然使用 Limited Liability Partnership(简称 LLP)。

二、特殊的普通合伙企业的概念及适用范围

(一)特殊的普通合伙企业的概念

所谓特殊的普通合伙企业,是指一个合伙人或者数个合伙人,在执业活动中,因故意或者重大过失造成合伙企业债务的,应当承担无限责任或者无限连带责任,而其他合伙人仅以其在合伙企业中的财产份额为限承担有限责任;对于合伙人在执业活动中非因故意或者重大过失造成的合伙企业债务以及合伙企业的其他债务,则仍由全体合伙人承担无限连带责任的企业组织形式。

与一般的普通合伙不同,特殊的普通合伙中,合伙人的责任是无限责任与有限责任的结合,在特定情况下,部分合伙人仅需承担有限责任;而一般的普通合伙中,所有合伙人对合伙企业的所有债务都是承担无限连带责任,不存在有限责任的适用空间。

特殊的普通合伙与有限合伙也不同。有限合伙中,合伙人自始就被明确地划分为普通合伙人和有限合伙人,两类合伙人的身份无论是在合伙协议中,还是在企业登记公示中,都是明确确定的。有限合伙人对于合伙企业的所有债务原则上仅承担有限责任。而特殊的普通合伙中,承担有限责任的人是不确定的。每一个合伙人都需要对自己从事的执业活动产生的债务以及合伙企业非因合伙人的执业行为所产生的共同债务承担无限责任;同时,也都对他人因故意或重大过失的执业行为而给合伙企业造成的债务仅承担有限责任。

(二) 特殊的普通合伙企业的适用范围

构建特殊的普通合伙企业的目的,就是在于促进专业服务机构的发展。许多国际上著名的大型专业服务机构都是采用该模式。例如,著名的四大会计师事务所——普华永道、德勤、毕马威、安永,都采取的是特殊的普通合伙形式。

在我国,特殊的普通合伙目前主要适用于以专业知识和专门技能为客户提供有偿服务的专业服务机构。这些专业服务机构在法律上可能并非是商事企业,但根据《合伙企业法》第107条:"非企业专业服务机构依据有关法律采取合伙制的,其合伙人承担责任的形式可以适用本法关于特殊的普通合伙企业合伙人承担责任的规定。"目前,这一组织形式已经在我国的律师事务所、会计师事务所等专业服务机构中大量采用。

三、特殊的普通合伙企业的责任承担机制

(一) 有限责任与无限连带责任相结合

这主要是针对合伙人在执业中有故意或重大过错的行为而言。一个合伙人或者数个合伙人在执业活动中因故意或者重大过失造成合伙企业债务的,应承担无限责任或者无限连带责任,其他合伙人仅以其在合伙企业中的财产份额为限承担责任。所谓重大过失,就是指明知可能造成损失而轻率地作为或者不作为。从过错责任的角度看,这一规定具有合理性和公平性。

为进一步维护其他合伙人的利益,当合伙企业对合伙人在执业活动中因故意或者重大过失造成的企业债务对外承担责任后,该合伙人还应当按照合伙协议的约定对给合伙企业造成的损失承担赔偿责任。

(二) 无限连带责任

针对合伙人在执业活动中非因故意或者重大过失造成的合伙企业债务以及合伙企业的其他债务(例如服务机构的办公场所租金、物业费用、管理费用等公共开支),则应当由全体合伙人承担无限连带责任。这是在责任划分的基础上作出的合理规定,以最大限度地实现合伙人之前的公平,并保障债权人的合法权益。

四、特殊的普通合伙企业的债权人保护机制

特殊的普通合伙的制度源起主要是为了解决合伙人内部的责任分配问题,但该制度下,部分合伙人仅对企业债权人承担有限责任,因而势必会影响外部债权人的安全。为进一步保护债权人的利益,法律对特殊的普通合伙规定了特别

的制度要求,即建立执业风险基金和办理职业责任保险。

所谓执业风险基金,主要是指为了化解经营风险,要求特殊的普通合伙企业从其经营收益中提取相应比例的资金留存或者根据相关规定上缴至指定机构所形成的资金。执业风险基金用于偿付合伙人执业活动造成的债务,应当单独立户管理。

所谓职业责任保险,是指由合伙企业购买保险,由保险机构承保各种专业技术人员因工作上的过失或者疏忽大意所造成的合同一方或他人的人身伤害或财产损失的经济赔偿责任的保险。

上述措施对于保护债权人的利益可以起到重要作用。就国外的经验而言,法律规定购买保险是作为合伙人承担共同的和可分的个人责任的替代物而采取的措施。而设立基金即设立一个数量相当的独立的资金账户,也是作为企业对第三人责任的保证,它是购买保险的一种替代办法。但与域外不同的是,我国《合伙企业法》不是将二者作为可以选择的措施,而是要求特殊的普通合伙企业必须同时采取。

第四节 有限合伙

一、有限合伙企业的概念与特征

有限合伙企业是由普通合伙人和有限合伙人组成,普通合伙人对合伙企业债务承担无限连带责任,有限合伙人以其认缴的出资额为限对合伙企业债务承担责任的企业组织形式。有限合伙源于欧洲中世纪的康曼达组织,在后续发展中得到了诸多国家和地区的认可。我国是在2006年修订《合伙企业法》时将有限合伙企业引入我国,引入的主要原因在于满足创业投资的需要。因为有限合伙具有明显的制度特色,它将有限责任引入合伙制度,为合伙企业融集资金提供了方便。与普通合伙相比,有限合伙具有资本的优势(有限合伙人有有限责任特权);与公司相比较,有限合伙又具有信用的优势(普通合伙人对合伙债务承担无限或者无限连带责任)。所以说,有限合伙是将资金与管理有机地结合了起来,尤其有利于高风险企业的投融资。

从有限合伙的制度发展来看,其具有如下特征:

第一,有限合伙企业的合伙人分为普通合伙人和有限合伙人两种,其中至少有一人或一人以上为普通合伙人,同时,一人或一人以上为有限合伙人。如果没有有限合伙人,那么该企业就是普通合伙企业;而如果没有普通合伙人,其可能就是有限责任公司或股份有限公司。与普通合伙相比,有限合伙最显著的特征就是,由对企业债务承担不同责任的两种合伙人共同参加同一合伙企业组织,而且通常资金的提供者为有限合伙人,仅在出资范围内承担有限责任;而普通合伙人则需承担无限或者无限连带责任。

第二,有限合伙人一般不参与合伙企业的管理,对外不得代表合伙企业与第三人发生交易关系。我国《合伙企业法》规定,有限合伙人不得介入企业的管理与决策,否则有限合伙人就不再享受有限责任的制度保护。但与此相对应,因有限合伙人对企业的债务无须负个人责任,故其投资仅能限于货币、知识产权、土地使用权、实物财产或者其他可评估、可转让的财产或财产权利,不可以劳务等作为出资方式。

第三,普通合伙人对企业债务承担无限连带责任,且据此享有管理和决策企业经营事务的权利。企业控制权的分配一般受投资数量和风险负担分配情形的制约。在有限合伙企业里,普通合伙人虽然在投资数额方面不一定比有限合伙人多,但其对合伙企业的债务须承担无限责任或无限连带责任。基于企业控制权应与风险和责任分担相一致的原则,法律赋予普通合伙人对有限合伙企业的支配管理权。而有限合伙人因其责任和风险较小,不享有对内的管理决策权和对外代表权。这也是为了防范有限合伙人的道德风险,防止其从事过度高风险的冒险投资行为。因为若该高风险行为获利,有限合伙人可以分享收益,但若投资失败,无限责任或无限连带责任的风险并不由有限合伙人承担,而是由普通合伙人全部承受。

第四,在有限合伙企业中,普通合伙人之间、普通合伙人与有限合伙人之间仍然存在信任关系。但是,由于有限合伙人不介入企业的经营管理活动,因此有限合伙人之间的信任关系对企业的生存与经营影响不大,法律关注的重点是普通合伙人与有限合伙人之间的关系,即普通合伙人需对有限合伙人承担受信义务。有限合伙人将其财产投入有限合伙企业,但无法对企业行使管理权,其资本增值的目标实现完全有赖于普通合伙人,作为企业管理人的普通合伙人对有限合伙人当然负有信义义务的职责。

二、有限合伙与隐名合伙的区别

隐名合伙与有限合伙是比较近似却又不同的两个概念。隐名合伙是指在合伙关系中,部分合伙人仅仅作为匿名合伙人存在,匿名合伙人不出名参与合伙事务,而另一部分合伙人则作为显名合伙人存在,显名合伙人出名参与合伙事务。欧洲许多国家,如德国、法国,法律中都规定了隐名合伙。

隐名合伙的特征有:第一,隐名合伙人不出名或不显名,即隐名合伙人的姓名或者名称不予登记,也不进行公示。隐名合伙人只是与出名合伙人发生内部关系,这种内部关系常常是通过隐名合伙合同来安排的。第二,隐名合伙人对合伙企业的出资由出名合伙人支配,隐名合伙人丧失对合伙财产的支配权。第三,隐名合伙人对内不得参与合伙事务的管理，对外不得代表合伙与第三人产生法律关系。第四，隐名合伙人对合伙债务只承担有限责任，即只在其出资的范围内承担责任，而出名合伙人对合伙债务承担无限或者无限连带责任。第五，隐名合伙人享有分配合伙利润的权利，并在营业终止时享有请求出名合伙人返还其出资或者剩余财产的权利。第六，隐名合伙人享有知情权和监督检查合伙营业的权利。第七，隐名合伙人的退伙不影响合伙营业的继续存在。

由上述隐名合伙的特点可以看出，其与有限合伙存在诸多相似之处，也存在明显不同：(1) 信用基础不同。在有限合伙中，合伙企业的对外营业基础是人合性与资合性的结合，具有两合性的特点；而在隐名合伙中，出名营业人仅是以其个人信用作为对外信用的基础。(2) 隐名合伙人不体现在合伙组织的合伙协议中，也不进行商事登记和公示，其与出名合伙人之间依靠的仅是内部的合同关系；而有限合伙人是显名的，既体现在合伙协议中，也登记在企业登记管理部门，能够为与合伙企业交易的相对人所知悉。(3) 有限合伙人退伙需要进行组织体的变更登记，但隐名合伙人本身是依据与出名合伙人之间的协议进行调整，其退伙不会对合伙组织体产生影响。

三、有限合伙企业的设立

第一，有 2 名以上 50 名以下的合伙人，且其中至少一人为普通合伙人，至少一人为有限合伙人。有限合伙企业仅剩有限合伙人的，应当解散；仅剩普通合伙人的，应当转为普通合伙企业。

第二，合伙协议。有限合伙企业的合伙协议除须符合普通合伙企业的合伙协议的规定外，还应当载明下列事项：普通合伙人和有限合伙人的姓名或者名称、住所；执行事务合伙人应当具备的条件和选择程序；执行事务合伙人权限与违约处理办法；执行事务合伙人的除名条件和更换程序；有限合伙人入伙、退伙的条件、程序以及相关责任；有限合伙人和普通合伙人相互转变程序。

第三，需有认缴或实缴的出资。有限合伙企业中普通合伙人的出资方式，与普通合伙企业的要求相同。但是，对有限合伙人的出资方式，则与普通合伙人区别较大。尤其是根据我国法律规定，目前有限合伙人不得以劳务出资。这是因为，在传统理念下，有限合伙人仅被看作是资本的提供者，如其出资未到位，合伙组织无法偿还债权人的债权时，债权人可以强制执行有限合伙人的出资，但如果有限合伙人是以劳务出资，将产生劳务出资无法被强制执行的问题。

第四，需有合法的名称、主要经营场所等。其中，有限合伙企业名称中应当标明"有限合伙"字样。

四、有限合伙企业的经营管理

(一)有限合伙企业的事务执行

有限合伙企业由普通合伙人执行合伙事务。普通合伙人对外代表有限合伙企业,从事的行为对有限合伙人具有约束力;有限合伙人不得执行合伙事务,不得对外代表有限合伙企业。因此,从二者的法律关系看,普通合伙人实质上是有限合伙的受托人,对有限合伙人承担着特定的信义义务。

如果有限合伙人违反法律的限制规定,对外代表合伙企业与第三人进行交易,而第三人又有合理理由相信有限合伙人有权代表合伙企业并与其交易的,该有限合伙人对该笔交易承担与普通合伙人同样的责任,即无限连带责任。此种情形也被称为有限合伙人的表见责任,其实质是有限合伙人在未获得有限合伙企业授权的情况下进行了表见代表。此时,需注意如下三点:一是第三人需存在合理理由相信有限合伙人为普通合伙人,认为其有权代表合伙企业从事交易。如果第三人明知或应知有限合伙人的身份,却仍然与其发生交易,则第三人不得主张有限合伙企业承担该行为的法律后果,且该行为按无权代理处理,由有限合伙人和有过错的第三人自己承担责任。二是有限合伙人实施表见代表行为的无限连带责任只限于该笔交易,并非概括性地否认有限合伙人的有限责任。三是该有限合伙人因表见代表行为给有限合伙企业或者其他合伙人造成损失的,应当承担赔偿责任。

但是,依据我国《合伙企业法》的规定,有限合伙人的下列行为,不视为执行合伙事务,也不产生表见责任:参与决定普通合伙人入伙、退伙;对企业的经营管理提出建议;参与选择承办有限合伙企业审计业务的会计师事务所;获取经审计的有限合伙企业财务会计报告;对涉及自身利益的情况,查阅有限合伙企业财务会计账簿等财务资料;在有限合伙企业中的利益受到侵害时,向有责任的合伙人主张权利或者提起诉讼;执行事务合伙人怠于行使权利时,督促其行使权利或者为了本企业的利益以自己的名义提起诉讼;依法为本企业提供担保。

(二)有限合伙人的特别权利

其一,有限合伙人的自我交易权。与普通合伙人不同,除非合伙协议另有约定,有限合伙人可以同本企业进行交易。这是因为,有限合伙人不参与合伙企业的事务执行,不控制合伙企业的经营管理,这样其与合伙企业之间的交易往往不会产生利益冲突或利益输送,可以被认为是一种公平交易,不会损害有限合伙企业的利益。

其二,有限合伙人的竞业权。与普通合伙人不同,除非合伙协议另有约定,有限合伙人可以自营或者同他人合作经营与本有限合伙企业相竞争的业务。之所以限制同业竞争,是因为企业的管理者掌握着企业的资源和信息,如果管理者利用这种资源和信息从事同业竞争,很可能会损害本企业的利益。而由于有限合伙人并不执行合伙企业事务,不负责企业的经营管理,这一担忧自然可以排除。

五、有限合伙企业的利润分配

有限合伙人享有合伙企业的利润分配请求权,这是有限合伙人投资合伙企业的根本目的所在。尤其是有限合伙人在投资后丧失了对所投资财产的经营管理权,完全交由普通合伙人决策和执行,因而可以说,对利润分配的主张几乎成为有限合伙人唯一的需求。

与普通合伙企业利润分配规则不同的是,我国《合伙企业法》允许有限合伙企业通过合伙协议约定,将全部利润分配给部分合伙人,而这种约定在普通合伙企业中被认为是违反了共享利润原则,是不被允许的。法律之所以在该问题上对有限合伙企业作出了不同规定,是因为有限合伙企业往往为风险投资所采纳。在某些情况下,尤其是出现高风险投资时,部分有限合伙人为了减少风险,往往希望能够提前收回投资,此时合伙协议就有可能约定在特定时期内将全部利润优先分配给提供资金的有限合伙人,这也是契合商业投资实践的需求。当然,如果合伙协议没有约定的话,与普通合伙企业一样,有限合伙企业不得将全部利润分配给部分合伙人。毕竟在有限合伙企业经营过程中,普通合伙人与有限合伙人均贡献了力量,前者进行了管理,并以自身全部信用承担法律责任,后者提供了资金,为合伙企业的发展提供重要的物质基础,二者均是有限合伙企业发展必不可少的要素。因此,如合伙协议未另有约定,有限合伙人和普通合伙人应共享利润。

从风险投资类有限合伙企业的实践操作来看,合伙协议在对企业的利润分配进行约定时,通常采取与普通合伙企业不同的做法,即约定的分配比例在普通合伙人和有限合伙人之间是不同的。通常而言,普通合伙人的利润分配比例要高于有限合伙人。这是因为,在风险投资中,虽然有限合伙人提供了资金,但普通合伙人往往是基于自己的专业技能对合伙企业的投资行为进行决策、管理和执行,并对合伙企业债务承担无限连带责任,责任与风险明显大于有限合伙人,所以在合伙协议中往往会约定相对较高的分配比例。

六、有限合伙人的财产份额处分

(一)财产份额的转让

在有限合伙企业中,与普通合伙人不同,有限合伙人转让自己财产份额的行为相对自由。由于普通合伙人对内负责合伙企业的经营管理,对外代表合伙企业从事交易,行为效力是由全体合伙人承担,因此普通合伙人的个人资信、能力、品行等对合伙企业的发展至关重要。所以,普通合伙人对外转让其财产份额,必须经过严格的程序限制,这也是合伙企业"人合性"的典型体现。但有限合伙人则完全不同,其不参与合伙企业的管理,也不掌握合伙企业的经营信息,仅对合伙企业负有出资义务,并基于投资行为而享有利润分配请求权。可以说,有限合伙人在有限合伙企业中体现的主要是"资合性"元素,对有限合伙企业而言,有限合伙人自身的个性化因素并不重要。正因如此,有限合伙人可以相对自由地对外转让其财产份额,无须受到普通合伙人一样的法律限制,甚至其他合伙人都不存在优先购买权。当然,如果合伙协议对有限合伙人的财产份额转让作出了有关限制,则有限合伙人应受此约束。

当然,有限合伙人在转让其份额时,应当通知其他合伙人,以便其他合伙人知悉。根据我国的法律要求,通知的时间是提前30天。

(二) 财产份额的出质

与普通合伙人受到的限制不同,有限合伙人可以将其在有限合伙企业中的财产份额出质,无须他人同意。理由同上述财产份额的转让。同样,如果合伙协议对有限合伙人的财产份额出质设定了特定条件或程序,则有限合伙人必须遵守。

(三) 财产份额的强制执行

如果有限合伙人对外负有个人债务,而其他财产又不足以清偿该债务的,该合伙人可以以其从有限合伙企业中分取的收益用于清偿;债权人也可以依法请求人民法院强制执行该合伙人在有限合伙企业中的财产份额用于清偿。人民法院强制执行有限合伙人的财产份额时,应当通知全体合伙人。

这里值得反思的一个问题是,我国《合伙企业法》在第74条第2款规定,有限合伙人的财产份额在被强制执行时,其他合伙人享有优先购买权,这一规定是否合理?如上分析,由于有限合伙人在合伙企业中体现的主要是"资合性"色彩,自身的个性化因素对有限合伙企业的发展并不重要,因此即使在有限合伙人对外转让其财产份额时,也不存在其他合伙人的优先购买问题。但令人费解的是,现行法律却在强制执行这一特殊转让情形下,规定了其他合伙人的优先购买权,其法理基础的说服力不足。

七、有限合伙企业成员的变更

(一) 有限合伙人的入伙与退伙

有限合伙人的入伙,是指在有限合伙企业成立后,新加入有限合伙企业并仅承担有限责任的合伙人。此时,新入伙的有限合伙人对入伙之前的企业债务同样需要承担法律责任,但因其本身是有限责任投资人,这种责任也是以其对合伙企业认缴的出资额为限。

除入伙外,有限合伙人也可能因各种原因的出现而退出有限合伙企业。根据我国现行《合伙企业法》的规定,如果有限合伙人出现如下情形,属于法定的当然退伙:(1) 作为合伙人的自然人死亡或者被依法宣告死亡;(2) 作为合伙人的法人或者其他组织依法被吊销营业执照、责令关闭、撤销,或者被宣告破产;(3) 法律规定或者合伙协议约定合伙人必须具有相关资格而丧失该资格;(4) 合伙人在合伙企业中的全部财产份额被人民法院强制执行。

但是,有两种情况需要注意:一是当有限合伙人为自然人时,该合伙人如果在有限合伙企业存续期间丧失民事行为能力,则不构成当然退伙的事由,其他合伙人不得因此要求其退伙;二是作为有限合伙人的自然人死亡、被依法宣告死亡或者作为有限合伙人的法人及其他组织终止时,也并非属于当然退伙,其继承人或者权利承受人可以依法取得该有限合伙人在有限合伙企业中的资格。

有限合伙人退伙后,对于退伙前发生的有限合伙企业债务,以其退伙时从有限合伙企业中取回的财产为限承担责任。

(二) 有限合伙人与普通合伙人的身份转换

在有限合伙企业中,除非合伙协议另有约定,有限合伙人与普通合伙人的身份是可以相互转换的,即普通合伙人可以转换为有限合伙人,有限合伙人也可以转换为普通合伙人。此时,需要注意两点:一是除非合伙协议另有约定,否则这种身份转换必须经全体合伙人一致同意。二是对身份转换前有限合伙企业已形成的债务,有限合伙人转变为普通合伙人的,对其作为有限合伙人期间有限合伙企业发生的债务承担无限连带责任;普通合伙人转变为有限合伙人的,对其作为普通合伙人期间合伙企业发生的债务承担无限连带责任。

第五章 商事公司

第一节 公司概述

一、公司的概念及特征

公司是现代经济生活中最重要的一种企业组织形式。在不同的国家和地区，由于立法习惯及法律体系的不同，公司的概念也各有不同。在大陆法系国家，"公司"是指以营利为目的依法组建的社团法人，有关公司的规定多见于民法典、商法典或单行的公司法中。在普通法系国家，法律对"公司"一词并无明确的界定，是泛指人们为实现一定目标而组成的社团，不管该社团是否以营利为目的。

在我国，《公司法》第2条规定："本法所称公司是指依照本法在中国境内设立的有限责任公司和股份有限公司。"第3条规定："公司是企业法人，有独立的法人财产，享有法人财产权。公司以其全部财产对公司的债务承担责任。有限责任公司的股东以其认缴的出资额为限对公司承担责任；股份有限公司的股东以其认购的股份为限对公司承担责任。"因此，在我国，公司的概念可以界定为"依据公司法成立的以营利为目的的企业法人"，其具体特征如下：

1. 依法登记成立

公司取得主体资格应经过法律规定的登记程序方可。这是因为，公司的法人资格实质上是由法律授予特定的组织，目的是方便其参加社会经济活动。这既是维护市场经济交易安全的需要，也是保障公司自身组织的稳定和经营行为之有序的必要。因此，登记是公司取得法律人格的必经程序，否则便不具有从事营业活动的权利能力和行为能力。

公司取得主体资格所依据的法律，既包括实体法也包括程序法，二者不可或缺。实体法主要规定了公司取得主体资格所应具备的实质性条件，例如发起人资格、注册资本要求、组织机构设置等；程序法规定的程序性条件主要包括登记申请所需的材料、登记审查的程序等。

2. 以营利为目的

营利性是公司经济属性的表现，也是股东通过设立公司追求利益最大化，实现资本增值活动的根本目标。在公司法上,这种营利活动需具有同一性和职业性,即公司在存续期间须连续不断地进行经营活动,且这种经营活动性质同一、内容相对固定。

当前,随着公司社会责任理论的发展,公司营利性以及股东利益最大化的目标逐渐受到了挑战。现代公司法要求公司在经营活动中,除了考虑股东利益外,还要兼顾债权人、职工、社区甚至国家等其他"利益相关者"的权益。如何协调这些主体间的利益关系,值得深入思考。

3. 具有独立法人地位

各国立法大多明文规定公司是法人。例如,法国1966年《商事公司法》第5条规定:"商事公司从商业和公司注册簿登记之日起具有法人资格。"在我国,公司作为法人,需具有三个实质条件:

首先,具有独立的财产。依据公司法基本理论,一旦股东投资行为完成,公司对股东投资形成的资产享有法人财产权,可以依法占有、使用、收益和处分。公司拥有独立的财产是公司独立进行商事活动并承担法律责任的前提条件,也是公司从事生产经营活动并承担经济责任的物质基础。

其次,具有独立的组织机构。公司不能像自然人那样用自己的大脑进行思维,以自己的行为表达意志,而是依靠自然人组成的机构来实现自己的意志。公司的组织机构一般由三部分组成:意思机关、执行机关与监督机关。

最后,具有独立的责任。公司责任的独立性要求公司只能以自己拥有的财产清偿债务,股东除了缴纳出资外,对公司债务不再负责,即使公司资不抵债时,也不例外,可以说公司的独立责任与股东的有限责任相辅相成。但是,股东的有限责任并非是绝对的。如果公司股东滥用公司法人独立地位和股东有限责任,逃避债务,严重损害公司债权人利益的,将被适用"法人人格否认制度",此时,滥用权利的股东将对公司债务承担连带责任。

二、公司的类型

目前,公司类型多种多样。依据不同标准,可以进行不同分类:

1. 无限公司、两合公司、股份有限公司、股份两合公司、有限责任公司

这是以股东对公司的责任形式为标准进行的划分。

无限公司是无限责任公司的简称,是由两名以上股东组成、全体股东对公司债务负无限连带责任的公司。该类公司成立的基础是股东个人信用,具有很强的人合性,股东出资的转让也往往受到严格限制,因而该类公司具有较强的稳定性。该类公司的优点在于股东信用可靠,组织结构稳定,但问题在于,因股东承担无限连带责任,风险很大。

两合公司是由无限责任股东与有限责任股东共同出资,无限责任股东对公

司债务负无限连带责任,有限责任股东对公司债务仅以其出资为限承担有限责任的公司。在该类公司中,无限责任股东负责公司经营管理,而有限责任股东只提供资本、分享利润。这种公司形态能够满足不同投资者的需求,实现资本与管理的结合,但同时也有不足,尤其是有限责任股东虽责任较轻,但无权参与公司管理。

股份有限公司是欧洲殖民地国家商业活动,特别是进出口贸易不断发展的结果,其中最著名的有英国东印度公司和荷兰东印度公司。在该类公司中,公司的全部资本被划分为等额股份,股东以其所认购的股份对公司承担有限责任,公司则以其全部资产对其债务承担责任。

股份两合公司是在股份有限公司出现后产生的一种公司形式。它的出现是为了吸收两合公司和股份有限公司的优点,以便使自己处于更有利的竞争地位。它与一般两合公司的不同在于,有限责任股东是以认购股份即购买公司股票的形式进行出资,这使其在吸收社会投资上比一般两合公司更为容易。但该类公司也未得到良好发展,目前已基本消失。

有限责任公司是公司形态中出现最晚的一种。在上述的几种公司中,无限公司虽有着组织简易、股东经营努力的优点,但风险责任重大,且经营规模有限;股份有限公司尽管适合集中大量资本进行规模经营,但股东人数众多、股票又可以自由转让,因而股东间人合性较差,且经营程序严格而复杂,不适合中小企业的要求。为此,19世纪末的德国率先产生了有限责任公司。在该类公司中,股东人数往往有上限限制,股东以其认缴的出资额为限对公司债务承担有限责任,而公司以其全部资产为限对其债务承担责任。

2. 人合性公司、资合性公司、人资两合性公司

这是依据公司信用基础不同进行的分类。

人合性公司是以股东信用为基础而组成的公司。这种公司在对外进行经营活动时,对债权人提供担保的不是公司本身的资产,而是股东自身的信用状况。当公司资不抵债时,股东应对公司债务承担无限连带责任,以自身的全部资产清偿公司债务。无限公司是典型的人合性公司。

资合性公司是以公司自身资产作为信用基础而组建的公司。这种公司对外进行经营活动时,对债权人提供担保的不是股东信用,而是公司自身资产。在该类公司中,股东是以其对公司的出资额为限对公司债务承担责任,而公司是以其全部资产为限对其债权人承担责任。股份有限公司和有限责任公司属于资合性公司。其中,股份有限公司是典型的资合性公司;有限责任公司是具有一定人合性色彩的资合性公司,本质上仍为资合性。

人资两合性公司是兼具人合性与资合性的公司。公司对外进行经营活动时,对债权人提供的担保兼具股东自身信用和公司资产信用。这种公司存在的

原因在于公司是由无限责任股东和有限责任股东组成。当公司对外负债时,有部分股东是以出资额为限承担责任,有部分股东则是以全部资产为限对公司债务承担责任。两合公司、股份两合公司是典型的人资两合公司。

3. 封闭性公司、开放性公司

这是以公司的股份是否公开发行以及股份是否允许自由转让为标准而做出的分类,主要为英美国家公司法所采用。

封闭性公司是指公司股份只能向特定范围内的股东发行,而不能向社会公开发行,股东拥有的股份或股票可以有条件地转让,但不能在证券交易市场公开挂牌交易的公司。它类似于我国的有限责任公司及股份公司中的非公众公司。

开放性公司与封闭性公司正好相反。该类公司可以在证券市场上向社会公众公开发行股票,股东拥有的股票也可以在证券交易市场自由交易。它类似于我国的公众公司。

封闭性公司的股东人数往往有上限限制,且相关经营信息尤其是财务信息等不需要进行充分完整的公开;而开放性公司往往没有股东上限的要求,但需要将与公司经营相关的信息真实、准确、完整、及时、公平地向社会公开。

4. 母公司与子公司

这是依据公司间的控制或从属关系进行的类型划分。

母公司是拥有另一公司一定比例以上的股份或通过协议方式能够对另一公司的经营实行实际控制的公司。此时,经营管理活动被控制的公司便为子公司。在该类关系中,母公司往往拥有对子公司重大事项的决定权。但需要注意的是,母公司与子公司都是独立法人,尤其是子公司具有独立的法人地位,有自己的名称、章程、组织机构、独立的财产,能够独立承担责任。

5. 总公司与分公司

这是依据公司内部管辖关系进行的分类。

尽管总公司与分公司也存在着控制关系,但是与母公司和子公司间的关系完全不同,分公司不具有独立的法律主体地位,与总公司是一种内部的隶属关系。总公司是独立法人,但分公司不是。分公司没有自己独立的财产,其占有、使用的资产是作为总公司的资产计入总公司的资产负债表之中,在业务、资金、人事等方面均受总公司统一管辖与安排。当分公司对外负债而无法清偿时,由总公司承担偿还责任。

6. 本国公司与外国公司

这是依据公司国籍进行的类型划分。

目前,各国对公司国籍的认定标准并不相同,出现了设立行为地主义、成员国籍主义、准据法主义、住所地主义、复合标准等认定方法。在这些标准中,大多数国家采用设立行为地主义和准据法主义来确定公司国籍,我国亦是如此。依据我国《公司法》规定，凡依据中国法律在中国境内登记设立的公司，就属中国公司。

外国公司是相对于本国公司而言的。外国公司得到所在地国的批准并办理了相应的登记手续后，可以在该国营业。我国《公司法》也规定，外国公司经批准可以在我国设立分支机构，从事生产经营活动。

一般而言，各国都允许外国公司在本国开展营业活动，但是，基于国家经济安全的考虑，往往会对其从事经营活动的业务范围进行适当限制。此外，本国公司与外国公司在税收制度上也存在明显不同。本国公司属于属人管辖，就其境内境外所得均需缴纳企业所得税；而外国公司属于属地管辖，仅就其从所在国境内获得的收益缴纳企业所得税。

第二节 公司设立制度

一、公司设立概述

公司设立是指为使公司成立、取得公司法人资格而依法定条件和程序进行的一系列法律行为的总称。由于公司经营活动的正常开展是以公司有效存在为前提，没有公司的设立，就没有公司组织形态的有效运行，因此在现代公司中，公司设立制度占有重要地位。

与公司设立紧密相连的是公司成立。后者是指已经具备法律规定的实质要件，完成设立程序，由主管机关核准登记并发给营业执照，进而取得公司法人主体资格的一种法律事实。可见，设立是成立的前提，成立是设立的法律后果。发起人在进行了公司设立的相关活动后，公司既可能成立，也可能设立失败。

公司从设立到成立的过程是一个创设公司法律人格的过程。公司在被核准登记前，被称为"设立中的公司"，此时，其尚未取得法人资格，没有权利能力和行为能力，因而也无独立的责任能力。通常情况下，"设立中的公司"的内、外部关系被视为普通合伙，如果公司最终未被核准登记，设立行为的后果类推适用有关普通合伙的规定，由全体发起人对设立行为负无限连带责任；如果公司被核准登记，设立中的公司实质上就是成立后的公司的前身，二者是实质上的同一体，发起人为设立所实施的法律行为原则上归属于成立后的公司，设立中所产生的权利义务由公司继受，由公司承担法律责任。

二、公司设立的方式

公司设立的方式主要有两种，即发起设立与募集设立。

发起设立是指由发起人认购公司应发行的全部股份进而设立公司的方式。

发起设立对发起人的资本要求较高,且设立程序简单、设立成本较低,因而一般适合中小型企业。依据我国《公司法》规定,有限责任公司和股份有限公司均可采用发起方式设立。同时,由于有限责任公司具有明显的封闭性特点,因此该类公司也只能采取该方式设立。

募集设立是指由发起人认购公司应发行股份的一部分,其余股份向社会公开募集或者向特定对象募集进而设立公司的方式。这种设立方式具有如下特点:一是向社会公开募集或者向特定对象募集股份;二是募股的顺序是先由发起人认购部分股份,余下部分由社会公众或者特定对象认购;三是直接影响社会公众利益,因而该程序比发起设立严格和复杂。依据我国《公司法》规定,股份有限公司可采用该方式设立。

三、公司设立的条件

(一) 发起人

1. 发起人的概念及界定

发起人是指向公司出资或认购公司股份,并策划、承担公司筹办事务的公司创始人。任何公司的设立都需要发起人。各国法律一般也都对发起人的资格范围、人数、权利义务等事项进行了规定。通常情况下,对发起人的界定应从如下几方面综合考虑:(1)应当认缴出资。这是保障公司得以成立的重要基础,也是发起人在公司成立后成为公司股东的必要条件。(2)应当执行公司设立事务。发起人通过执行设立公司事务,使公司最终取得法人资格。由于设立中公司不具有独立的主体资格,因此如果公司设立失败,发起人需要对设立事务承担法律责任。(3)应当在公司章程上签字、盖章。这是设立公司最重要的行为之一,表明发起人承诺依章程开展设立活动,并遵守章程规定。

2. 发起人的资格

从理论上看,自然人和法人都可以成为公司发起人。但是,基于法律主体自身特点以及设立行为本质属性的考虑,自然人和法人作为发起人时,应当受下列条件限制:(1)自然人属于下列情形时,不能作为发起人:无行为能力人或限制行为能力人;不能从事经营活动的国家机关、党政机关等有关机构的工作人员;其他受法律明确禁止或限制而不能成为发起人的情形。(2)法人属于下列情形时,也不能作为发起人:不能从事经营活动的国家机关、党政机关和事业单位;其他受法律法规规定限制的情形。此外,我国《公司法》在第78条还对股份有限公司的发起人住所进行了特别限制,即"须有半数以上的发起人在中国境内有住所"。该规定主要在于加强国家对发起人的管理,防止有些发起人自境外来中国骗取财产,损害公众利益。

3. 发起人的人数

通常而言,公司具有社团性,有着股东多元化的特征,因此,除一人公司外,公司的发起人一般为2人以上。具体到我国,考虑到有限责任公司的封闭性,《公司法》规定,有限责任公司股东人数不得超过50人,因而发起人的人数也是以50人为限。同时,我国允许一个自然人或法人单独设立一人有限责任公司,因而在该类公司中,发起人是1人。对于股份有限公司,《公司法》规定,发起人应为2人到200人,发起人人数的上限限制是与《证券法》规定相协调的结果。因为根据《证券法》的规定,向累计超过200人的对象发行证券,就属于公开发行,应履行相应的证券公开发行程序。因此,股份有限公司发起人数量不能超过200人。

4. 发起人的权利和责任

发起人从事公司设立活动,且承担着严格的法律责任,根据权利与义务相一致的原则,理应享有相应权利。我国《公司法》虽然没有对发起人的权利作出明文规定,但并不排除公司在章程中或在创立大会上确认发起人的具体权利。从各国公司法的规定以及实践做法来看,发起人的权利主要包括设立费用补偿请求权、报酬请求权、优先认股权、出资方式选择权等。

公司设立围绕着发起人为设立公司的各种行为而展开。为防止发起人借设立公司的机会谋求不正当利益并损害将来公司的利益、公众认股人的利益或者公司债权人的利益,各国公司法对发起人在公司设立时必须就其发起行为承担的相应义务和责任进行了规定,主要包括如下几方面:(1) 资本充实责任。发起人负有及时足额出资的义务,并就其出资财产对公司负有出资财产的担保责任。发起人出资存在瑕疵的,除了对及时足额出资的守约发起人承担违约责任外,还需对公司承担资本充实责任,即补缴出资并承担相应的赔偿责任。在瑕疵出资的发起人怠于或拒绝充实公司资本时,公司可以要求其他发起人对其承担连带充实责任。其他发起人的这种责任是一种法定责任,也是一种无过错责任。(2) 违背忠实义务和注意义务的责任。公司在设立过程中,发起人若因过错而造成公司利益损害的,在公司成立后,应对公司承担损害赔偿责任。(3) 公司不能成立时所承担的责任。公司在设立时,发起人间的关系类似于合伙,当公司不能成立时,因设立行为而产生的债务和费用便应由发起人承担无限连带责任。同时,对募集设立公司时认股人的损失,发起人也应退还股款本金并加算股款的银行同期存款利息。

(二) 出资

出资是公司设立所必须具备的物质条件。基于保护债权人合法权益、防止滥设公司的初衷,诸多国家和地区的公司立法都规定了公司资本的最低限额。相较而言,我国目前采取的是较为宽松的法定资本制,摒弃了法定最低资本制度的要求,实行完全的认缴制,由公司章程自主决定缴纳期限及数额。但对于采取募集设立的股份有限公司以及法律、行政法规或国务院决定规定的特殊公司,其注册资本仍适用实缴制。有关公司设立中出资制度的具体内容,将在下文的"公司资本制度"一节中予以具体阐述。

(三) 章程

公司章程是对公司、股东、公司经营管理人员具有约束力的调整公司内部组织关系和经营行为的自治规则,是公司组织与活动的基本依据,是公司自治的"宪法"。在公司设立过程中,章程是一个必不可少的要件。

公司章程的制定因设立方式不同而不同。对发起设立的公司而言,章程是由发起人共同制定,所有发起人都参与到公司章程制定的全过程,只要股东在公司章程上签字、盖章,表示认可公司章程的内容即可。对募集设立的公司而言,由于公司成立时的股东不仅包括发起人,也包括认股的社会公众,因此仅由发起人制定公司章程并不能反映公司设立时所有投资者的意志。所以,公司章程是由发起人先行起草,在公司申请设立登记前需要召开创立大会,由创立大会通过公司章程后,方可认为章程反映了公司设立阶段所有股东的意志。

公司章程的内容因重要性不同,而被区分为绝对必要记载事项、相对必要记载事项和任意记载事项。具体而言:(1) 绝对必要记载事项是每个公司章程必须记载的法定事项,缺少其中任何一项或任何一项记载不合法,整个章程即归于无效。绝对必要记载事项一般涉及公司存在和活动的基本要素,通常包括公司名称、住所、注册资本、经营范围、公司股份和每股代表的金额、公司股东姓名或名称及住址、法定代表人等。(2) 相对必要记载事项是法律列举的,由章程制定人自行决定是否予以记载的事项。这类事项如予记载即发生法律效力;如记载不合法,则所涉条款无效;记载不合法或不予记载都不影响整个章程的效力。这类事项一般包括本公司设置的股份种类、有关实物出资的事项、设立费用及支付方法、公司期限、公司解散事由等。(3) 任意记载事项是法律没有列举也不强制记载,发起人可根据实际需要记入章程的事项。凡是法律未列举的,与公司运作相关的都属于此类范围。如予记载,则该事项与其他记载事项具有同等效力。当然,该类事项也不能违反法律、行政法规的强制性规定以及社会公共利益,否则无效。

公司章程对公司、股东、董事、监事、高级管理人员都具有约束力。它不仅是公司的组织规则,也不仅是股东之间的合意,而且也是董事、监事和高级管理人员的行为准则。需要注意的是,公司章程是公司内部的自治性规范,其效力范围具有公司内部的限定性特征。通常情况下,公司章程的规定不对第三人发生法律效力,公司一般也不得以章程的规定来对抗善意第三人。

公司章程在制定后,因公司经营环境和自身情况发生变化,往往会对章程进行必要的修改。由于章程是公司内部的"宪法",因此各国公司法对公司章程修改一般都规定了严格的程序。首先,公司章程的修改权一般由公司权力机构行使。大陆法系国家,例如德国、法国、日本、意大利等,普遍规定章程修改权属于公司股东会。我国《公司法》也作了相同规定。这是因为,公司章程的修改涉及公司经营权力等重大事项的调整,属于公司的重大事项,应由公司的权力机构来决定。其次,公司章程修改是公司权力机构的特别决议事项。我国《公司法》规定,有限责任公司修改章程必须经代表 2/3 以上表决权的股东通过;股份有限公司修改章程必须经出席股东大会的股东所持表决权的 2/3 以上通过。最后,公司章程修改须办理相应的变更登记。

(四) 名称

公司名称是公司人格特定化的标识。随着商业社会的发展,公司名称越来越多地凝聚了商业信誉,成为公司重要的无形资产。根据我国现行企业名称登记管理的相关规定,企业名称通常情况下是由行政区划、字号、行业、组织形式依次组成,且企业名称中不得含有如下内容和文字:(1) 损害国家尊严或者利益;(2) 损害社会公共利益或者妨碍社会公共秩序;(3) 使用或者变相使用政党、党政军机关、群团组织名称及其简称、特定称谓和部队番号;(4) 使用外国国家(地区)、国际组织名称及其通用简称、特定称谓;(5) 含有淫秽、色情、赌博、迷信、恐怖、暴力的内容;(6) 含有民族、种族、宗教、性别歧视的内容;(7) 违背公序良俗或者可能有其他不良影响;(8) 可能使公众受骗或者产生误解;(9) 法律、行政法规以及国家规定禁止的其他情形。此外,只有国务院或其授权的机关批准的企业才可以在名称中冠以"中国""中华"或者"国际"等字样。

(五) 住所

公司住所是公司作为独立主体资格所设定的、长期固定进行经营活动的基本地点。关于公司住所的确定,各国或地区的法律规定不尽相同,大致有三种:一是管理中心主义,即以登记时的常设管理机关所在地为住所;二是营业中心主义,即以公司的业务执行地为住所;三是由公司章程决定。依据我国《公司法》的规定,公司的住所为主要办事机构所在地。所谓主要办事机构,就是指决定和处理公司事务的机构,也是管辖公司事务的中枢机构。可见,我国《公司法》实质采取的是管理中心主义。

(六) 组织机构

公司组织机构的建立也是公司设立时不可或缺的条件之一。对于有限责任公司和股份有限公司,我国《公司法》根据其各自特点的不同,设置了不同的组织机构。这一点在后面的"公司治理机制"一节中会具体阐述。

四、公司设立登记

公司设立登记是指公司发起人依法向公司登记主管机关提出申请,主管机关审查认为符合法定条件而予以登记注册,并颁发营业执照的行为。这是公司在设立中,为取得法人主体资格而进行的最后一项活动。公司在设立登记后,即依法取得法人资格,可以开展经营活动。

公司设立登记需先由当事人提出申请。设立有限责任公司,应由全体发起人指定的代表或者共同委托的代理人向公司登记机关申请设立登记;设立股份有限公司,则应当由董事会向公司登记机关申请设立登记。申请人应当向登记机关缴纳设立登记费,并按照规定提交相关文件,如设立登记申请书、公司章程、法律、行政法规规定需要经有关部门审批的,应提交批准文件。

登记机关的审核登记。登记机关应当对申请材料进行形式审查,对申请材料齐全、符合法定形式的予以确认并当场登记。不能当场登记的,应在3个工作日内予以登记;情形复杂的,经登记机关负责人批准,可以再延长3个工作日。

申请材料不齐全或者不符合法定形式的,登记机关应当一次性告知申请人需要补正的材料。

登记机关依法予以登记的,应当签发营业执照。营业执照签发日期为公司的成立日期。一旦公司登记成立,便具有了独立的法人资格,可以开展营业活动。

第三节 公司资本制度

一、公司资本概述

公司资本又称股本,是指由公司章程确定的全体股东认缴或实缴的出资总额。公司资本是公司成立的物质条件,也是公司进行经营活动、对外承担责任的保障,其基本特征是:(1)是公司的自有资本,由股东出资构成,不包括公司的借贷资本,具体表现形式可以为货币、实物、知识产权、土地使用权等。(2)资本数额由公司章程规定,并经注册登记后确定。(3)资本所有权归属公司,而非公司股东。除非公司解散,否则公司可以无限期地拥有并使用这些资产。(4)资本数额相对确定,若欲变动,须履行严格的增资或减资程序。

对于公司资本概念的理解,要注意与公司资产、净资产的区分。公司资产是公司实际拥有的全部财产,既包括自有资产,也包括对外负债。从范围上说,公司资产大于公司资本,资本只是资产的一部分。就实际情况而言,资本与资产的关系会随公司经营状况而发生变化。公司成立时,若没有任何负债,资产就是公司资本;但公司成立后,随着经营盈余和负债的发生,资产会处于动态变化中,或高于资本或低于资本。公司净资产则是公司资产减去负债后的余额。与公司资本相比,净资产数额才是判断公司真实实力的依据。一般来说,在公司刚成立且无任何外债的情况下,公司净资产额等于公司注册资本额;而当公司开始营业后,随着盈亏的发生,公司净资产总额也会随之增减。因此,公司的净资产额既可能大于、等于也可能小于其注册资本额。而此时,只要公司未履行法定增资或减资手续,其注册资本仍为设立登记时注册登记的数额,因而注册资本是一个相对静态的概念。

二、公司资本制度的类型

目前,各国公司法基于不同的资本理念、立法宗旨,对公司成立时的资本设定了不同的条件和要求,进而形成了不同的资本制度。

(一) 法定资本制

法定资本制又称确定资本制,是指公司在设立时,必须在公司章程中明确记载公司资本总额,由股东全部认足后,公司方可设立。法定资本制的核心内容是"资本三原则",即资本确定原则、资本维持原则和资本不变原则。(1)资本确定原则是指发起人在设立公司时,必须在公司章程中对公司资本总额作出明确规定,而且由章程规定的资本总额必须由发起人和认股人全部认足,否则公司不能成立。该原则的目的是确保公司资本的真实可靠,防止公司设立中的欺诈行为,保护债权人利益。(2)资本维持原则是指公司在存续过程中,应保持与公司注册资本额相当的财产。该原则的目的是保证公司有足够的偿债能力,以保护公司债权人利益、维护公司信用基础。资本维持原则不仅是大陆法系国家的法律原则,在英美法系国家也被广泛使用。(3)资本不变原则是指公司资本一经确定,非依法定程序,不得改变。所以,资本不变原则强调的不是资本的绝对不能变,而是不能随意变,其主要目的是防止公司因随意减资而危及债权人的利益。

以"资本三原则"为核心内容的资本制度,最大特点便是强调公司资本的真实与可靠,从而较好地保障债权人的利益及社会交易的安全。但它固守的资本确定和不变之理念,往往导致公司的设立成本高、成立后变更资本麻烦,因而与市场经济环境所要求的效率原则不相吻合。此外,公司在成立后,经常发生盈亏,公司资本并不等于公司实际拥有和支配的全部财产。因此,以公司注册资本的多少以及是否缴足来判断公司信用水平的高低,并不能切实保护债权人利益,反而容易给债权人造成误导。

(二) 授权资本制

授权资本制是英美法系国家创设并采用的一种公司资本制度,其含义是:设立公司时,虽然在公司章程中载明资本总额,但不必全部发行,只需发行其中一部分公司就可成立，其余未发行部分，授权公司董事会在公司成立后自行决定发行。

与法定资本制相比，授权资本制并不强求发起人和认股人在公司成立之前，一次性全部认足公司的所有资本或股份，从而使得公司成立较为容易，并可避免因全部资本都发行及募集完毕而可能出现的资金闲置状况；同时，因成立时尚未认足的那部分资本已记载在公司章程资本总额之内，故再次发行时，无须变更章程，亦不必履行增资程序，便利性较好。但授权资本制下，由于公司章程中的资本仅是一种名义上的数额，同时又未对公司首次发行资本的最低限额及其发行期限作出规定，因此容易造成滥设公司或发行欺诈，侵害债权人利益。

（三）折中资本制

20世纪30年代，德国率先改变了股份公司法定资本制的立法原则。随后，世界许多国家纷纷对公司资本制度进行修正，采取了既不同于法定资本制，又不同于授权资本制的新型资本制度，学界将其称为折中资本制。由于各国立法技术不同，在折中资本制的具体制度设计中，又出现了两种模式：认可资本制和折中授权资本制。认可资本制是指公司在设立时需要按照章程确定的资本数额，将注册资本全部筹集到位，公司方可成立，但同时，允许章程授权董事会在一定时间、一定资本比例范围内发行新股，以增加公司资本的一种制度。折中授权资本制是指公司资本可授权董事会分批发行，但在公司设立时，首次发行并实收的资本必须达到注册资本的一定比例。

（四）我国的公司资本制度

我国《公司法》起初所确定的公司资本制度，要求公司在设立时，所有的注册资本必须一次发行、一次认购、一次缴纳完毕，属于严格的法定资本制。这一规定的出台，主要是因为20世纪90年代初的公司正处于发展初期，出现了大量不规范经营、资本虚空的"皮包公司"，严重影响了商事交易的安全。但随着对公司资本制度认识的不断深化，立法者意识到公司资本不过是公司设立时的初始资产，公司一旦成立，随着经营活动的开展，对公司债权人提供担保的责任财产并非是公司的注册资本而是公司的资产，尤其是净资产。因此，我国在历次《公司法》修订中不断对公司资本制度进行改革与完善，逐渐形成了适度放松的公司资本制度。这一资本制度主要体现了三个特点：一是无法定最低注册资本要求，但法律、行政法规或国务院决定规定的特殊行业的公司除外。二是实行完全的认缴制。法律不再对公司注册资本首次缴纳的比例以及缴纳期限进行管制，而是授权公司通过章程自行规定出资缴纳期限。但需注意的是，募集设立的股份有限公司以及法律、行政法规或国务院决定规定的特殊公司仍实行实缴制。三是取消强制验资程序。为降低公司设立的成本，现行法律取消了有关验资的规定，但实行实缴制的公司仍应当履行验资程序。

三、公司资本的构成

公司资本实质上是由具有一定价值的财产构成，而这些财产往往通过各种具体形态体现出来。能够反映公司资本价值量的具体的财产外在形态，就是公司的资本形式。从法律角度分析，公司资本不仅是公司经营的基础，而且还是股东与公司关系的纽带，对外具有一定的信用基础意义。根据我国现行《公司法》的规定，股东出资形式可以分为货币出资和非货币出资。

货币出资是股东出资的最基本形式，也是公司资本中最常见的构成。在公司成立时，以货币出资有利于保障公司资本足额筹集；在公司成立后，货币资本是公司顺利开展经营活动必不可少的基本条件。正因如此，域外有的国家公司立法对公司资本中货币出资所占比例还作了最低规定和要求。我国2005年《公司法》也曾规定，货币出资额比例不得低于注册资本的30%，但2013年《公司法》修订时删去了这一规定。

非货币财产出资是指发起人用货币以外的、法律许可的其他财产出资，其需要满足两个条件，即能够用货币评估且具有可转让性。在实践中，通常被用来作为出资的非货币财产包括：(1) 实物。主要是指建筑物、厂房和机器设备等有形资产。从学理上讲，股东用作出资的实物应具备经济上的有益性以及法律权属上的无争议性两个要件。经济上的有益性是指该实物是公司所需要的，是可以直接投入到生产经营活动中去使用的，法律权属上的无争议性是指被用作出资的实物应该是出资人所有并可依法处置的财产，否则极易在其他权利人与出资人之间造成纠纷，进而导致公司权益受损。(2) 知识产权。随着科技不断发展，知识产权对经济竞争和社会发展的推动作用日益凸显，其财产价值特性日渐显现。以发明、实用新型、外观设计、集成电路布图设计、商业秘密等为代表的知识产权作为股东出资的选择方式，已为各国公司立法所认可。(3) 土地使用权。在我国，土地归国家或集体所有，公民、法人往往是通过出让方式取得土地使用权。作为一项重要的生产资料，土地在生产经营中是不可或缺的资产，自然可以作价出资。土地使用权的价格应由县级以上人民政府的土地管理部门组织评估，并报县级以上人民政府审核批准后，方可作为核定的出资金额。股东以土地使用权作价入股后，应由公司持有关文件，按国家有关法律规定和《土地登记规则》的要求，向县级以上人民政府土地管理部门申请土地使用权的变更登记。(4) 其他出资形式。根据我国《公司法》的规定，除以上列举的出资形式外，股东还可以其他"可以用货币估价并可以依法转让的非货币财产作价出资"，例如股权、债权、特许经营权、探矿权、采矿权等财产权。

四、资本的增加与减少

公司资本制度尽管确定了资本不变原则,但这里的不变并非绝对不能变,而是公司资本一经确定,非依法定程序,不得随意改变。事实上,公司根据经营需要,会适时地增加或减少注册资本,以符合公司发展的现实需求。

(一) 增加资本

增加资本是公司在成立后基于筹集资金、扩大经营规模等目的,依照法定条件和程序增加公司的资本总额的活动。由于增加公司资本会提高公司的资信水平和偿债能力,增强其责任财产的担保能力,因此各国公司法一般对此不作过多限制。公司增加注册资本的方式主要有两种:一是吸收新资本,或者由原股东追加投资或者吸引新股东加入;二是分配性增资,即用公积金扩充资本或将未分配利润转为股本。

关于增加资本的程序,我国《公司法》规定,应由董事会制定增加注册资本的方案,然后提交股东会决议,并必须经代表 2/3 以上表决权的股东通过;而国有独资公司则由国有资产监督管理机构决定是否增加资本。在具体实施增资方案时,《公司法》赋予公司原股东以优先购买权。

不论是有限责任公司还是股份有限公司,增加注册资本后,都要修改公司章程记载的资本额以及变化了的股东出资额等事项,并向登记机关办理变更登记并公告。

(二) 减少资本

减少资本是公司在存续过程中,因资本过剩或亏损严重或者基于某种需要,依照法定条件和程序减少公司资本总额的活动。由于公司资本的减少会相应减少公司的责任财产,进而会对公司债权人的利益产生直接影响,因此各国公司法都对公司减资规定了比较严格的程序。依据我国《公司法》的相关规定,公司减资应遵循如下程序:(1)董事会制定公司减资方案。(2)股东(大)会对公司减少注册资本作出决议,必须经代表 2/3 以上表决权的股东通过。(3)编制资产负债表及财产清单。(4)通知或公告债权人,对债权人的合法权益予以特别保护,即公司应当自作出减少注册资本决议之日起 10 日内通知债权人,并于 30 日内在报纸上公告。债权人自接到通知书之日起 30 日内,未接到通知书的自公告之日起 45 日内,有权要求公司提前清偿债务或者提供相应的担保。公司未清偿债务或者提供相应的担保则不得进行减资。(5)修改公司章程关于注册资本的相关记载,办理变更登记并公告。

第四节　公司治理机制

　　公司治理机制是为了使公司能正常有效地运营,由法律和章程规定的公司各组织机构之间权力分配与制衡的制度体系。尽管各国公司治理机制的设计都遵循着"权力制衡"的原则,但由于各国不同的经济、政治、人文历史等背景,在不同国家,具体规定也不尽相同。我国目前采取的治理机制是,以股东会为公司权力机构和决策机构,以董事会为执行机构和经营机构,以监事会为监督机构,三者相互独立、相互制衡,以确保公司各方利益的均衡和目标的实现。

一、股东会

（一）股东会的概念与职权

　　股东会是公司全体股东组成的公司最高权力机构,是股东在公司内部行使股东权的法定组织。这里的股东会泛指有限责任公司的股东会和股份有限公司的股东大会。

　　股东会的职权,是指依据法律或者公司章程规定由股东会决定的事项。在我国,《公司法》规定的股东会的法定职权包括：（1）决定公司的经营方针和投资计划；（2）选举和更换非由职工代表担任的董事、监事,决定有关董事、监事的报酬事项；（3）审议批准董事会的报告；（4）审议批准监事会或者监事的报告；（5）审议批准公司的年度财务预算方案、决算方案；（6）审议批准公司的利润分配方案和弥补亏损方案；（7）对公司增加或者减少注册资本作出决议；（8）对发行公司债券作出决议；（9）对公司合并、分立、变更公司形式、解散和清算等事项作出决议；（10）修改公司章程；（11）公司章程规定的其他职权。至于股东会的职权是否仅限于上述法定范围,或者说,除了上述法律赋予公司股东会的职权外,各公司股东会是否还可以根据本公司章程的规定行使其他职权,回答应该是肯定的。股东会的职权来源于法律规定和公司内部授权,除法定职权外,公司章程可以授权公司股东会行使法定职权以外的其他权力。

（二）股东会会议

1. 会议的种类

　　股东会可以分为定期会议和临时会议。定期会议也称例会,是指公司依照法律或章程规定的期限定期召开的会议。通常情况下,法律规定公司应当每年召开一次股东会。临时会议又称特别股东会议,是指遇有特殊情形,在两次例会之间不定期召开的全体股东会议。临时会议一般为处理公司突发的重大事项而召开。通常情况下,遇有以下情形时应召开临时股东会议：（1）董事会或监事会按照公司章程的规定认为必要时；（2）持有法定比例以上股份的股东提议或请求召开时。

2. 会议的召集和主持

(1) 董事会。公司股东会由董事会召集,董事长主持;董事长不能履行主持职责或者不履行主持职责的,由副董事长主持;副董事长不能履行主持职责或者不履行主持职责的,由半数以上董事共同推举一名董事主持。

(2) 监事会。董事会不能履行或者不履行召集股东会会议职责的,监事会应当及时履行召集和主持股东会的职责。

(3) 法定比例的股东。董事会和监事会都不履行召集和主持股东会职责的,有限责任公司代表10%以上表决权的股东、股份有限公司连续90日以上单独或者合计持有股份有限公司10%以上股份的股东可以自行召集和主持股东大会。

需说明的是,在我国,股东会的第一顺序召集权人是董事会,第二顺序召集权人是监事会,符合法定要求的股东是第三顺序召集权人,只有当前一顺序权利人不履行职权时才轮到后一顺序权利人行使职权。

3. 会议的决议

首先,关于表决权的行使。通常情况下,有限责任公司股东是按照出资比例行使表决权(章程另有规定的除外),股份有限公司股东是按照"一股一权"的原则行使表决权。同时,在表决时适用"资本多数决"原则,以使股东会的决议能够反映多数股东的意志。当然,在该原则下,也可能出现大股东操纵股东会,压制小股东,侵害小股东权益的情形。为保障股东会会议的代表性,诸多国家在坚持"一股一权"原则的基础上,会在表决权代理、表决权回避、类别表决、累积投票制等方面对股东表决权行使进行特殊规定。我国《公司法》中也有相关的制度安排。

其次,关于决议类型。股东会决议可以分为普通决议和特别决议。普通决议是指决定公司普通事项时采用的以股东表决权的简单多数通过的决议。所谓"简单多数通过",在有限责任公司,是指代表过半数表决权的股东通过;股份有限公司是指代表出席股东大会会议的过半数表决权的股东通过。特别决议是指决定公司重要事项时采用的以股东表决权的绝对多数通过的决议。不同国家的公司法,对"特别事项"的范围及"绝对多数"的数量要求是不同的。依我国《公司法》的规定,股东会作出修改公司章程、增加或者减少注册资本的决议,以及公司合并、分立、解散或者变更公司形式的决议的,必须经2/3以上表决权通过。

最后,关于决议效力。对于公司股东会决议的效力,目前主要可以分为四种,即决议有效、决议无效、决议可撤销和决议不成立,后三种统称为公司决议瑕疵。依据我国《公司法》规定,公司决议无效是由于决议的内容违反法律、行政法规的规定;决议的可撤销是由于作出决议的会议召集程序、表决方式违反法律、行政法规或者公司章程,或者决议内容违反公司章程。通常决议的撤销需要在决议作出之日起60日内向人民法院提起撤销请求。而决议的不成立,根据《公司法》司法解释的规定,主要是针对如下情形:(1)公司未召开会议的,但依据公司法或者公司章程规定可以不召开股东会或者股东大会而直接作出决定,并由全体股东在决定文件上签名、盖章的除外;(2)会议未对决议事项进行表决;(3)出席会议的人数或者股东所持表决权不符合公司法或者公司章程的规定;(4)会议的表决结果未达到公司法或者公司章程规定的通过比例;(5)导致决议不成立的其他情形,例如决议中部分股东的签名被伪造。

二、董事会

(一)董事会的概念与职权

董事会是股东会选举产生的,负责执行股东会决议、对内管理公司、对外代表公司的常设机构。考虑到企业的经营成本,对于规模较小的有限责任公司可以不设董事会,但应当设立一名执行董事。

关于董事会的职权范围,各国立法并不相同。有的是列举式,有的是排除式,有的是列举加排除式。后两者与公司治理结构的"董事会中心主义"相吻合,所赋予的董事会职权相对广泛。我国《公司法》对董事会的职权范围采用了列举式规定,主要包括:(1)召集股东会会议,并向股东会报告工作;(2)执行股东会的决议;(3)决定公司的经营计划和投资方案;(4)制订公司的年度财务预算方案、决算方案;(5)制订公司的利润分配方案和弥补亏损方案;(6)制订公司增加或者减少注册资本以及发行公司债券的方案;(7)制订公司合并、分立以及变更公司形式、解散的方案;(8)决定公司内部管理机构的设置;(9)决定聘任或者解聘公司经理及其报酬事项,并根据经理的提名决定聘任或者解聘公司副经理、财务负责人及其报酬事项;(10)制定公司的基本管理制度;(11)公司章程规定的其他职权。

(二)董事会的组成

董事是有权参加公司董事会,管理和经营公司事务的人。董事可因其产生方式、在公司中的地位以及与公司的关系等的不同而被分成不同的种类。从我国《公司法》的规定来看,我国董事可作以下分类:(1)根据董事产生方式的不同,可把董事分为由股东会选举产生的董事以及由职工大会(或职工代表大会)选举产生的董事。后者的意义在于强调职工在公司治理中的地位和作用,确保职工利益的代表参与公司的决策和管理。(2)根据董事与公司之间的关系不同,可以把董事分为独立董事与非独立董事。独立董事是指不在公司担任除董事外的其他职务,并与其所受聘的公司及其主要股东不存在可能妨碍其进行独立客观判断关系的董事;非独立董事是指除独立董事外的其他一般董事。

董事会成员应该多少人员才合适,这取决于公司的实际需要。正因如此,我国《公司法》只规定了有限责任公司的董事会由 3—13 人组成;股份有限公司董事会由 5—19 人组成,董事会成员的具体人数由各公司依其实际需要在法定范围内决定。公司董事会应设一名董事长,可以设副董事长。我国《公司法》规定,有限责任公司的董事长和副董事长的产生办法由公司章程规定;股份有限公司的董事长和副董事长以全体董事的过半数选举产生

董事的任期由公司章程规定,但每届任期不得超过三年。董事任期届满,可以连选连任。董事任期届满未及时改选,或者董事在任期内辞职导致董事会成员低于法定人数的,在改选出的董事就任前,原董事仍应依照法律、行政法规和公司章程的规定,履行董事职务,以确保董事会的工作能正常进行。

(三) 董事会会议

1. 会议的召集与主持

从目前《公司法》的规定来看,关于董事会召集的有关规定,股份有限公司要比有限责任公司具体很多。根据《公司法》要求,股份有限公司董事会每年度至少召开两次会议,每次会议应于会议召开 10 日前通知全体董事和监事。代表 1/10 以上表决权的股东、1/3 以上董事或者监事会,可以提议召开董事会临时会议。董事长应当自接到提议后 10 日内,召集和主持董事会会议。通常情况下,董事会会议由董事长召集和主持,董事长不能召集或者不召集的,由副董事长召集和主持;副董事长不能召集或者不召集的,可以由半数以上董事共同推举一名董事召集和主持。

2. 董事会会议的议事规则

董事会会议形成有效决议,必须达到法定的出席董事会会议的人数。为体现民主决策,法定人数通常应占董事会成员的多数。我国目前的公司立法未规定有限责任公司董事会会议的法定人数,其属于公司自治范畴的事情,由公司章程自主决定;但对于股份有限公司,则要求其董事会会议必须由过半数的董事出席方可有效。通常情况下,董事会会议应由董事本人出席;董事因故不能亲自出席时,可以书面委托其他董事代为出席,但委托书中应载明授权范围。

董事会决议与股东会决议不同,其是以董事的"人数"作为计算出席和决议的标准,实行"一人一票"制度,每一董事对提请董事会表决的事项都有一票表决权。通常董事会在决议过程中,就与董事有利害关系的事项进行表决时,该董事应予以回避,不应参加表决。我国目前《公司法》仅对上市公司的董事回避表决作出了规定,但对其他类型的公司尚未提出该要求,这属于制度漏洞。

董事会应当对会议所议事项的决定作成会议记录,出席会议的董事应在会议记录上签名。此时,签名的作用至关重要。因为当董事会的决议给公司造成损失时,只有对该决议明确表示反对,并记载于董事会决议的董事方可被免责。

对于董事会的决议,同样也存在不成立、无效或可撤销的情形,其规定与股东会决议的效力判断标准一样,此处不赘述。

三、监事会

(一)监事会的概念与职权

监事会是公司依法设立的,对公司经营管理机构及经营管理者的经营行为进行监督,并直接对股东会负责的公司必设机关。考虑到企业的经营成本,对于规模较小的有限责任公司可以不设监事会,但应当设立一名监事。

要保证监事会对公司董事、经理的监督之实,监事会应当具有以下基本权能:(1)监督董事会。监事会成员应有权列席董事会会议,对董事会的决议提出质询或者建议,阻止董事会违反法律和公司章程的行为发生。(2)监督检查公司的经营状况和财务状况,必要时,可以聘请会计师事务所等协助其工作,费用由公司承担。(3)对董事、高管的监督权及罢免建议权。对董事、高级管理人员执行公司职务的行为进行监督,当董事、高级管理人员的行为损害公司利益时,要求董事、高级管理人员予以纠正,对违反法律、行政法规、公司章程或者股东会决议的董事、高级管理人员有权提出罢免的建议。(4)临时股东会召集权。在董事会不履行召集和主持股东会会议职责时,有权召集和主持股东会会议。(5)提案权,即向股东会会议提出提案。(6)在特定情形下,有权代表公司进行诉讼,维护公司权益。(7)公司章程规定的其他职权。监事会行使职权所必需的费用应当由公司承担。

(二)监事会的组成

在不实行职工参与制的国家,监事会代表股东利益,监事一般由股东会选任,选任方式与董事相同;在实行职工参与制的国家,监事会同时代表劳方利益,监事分别由股东会、职工大会选任。我国《公司法》规定,监事会中的股东代表,由股东会选任;职工代表由职工民主选任。其中,职工代表的比例不得低于监事会成员的1/3,具体比例由公司章程规定。需注意的是,为实现监督目的,达到监督效果,公司的董事、高级管理人员不得兼任监事。

监事会设主席一人,股份有限公司还可以设副主席。监事会主席和副主席由全体监事过半数选举产生。监事的任期每届为三年,任期届满,同样可以连选连任。我国《公司法》对监事任期的这种规定需要反思。尽管各国公司法对于监事的任期规定并不一致,但总的来说,监事会的任期一般比董事会短,这样可以避免监事与董事因任期相同而产生的利益协同,从而影响监督功能的发挥。

监事任期届满未及时改选,或者监事在任期内辞职导致监事会成员低于法定人数的,在改选出的监事就任前,原监事仍应依照法律、行政法规和公司章程的规定,履行监事职务。

（三）监事会的议事规则

我国《公司法》规定，有限责任公司监事会每年度至少召开一次会议，股份有限公司每六个月至少召开一次会议。监事可以提议召开临时监事会会议。

监事会会议由监事会主席召集和主持。监事会主席不能召集和主持或者不召集和主持会议的，由监事会副主席召集和主持监事会会议。监事会副主席也不能召集和主持或者不召集和主持会议的，由半数以上监事共同推举一名监事召集和主持监事会会议。

监事会决议应当经半数以上监事通过。监事会应当对所决议的事项制作会议记录，出席会议的监事应当在会议记录上签名。

四、经理

经理是由董事会聘任、负责组织日常经营管理活动的公司常设辅助业务执行机关。在各国公司法中，经理职位一般并非法定必设机关，而是由董事会根据公司经营管理和业务需要的具体情况设立。公司经理只是董事会下属的辅助董事会和董事长进行管理的辅助执行机关，它本身不是独立的组织机构。不过，现代公司中，尤其是股份有限公司中，一般都设有经理之职，还设有总经理、副总经理和部门经理，实行分层管理。

关于公司经理的职权，各国公司法基本上不作具体规定，而是由公司以章程或契约的形式自行确定。从公司的实践来看，经理职权大体上包括：执行董事会确定的经营方针；任免公司职员；对外代表公司签订合同；负责管理公司的日常事务等。但各国大多规定，对公司经理职权的限制不得对抗善意第三人。我国《公司法》赋予了经理较为广泛的职权，具体包括：(1) 主持公司的生产经营管理工作，组织实施董事会决议；(2) 组织实施公司年度经营计划和投资方案；(3) 拟订公司内部管理机构设置方案；(4) 拟订公司的基本管理制度；(5) 制定公司的具体规章；(6) 提请聘任或者解聘公司副经理、财务负责人；(7) 决定聘任或者解聘除应由董事会决定聘任或者解聘以外的管理人员；(8) 董事会授予的其他职权。同时，《公司法》在关于经理职权的规定上，赋予了公司一定的自治权，即公司章程对经理职权另有规定的，从其规定。这一点尊重了公司的意愿，也符合经理制度产生的本源，值得肯定。

五、董事、监事、高级管理人员的任职资格、义务及责任

（一）董事、监事、高级管理人员的任职资格

董事、监事、高级管理人员的任职资格通常包括积极资格与消极资格。

积极资格是指担任董事、监事、高级管理人员必须具备的任职条件。各国立法对积极资格的要求各不相同，但主要是品行、年龄、学历、职业背景及资格等。

我国《公司法》并未直接规定董事的积极资格,但《商业银行法》等法律基于自身行业的特殊性,会有积极要求;此外,公司章程也可根据公司自身的需要进行限制性规定。

消极资格是指担任董事、监事、高级管理人员职务时不得出现的情形。我国《公司法》规定的消极资格要件主要包括:(1) 无民事行为能力或者限制民事行为能力;(2) 因贪污、贿赂、侵占财产、挪用财产或者破坏社会主义市场经济秩序,被判处刑罚,执行期满未逾五年,或者因犯罪被剥夺政治权利,执行期满未逾五年;(3) 担任破产清算的公司、企业的董事或者厂长、经理,对该公司、企业的破产负有个人责任的,自该公司、企业破产清算完结之日起未逾三年;(4) 担任因违法被吊销营业执照、责令关闭的公司、企业的法定代表人,并负有个人责任的,自该公司、企业被吊销营业执照之日起未逾三年;(5) 个人所负数额较大的债务到期未清偿。凡具有上述情形之一的,不得担任公司的董事、监事、高级管理人员。公司违反上述规定选举、委派的,该选举、委派或者聘任无效。董事、监事、高级管理人员在任职期间出现上述情形的,公司应解除其职务。

(二) 董事、监事、高级管理人员的义务

1. 注意义务

注意义务是指董事、监事、高级管理人员应当诚信地履行对公司的职责,在管理公司事务时,应以一个合理的谨慎的人在相似情形下所应表现的勤勉和技能来履行其职责,为实现公司最大利益努力工作。我国《公司法》明确规定了董事、监事、高级管理人员应对公司负注意义务。

如何判断董事、监事、高管在履职中是否尽到了注意义务？这是一个难题。在实践中,应兼顾主客观两方面进行判断。从主观方面看,董事、监事、高级管理人员应依诚信原则竭力处理公司事务;从客观方面看,上述人员应尽到与其具有相同的知识、经验的人所应履行的注意程度。如果仅看主观方面,虽然突出了个人诚信义务,并认可了个体间经营能力的差别,但无形中迁就了董事的不思进取;而如果仅看客观方面,虽然对大多数董事较为公平,但该标准有可能放任有较高技能的董事,使其不会竭力为公司服务。因此,采取主客观相结合,并以客观为主的综合标准较为科学合理,即以普通谨慎的董事、监事、高级管理人员在同类公司、同类职务、同类情形中所应有的注意、知识和经验程度作为衡量标准,但若某一董事、监事、高级管理人员的经验、资格、技能明显高于此种标准的,应当以该人员是不是诚实地贡献了其实际拥有的全部能力作为衡量标准。

在实践中,注意义务通常包括以下几方面:(1) 遵守法律、法规以及公司章程;(2) 在履行职务时不得越权;(3) 熟悉公司业务经营及公司管理状况;(4) 出席董事会、监事会,并以公司利益为出发点发表观点;(5) 向股东(大)会、社会公众等如实提供公司资料;(6) 列席股东(大)会并接受质询。

2. 忠实义务

忠实义务是指董事、监事、高级管理人员在进行经营管理活动时,应以公司利益为己任,为公司最大利益履行职责;当自身利益与公司利益发生冲突时,应以公司利益为重。我国《公司法》对董事、监事、高级管理人员对公司所负的忠实义务进行了详细规定。具体而言,主要包括如下几方面:(1) 不得侵占公司财产。(2) 不得利用职务获取非法利益。(3) 禁止越权使用公司财产。(4) 竞业禁止,即董事、高级管理人员不得为自己或为他人经营与其所任职公司具有竞争性质的业务。因为董事、高级管理人员在公司中的地位特殊,他们享有公司生产、经营的决策权、管理权或执行权,掌握着公司大量的经营信息和商业秘密,当其从事与所任职公司相同或相似的业务时,很容易将其所掌握的公司信息用于自己投资经营的公司,从而损害所任职公司的利益。(5) 限制自我交易。自我交易是指董事、高级管理人员自己作为交易一方与其所任职公司进行的交易。自我交易本身是一把"双刃剑",它可能因增加公司交易机会、节约交易成本、提高交易效率而给公司带来利益,也可能因交易中双方当事人利益的对立性,使董事、高级管理人员利用其特殊地位损害公司利益。基于此,许多国家的公司法都对自我交易进行了较为严格的限制。(6) 禁止篡夺公司机会,即禁止公司董事、高级管理人员把本属于公司的商业机会转给自己利用从而谋取利益。董事、高级管理人员作为公司的受托人不得篡夺公司的商业机会,这不仅是忠实义务的重要内容,也是诚实信用原则在现代公司法中的应有之义。那么,如何判断一个商业机会本应是属于公司的机会呢?从各国的实践经验看,主要是看该机会是否属于公司的经营范围,是否是提供给公司的,是否是利用公司的物质条件或其他便利条件开发出来的等因素。(7) 禁止泄露公司商业秘密。

上述竞业禁止义务、限制自我交易义务以及禁止篡夺公司机会的义务,都是一种相对禁止的义务。法律设定上述义务,是为了保护公司自身的利益,而如果公司通过章程或股东会决议同意董事、高级管理人员从事上述行为的,应当允许。

(三) 董事、监事、高级管理人员的责任

从总体上来看,董事、监事、高级管理人员的责任主要分为三种:对公司的责任、对股东的责任以及对第三人的责任。

首先,对公司的责任。董事、监事、高级管理人员作为公司的受托人负有受信义务,如果其违反了法律、法规和公司章程规定的各项忠实义务和注意义务,给公司造成损失,就应承担相应的法律责任。我国《公司法》对此进行了明确规定,只要董事、监事、高级管理人员违反法律、行政法规或公司章程,无论其行为是作为还是不作为,均要对公司承担以民事责任为主的不利法律后果。

其次,对股东的责任。董事、高级管理人员违反法律、行政法规或者公司章

程的规定,损害股东利益的,应当对股东承担法律责任。这种责任的性质一般为侵权责任,需具备侵权行为、主观过错、损害结果、因果关系等必备要件。在主观过错的判断中,应采用过错推定原则,即当董事、高级管理人员有侵害股东利益的行为,且已经造成损害结果,只要董事、高级管理人员不能证明自己没有过错,就推定其主观上有过错。这是因为,在现代公司治理结构中,可能被董事和高级管理人员损害的股东往往是中小股东,其相对于董事、高级管理人员而言,在信息占有以及运用、专业知识、技能等各方面都处于劣势。采用过错推定责任原则,可以较好地保护中小股东的利益,同时还能对董事、高级管理人员的职务行为产生一定的制约作用,防止其滥用优势地位。

最后,对第三人的责任。对于董事、监事、高级管理人员滥用权利致使第三人损失的行为,是否应承担责任,理论界意见不一,各国的立法实践也不一致。从传统的民商法理论看,法人机关的行为即是法人的行为,应由法人承担职务行为的法律后果,所以机关人员对其职务行为不直接对外承担责任。但是,要求董事、高级管理人员与公司共同向第三人承担连带赔偿责任,实际上具有必要性和合理性,有利于规范和制约董事、高级管理人员的行为,保护第三人的合法权益。在我国目前的公司立法中,总体上缺乏这方面的规定。

第五节 股东及股东权利

一、股东

股东是指通过向公司出资或其他合法途径获得公司股权,并对公司享有权利和承担义务的人,是公司设立、存续过程中不可或缺的基础要素。

如何成为公司股东,取得股东资格?从公司法的角度看,凡是基于出资或其他合法原因而持有公司股份的人,均可成为公司股东。相应的,公司股东资格的取得方式主要分为以下三种情形:(1)原始取得。所谓原始取得,是指通过向公司出资或者认购股份而取得股东资格。原始取得又可分为两种情形:其一,设立时的原始取得,即有限责任公司设立时的全部发起人、股份有限公司设立时的发起人和认股人基于公司的设立而向公司投资,从而取得股东资格。其二,设立后的原始取得,即在公司成立后,增资时通过向公司出资或者认购股份的方式而取得股东资格。(2)继受取得,也称为传来取得或派生取得,即通过受让、受赠、继承、公司合并等途径而取得股东资格。(3)善意取得。这是一种特殊的原始取得,即股份的受让人,依据公司法所规定的转让方法,善意地从无权利人处取得股份,从而获得股东资格。由于善意取得不依赖于转让人的意志就可直接取得股权,因此它是一种特殊的原始取得方式。该制度设计的初衷是基于对股票占有的权利推定,保护善意受让人的利益,并以此促进股份的流通。

股东在特定的情形下,会因为法定原因或法定程序而丧失股东资格。从目前我国《公司法》的规定来看,丧失股东资格主要有以下几种情形:(1)公司法人资格消灭,如解散、破产、被合并;(2)自然人股东死亡或法人股东终止;(3)股东将其所持有的股份转让;(4)股份被人民法院强制执行;(5)股份被公司依法回购;(6)法律规定的其他情形,如赠与、纳税、被善意取得等。

二、股东的权利

股东的权利即股权,是指股东基于其股东资格而享有的从公司获取经济利益并参与公司经营管理的权利。

(一)股权的分类

股权基于不同的标准,可以划分为如下几类:

第一,自益权与共益权。以股权的行使是为了自己利益还是为了股东共同的利益为标准,股权可以分为自益权和共益权。所谓自益权,指股东为了自己的利益而单独主张的权利,如请求发给出资证明或股票权、股份转让权、利润分配请求权、剩余财产分配请求权等,体现的主要是财产权,也是股东投资的本来目的所在。所谓共益权,是指股东为了全体股东的共同利益而行使的权利,如表决权、知情权、质询权、临时股东大会的召集权与主持权等,体现的主要是参与公司经营管理权。该种权利行使所获得的利益,股东只能间接获得。

第二,固有股权与非固有股权。依据股东权性质的不同,可将股权分为固有股权和非固有股权。固有股权又称法定股权,是股东依其身份而享有的法定权利,不得以章程或股东(大)会决议予以限制或剥夺。凡对此类权利加以限制或剥夺的行为,均为违法,股东可主张其无效,并采取相应的救济措施。所谓非固有股权,是指依章程或股东(大)会决议可限制或可剥夺的权利。对于如何界定固有股权和非固有股权,学界一直存有争论。但一般而言,自益权多属于非固有股权,而共益权多属于固有股权。此类划分的意义在于,让公司发起人和股东明确哪些权利是可依章程或决议予以限制的,哪些权利是不得限制的,从而增强其权利意识。

第三,单独股东权与少数股东权。依据权利行使的方法,可将股权分为单独股东权和少数股东权。所谓单独股东权,是指不问股东的持股数额多少,单个股东即可行使的权利。易言之,此种权利只要股东持有一股即可享有,每一股东都可依自己的意志单独行使。而所谓少数股东权,是指只有持股数额达到一定比例才能行使的权利。行使少数股东权的股东既可以是持股数额之和达到一定比例的数个股东,也可以是持股达到一定比例的单个股东。一般情况下,自益权从性质上讲,均属于单独股东权;而共益权有的为单独股东权(如表决权),有的为少数股东权(如提案权、临时股东会召集权)。

第四,普通股股权与特别股股权。依权利主体和权利内容的不同,可以将股权分为普通股股权和特别股股权。普通股股权是指一般股东所享有的权利;特别股股权是指特别股(如优先股和劣后股)股东所享有的权利。有关特别股股东享有的权利范围、行使程序、数额、优惠待遇及限制等,一般都会在公司章程中加以规定。

(二)股权的内容

一般而言,公司股东都可基于对公司的投资而依法享有资产收益、参与重大决策和选择管理者等权利。借助上述股权分类中自益权与共益权的划分,股权的具体权利可从财产权和管理权两个维度进行分析。

1. 财产权

股权的财产权内涵主要包括如下几种具体权能:

(1)利润分配请求权,即股东基于其资格和地位,依法享有请求公司向其分配利润的权利。股东投资公司本质是为了获取收益,因此,利润分配请求权是股权的核心权能之一。当然,股东享有利润分配请求权的前提条件是公司在弥补亏损、依法提取公积金、缴纳税收后仍有盈余。

(2)股份或出资的转让权。股东一旦投资于公司,不得抽逃出资,但股东可以通过转让出资或股份的方式及时变现投资价值,实现其财产权益,同时转移投资风险。因此,股份或出资的转让权是股东一项重要的权利。由于有限责任公司具有一定的"人合性"色彩,而股份有限公司属于纯粹的资合性公司,因此二者在转让程序上会有所区别,有限责任公司股权的转让程序要比股份有限公司复杂很多。我国《公司法》规定,有限责任公司股东向股东以外的人转让股权,应当经其他股东过半数同意,且在同等条件下,其他股东有优先购买权。

(3)优先认购权。股东基于其资格和地位,在公司增加资本时,有权优先于其他人认缴出资或认购股份。当然,这种权利实际上只是一种选择权,股东可以行使,也可以放弃,而且即使选择行使,也只是获得一种优先购买的资格,认购股东仍需要按发行价格支付对价。

(4)异议股份回购请求权。股东(大)会作出对股东利害关系产生实质性影响的决定时,对该决定持有异议的股东有权要求公司以公平的价格回购他们手中的股份,从而退出公司。对于股东在哪些情况下可以行使异议股份回购请求权,各国规定并不完全相同。我国《公司法》针对有限责任公司规定的情形包括:连续五年不向股东分配利润,而公司该五年连续盈利,并且符合公司法规定的分配利润条件;公司合并、分立、转让主要财产;公司章程规定的营业期限届满或者章程规定的其他解散事由出现,股东会会议通过决议修改章程使公司存续。对于股份有限公司则规定,股东对股东大会作出的公司合并、分立决议持异议时,可要求公司收购其股份。

(5) 剩余财产的分配请求权,即公司解散清算时,股东对公司在支付了应付的各种费用、清偿了公司的全部债务后所剩余财产请求予以分配的权利。

2. 经营管理权

股权的经营管理权主要体现在如下几方面:

(1) 表决权。股东通过股东(大)会对公司重大事项表明自己意志和愿望的权利,是股东作为公司投资成员资格的重要体现,也是股东有别于债权人的主要标志,是保障股东投资预期收益得以实现的基础性权利。通过表决权的行使,股东可以参与公司重大经营决策以及选择适格的经营管理者。依据我国《公司法》规定,有限责任公司的股东依照出资比例行使表决权,除非章程另有规定;股份有限公司的股东依照"一股一权"原则行使表决权。在特殊情况下,为平衡控股股东与中小股东的利益,《公司法》以及相关的证券法律还规定了表决权回避制度、累积投票制、双层股权结构制度等。

(2) 知情权。在"两权分离"的公司治理模式下,股东一方面以其出资额为限承担经营风险,另一方面却被排除在公司的管理之外,对公司的内部事宜所知甚少。因此,赋予股东尤其是社会公众股东以知情权,对于保障股东权益、制衡公司管理机关有着至关重要的意义。我国《公司法》规定,股东有权查阅和复制公司章程、股东会会议记录、董事会会议决议、监事会会议决议和财务会计报告;有限责任公司的股东还可以要求查阅公司会计账簿。股东要求查阅公司会计账簿的,应向公司提出书面请求,并说明目的。但是,当公司有合理根据认为股东查阅会计账簿有不正当目的、可能损害公司合法利益时,公司可以拒绝提供查阅。为防止公司以此为借口事实上剥夺股东的此项权利,《公司法》又规定,此种情况下,股东可以请求人民法院要求公司提供查阅,赋予法院以最终的裁判权。

(3) 临时股东大会的提议召开权。股东(大)会是公司的最高决策机关,按照法律或章程的规定应当定期召开。但是,当公司出现重大特殊情况,如果不及时召开股东(大)会可能会给公司造成巨大损失时,股东作为公司重要的利益相关者,应有权提请召开临时股东(大)会。为提高股东会会议讨论的有效性,防止股东滥用该权利随意提起临时股东会,我国《公司法》将该权利设计为少数股东权,即只有单独或者合计持有公司10%以上股份的股东方可提起。

(4) 股东(大)会的召集与主持权。股东(大)会的召集与主持权虽为程序性权利,但具有极为重要的意义:没有召集权,股东将无法聚集在一起,无法启动会议;没有主持权,会议将无法正常进行。更为重要的是,如果股东(大)会的召集与主持不符合法律程序,其作出的决议就是有效力瑕疵的决议。对此,我国《公司法》规定,董事会或者执行董事不能履行或者不履行召集股东会会议职责的,由监事会或者不设监事会的公司的监事召集和主持;监事会或者监事不召集和主持的,有限责任公司代表 1/10 以上表决权的股东,股份有限公司连续 90 日以上单独或合计持有公司 10% 以上股份的股东,可以自行召集和主持。

(5) 提案权与质询权。现代各国公司立法为保障股东对公司经营与治理的参与,一般都赋予股东以股东(大)会提案权,由符合一定条件的股东,提出符合形式要件的提案并提交股东大会审议表决,以平衡经营者与股东之间的关系,增强股东尤其是中小股东对公司事务的关心度。为提高股东会会议讨论的有效性,防止议案过多且无代表性,我国《公司法》将提案权设计为少数股东权,即单独或者合计持有公司 3% 以上股份的股东有权提案。质询权则是股东对有关公司经营、人事、财务等事项要求董事会、监事会、公司经理等作出解释和说明的权利。我国《公司法》也规定,股东有权对公司的经营提出建议或者质询。

(6) 司法解散请求权。司法解散的立法价值在于当公司内部发生股东间的纠纷,在采用其他处理手段尚不能平息矛盾时,赋予少数股东请求司法机关介入以终止投资合同、解散企业、恢复各方权利,最终使基于共同投资所产生的社会冲突得以解决的一种救济方式。鉴于此,域外的公司立法大多都规定了公司的司法解散制度。我国《公司法》也赋予了股东以司法解散请求权:当公司的经营管理发生严重困难,继续存续会使股东利益受到重大损失,通过其他途径不能解决的,股东可以请求人民法院解散公司。为防止股东滥用权利,随意提起解散之诉,影响公司正常经营,各国公司法一般都规定其为少数股东权。我国《公司法》规定,只有持有公司全部股东表决权 10% 以上的股东,才可以请求人民法院解散公司。

(三) 股权的保护与救济——诉权的行使

诉权是一切权利的最后行使保障。有学者甚至认为,诉权是权利本身的应有内涵之一。所谓股权诉权,是指在股东利益受到直接或间接侵害时,依法向国家司法机关寻求救济的权利,是连接股权的私权规范与国家司法保护的公力救济的桥梁。因此,诉权在一定程度上体现了公司立法对股东权利保护的力度。我国《公司法》不断进步的一个重要标志就是股东诉讼制度的建立及其逐步的发展、完善。

1. 诉的种类:直接诉讼与派生诉讼

直接诉讼是指股东单纯为维护自身利益,基于其股份持有人的身份而向侵权人提起的诉讼。而派生诉讼又称代表诉讼、间接诉讼,是指当公司的董事、监事、高级管理人员乃至第三人等主体侵害了公司权益,而公司怠于追究其法律责任时,符合法定条件的股东以自己的名义代表公司提起诉讼。股东派生诉讼制度是随着对少数股东权保护的加强而逐渐发展和不断完善的,其制度价值主要在于,面对公司利益受到或可能受到董事、监事、高级管理人员、控股股东以及其他人非法侵害时,通过股东提起诉讼的方式,保护公司的合法利益,并最终保护全体股东的合法权益。直接诉讼与派生诉讼在诉的目的、原告地位以及被告范围等方面都存在诸多区别。

2. 诉讼的具体类型分析

(1) 损害赔偿之诉。根据我国《公司法》的规定,当董事、高级管理人员违反法律、行政法规或者公司章程的规定,损害股东利益时,股东可以向人民法院提起诉讼。需强调的是,股东在行使该类诉权时,必须是权益已经受到董事、高级管理人员违法行为的现实损害。有损害才有救济。

(2) 决议不成立之诉、决议无效之诉、决议撤销之诉。这三类诉讼主要是针对公司决议的效力而展开。需注意的是,在行使该类诉权时,被告应为公司,尽管违法决议是由公司股东(大)会或董事会作出,但是它们并非独立的法律主体,而是公司自身的机关,行为效力应由公司来承担。

(3) 知情权之诉。如上文所言,知情权尤其是查阅账簿权是股东一项非常重要的权利。但是,如果股东恶意查账,确实会损害公司利益。为了在公司利益与股东利益之间做到平衡,法律赋予了公司拒绝权,可如果公司滥用该权,以此为借口事实上剥夺股东的知情权,那就需要司法进行救济。因此,当股东认为公司拒绝其查账的理由不充分或者不正当,可以诉至人民法院,由法院基于自由裁量权判定是否允许股东查阅账簿。

(4) 异议股份回购之诉。公司在经营管理过程中,如果出现了异议股份回购情形,异议股东向公司提出回购请求时,公司应当依照合理价格进行回购。根据我国《公司法》规定,如果自股东会决议通过之日起六十日内,股东与公司不能达成股权收购协议的,股东可以自股东会决议通过之日起九十日内向人民法院提起诉讼。

(5) 司法解散之诉。这是股东行使司法解散请求权的基本方式。在实践中,司法解散之诉的关键是如何判定"公司经营管理发生严重困难"。对此,《公司法》的司法解释进行了相应阐述。具体而言,包括如下四种情形:公司持续两年以上无法召开股东会或者股东大会;股东表决时无法达到法定或者公司章程规定的比例,持续两年以上不能做出有效的股东会或者股东大会决议;公司董事长期冲突,且无法通过股东会或者股东大会解决;经营管理发生其他严重困难,公司继续存续会使股东利益受到重大损失。需要特别说明的是,尽管司法解散是保护股东权益的一种有效方法,但基于企业维持原则,一般各国的司法实践都对此采取审慎态度。

3. 派生诉讼的行使要件

(1) 诉讼的对象必须是公司董事、监事、高级管理人员执行公司职务时,违反法律、行政法规或者公司章程的规定,并给公司造成损失的行为,或者是第三人侵害公司合法权益,并给公司造成损失的行为。

(2) 原告资格必须合法。根据我国《公司法》的规定,能够提起派生诉讼的原告基于公司类型的不同,需要满足的条件不同:对于有限责任公司而言,只要原告具有股东资格即可提起诉讼;对于股份有限公司而言,则需要股东连续一百八十日以上单独或合计持股百分之一以上,方可提起派生诉讼。

(3) 竭尽公司内部救济。股东发起代表诉讼的前提是公司在受到损害后怠于起诉。换言之,当公司利益遭受侵害,而公司内部所有有资格代表公司的机构都怠于行使权利时,股东才可以代表公司进行诉讼。这样的规定可以防止股东滥用派生诉讼提起权。我国《公司法》规定,当董事、高级管理人员存在损害公司利益的违法情形时,符合派生诉讼原告资格的股东,可以书面请求监事会或者不设监事会的有限责任公司的监事向人民法院提起诉讼;监事有损害公司利益的违法情形的,前述股东可以书面请求董事会或者不设董事会的有限责任公司的执行董事向人民法院提起诉讼。只有在监事会、不设监事会的有限责任公司的监事,或者董事会、执行董事收到股东的书面请求后拒绝提起诉讼,或者自收到请求之日起三十日内未提起诉讼,或者情况紧急、不立即提起诉讼将会使公司利益受到难以弥补的损害的,符合派生诉讼资格的股东才有权为了公司的利益以自己的名义向人民法院提起诉讼。

第六节 公司解散与清算制度

一、公司的解散

公司解散是指已经成立的公司,因发生法律或章程规定的解散事由而停止营业活动,开始处理尚未了结的事务,并最终注销其法人资格的行为。

公司解散的原因大致可分为自愿解散和强制解散。

自愿解散也称任意解散,是指基于公司或股东的意愿而解散公司。我国《公司法》规定的任意解散的事由包括:(1) 公司章程规定的营业期限届满或公司章程规定的其他解散事由出现;(2) 股东(大)会决议解散;(3) 因公司合并或者分立需要解散。

强制解散是指因法律规定或行政机关命令或司法机关裁判而解散公司。具体而言,主要包括:(1) 公司因违反法律、行政法规被吊销营业执照、被责令关闭或者被撤销;(2) 公司经法院判决解散;(3) 公司因不能清偿到期债务而被宣告破产。

公司一旦解散,即进入清算程序,除非是合并、分立的原因。公司应尽快成立清算组。清算组成立后,公司原来的代表及业务执行机关即丧失权利,由清算组取而代之,清算组对内管理公司事务、对外代表公司从事法律行为。同时,公司一旦解散进入清算程序,便不得再开展新业务。解散后的公司,权利能力受到法律限制,除从事清算范围内的事项外,不得开展新的营业活动。

二、公司的清算

公司清算是指公司解散后,清理公司债权债务,分配公司剩余财产,最终向公司登记机关申请注销登记,使公司法人资格归于消灭的法律行为。公司解散和公司清算是终结公司法律关系、消灭公司法人资格的两个相关概念。公司解散是公司清算的原因,公司清算是公司解散的结果。

(一) 公司清算的分类

1. 正常清算和破产清算

公司清算依据原因和程序不同,可分为正常清算和破产清算。正常清算是指公司除因合并、分立或破产等原因外,因其他原因而解散所适用的清算程序;破产清算是指公司不能清偿到期债务而被依法宣告破产时适用的清算程序。二者的最终结果虽然都是终结现有公司的法人资格,但仍有明显区别:(1)发生清算的原因不同。正常清算是由股东自愿解散或行政解散、司法解散等原因所引起;破产清算则是由公司不能履行到期债务而被宣告破产所引起。(2)清算组产生的方式不同。正常清算时,有限责任公司的清算组由股东组成,股份有限公司的清算组由董事或者股东大会确定的人员组成,公司逾期不成立清算组的,经债权人申请,由法院指定清算组成员;而破产清算的清算人必须由人民法院决定。(3)适用清算的程序不同。首先,适用正常清算程序的公司一般有足够财产清偿公司债务,清算程序相对简单;而适用破产清算程序的公司往往处于资不抵债状态,为保护债权人利益,其程序远比正常清算复杂。其次,破产清算是有司法机关介入的非诉程序,而正常清算程序一般无须司法机关介入。最后,正常清算所适用的法律主要是《公司法》《民法典》等;破产清算所适用的法律则主要是《企业破产法》《民事诉讼法》等。

2. 任意清算和法定清算

公司清算依据所适用的程序是否法定,可分为任意清算和法定清算。任意清算是指公司按照股东的意志或公司章程的规定进行的清算。在任意清算中,清算可以不按法律规定的方法处置公司财产,而按照公司章程的规定或全体股东的意见进行。任意清算一般没有先后顺序规定,也不论是否能足额清偿,不能清偿的债权不因清算结束而消灭。法定清算则是公司必须按照法律规定的程序进行的清算。法定清算对公司财产的清算有顺序规定,法定清算结束,公司法人资格依法消灭。任何公司都可适用法定清算程序,但资合性公司(有限责任公司和股份有限公司)只能实行法定清算。我国《公司法》规定的清算均是法定清算。

3. 普通清算和特别清算

法定清算可以分为普通清算和特别清算。普通清算是指由公司股东、董事或公司股东（大）会确定的或公司章程指定的人员组成清算组，依法定程序自行进行的清算。特别清算则是指公司因某些特殊事由解散后，或者被宣告破产后，或者在普通清算发生显著障碍无法继续时，由政府有关部门或者法院介入而进行的清算。

（二）清算组

清算组是指在清算中代表被解散公司依法执行清算事务的机关。公司被宣布解散后，即进入清算程序。此时公司法人资格将要消灭但还未消灭，被解散公司已经停止开展新的营业活动。原来代表公司的董事会也停止活动，丧失代表公司的资格和法律赋予的职权，取而代之的是公司的清算组。因此，在法律性质上，清算组是清算中公司的代表和执行机构，接管董事会的全部权力，对外代表清算中公司为意思表示或接受意思表示，对内执行公司各项清算事务。依据我国《公司法》规定，公司解散后，应当在15天内成立清算组。其中，有限责任公司的清算组由股东组成，股份有限公司的清算组由董事或者股东大会确定其人选。公司逾期不成立清算组的，债权人可以向人民法院申请指定有关人员组成清算组。

清算组是公司清算程序中的法定机关，主要职权包括：

（1）清理公司财产、编制资产负债表和财产清单。清算组成立后的首要任务就是取代董事会接管公司全部财产。清算组针对公司财产所开展的活动，如清查账册、理清公司债权、统计债权债务以及对其实物财产、无形资产提出评估作价等，都属于清算组的职权范围。在查明财产基础上，清算组须编制资产负债表和财产清单。

（2）处理与清算公司尚未了结的业务。公司解散后便停止经营活动，但公司因经营而已存在的各种法律关系不可能立即结束。此时，公司的各种活动就由清算组视具体情况决定，还未履行的义务，如继续履行有利于公司清算的，由清算组负责继续履行。但是，清算组不得以任何理由开展新的经营业务。

（3）收取对外债权。公司解散后，公司对第三人享有债权的，清算组应即时收取。公司债权可分为已到期债权和未到期债权。对尚未到期的债权，因公司已经解散，债务人应当提前清偿。因提前清偿所涉及的债权额折价或期限利益损失等问题，可以由清算组酌情处理。

（4）通知债权人申报债权。清算组成立后，应立即在法定期限内通知已知债权人并公告未知债权人公司解散事项，以便债权人在法定期间内向清算组申报债权。债权人申报并提供相应证据后，清算组应进行核查登记，以此作为财产分配的依据。根据我国《公司法》规定，清算组应当自成立之日起10日内通知债权人,并于60日内在报纸上公告;债权人应当自接到通知书之日起30日内,未接到通知书的自公告之日起45日内,向清算组申报其债权。债权人申报债权,应当说明债权的有关事项,并提供证明材料。

(5) 申请破产。清算组在清理债权债务时,如发现公司全部财产不足以清偿公司债务的,应终止普通清算程序,向法院申请破产。法院受理后,清算组应将清算事务转交破产清算组。

(6) 分配剩余财产。当公司财产在支付了各种清算费用,且清偿完公司全部债务后,仍有剩余时,应向公司股东进行剩余财产分配。在分配剩余财产时,有限责任公司按各股东出资比例分配,股份有限公司按股东持股数量分配,优先股股东应先于普通股股东获得分配。

(7) 代表公司参与民事诉讼活动。已解散公司在业务了结、债权的确定和追讨、债务的清偿等过程中均可能与其他主体发生纠纷,进而涉及诉讼。此时,清算组应代表公司起诉和应诉或者参加仲裁程序。

(三) 公司清算程序

公司清算关系到公司相应法律关系的终结和法人资格的最终消灭,直接影响股东、债权人和公司职工的利益,因而必须按法定程序进行。具体而言,包括如下几方面:(1) 成立清算组。(2) 收取对外债权。(3) 债权人申报债权。(4) 清理公司财产,编制资产负债表和财产清单。(5) 制定清算方案,并报股东(大)会或人民法院确认。清算组在完成登记债权、清理公司财产、编制资产负债表和财产清单等这些基础工作后,对公司的财产、债权、债务已经相当了解。在此基础上,清算组应提出清算方案报经股东(大)会或者人民法院确认。(6) 按法定顺序分配公司财产。在清算过程中,基于法定清算的基本要求,清算组必须按照如下顺序进行清偿:支付清算费用——职工工资、社会保险费用和法定补偿金——缴纳所欠税款——偿还公司债务——按照股东的出资比例或持股份额分配剩余财产。当公司财产不足清偿债务时,应立即终止普通清算程序,申请公司破产。(7) 制作清算报告。公司清算结束后,由清算组制作清算报告报股东(大)会或者人民法院确认。

(四) 注销登记

公司清算完毕后,清算组向公司登记机关提出申请,办理注销登记。公司登记机关收回与公司法人资格有关的文件和印章等。同时,注销登记应予以公示。至此,公司法律人格消灭。

第六章 商行为概述

第一节 商行为的界定

一、商行为的意义

法律主要调整的是人类的行为,即使是主体内心深处的意思,也必须以一定的直接或间接的行为方式表现出来,由此进入法律规制的范围之内。商行为是大陆法系国家和地区商法中的一个重要概念。

根据民法与商法的不同关系,各国的立法体例可分为民商合一体例和民商分立体例。在民商合一体例之下,商行为通常被称为"商业""商事",主要是在民法典内部规范体系中将商行为与民事行为进行区分规制,甚至对两者不予区分,商行为也完全可能直接接受民事行为规范的调整。而在民商分立体例之下,商行为与民事行为差异颇大,前者受商法典、商事单行法及商事习惯法的调整,而后者受民法典、民事单行法及民事习惯法的调整。商行为通常不接受民事行为规范的调整,除非是在商行为规范出现法律漏洞的场合。

因此,商行为的意义在于确定是否适用商法。界定商行为是为了明确相关主体之间是适用商法抑或是其他法律。准确界定商行为的内涵与外延,将有助于厘清商法与民法等其他部门法的划分界限。

二、商行为的概念与特征

(一) 商行为的概念

在民商合一体例的国家,商行为概念并不明晰。即使在民商分立体例的国家,如法国、德国和日本等,其商行为的内涵与外延也存在差别。

《法国商法典》是客观主义的立法代表。《法国商法典》第 L110-1 条规定:"法律视以下所列为商行为:1. 任何为再卖出而买进动产,不论是按实物原状卖出还是经制作与加工之后再卖出;2. 任何为再卖出而买进不动产,但买受人是为了建造一幢或多幢建筑物并将其整体或分区卖出而实施的行为,不在此限;3. 为买进、认购或卖出不动产、营业资产、不动产公司的股票或股份而进行的任何中介活动;4. 各种动产租赁业;5. 各种制造业、行纪业、陆路或水路运输业;

6. 各种供货、代理、商业事务所、拍卖机构、公众演出业务；7. 各种汇兑、银行与'居间'业务，'电子货币发行与管理活动'以及所有的支付服务活动；8. 公立银行的各种业务；9. 批发商、零售商和银行业者之间的各种债权债务关系；10. 任何人之间的汇票。"《法国商法典》第 L110-2 条规定："法律同样视以下所列为商行为：1. 任何内水与外海航运船舶之建造业，以及此种船舶的任何买进、卖出与再卖出；2. 各种海运业；3. 船桅设备、船上设备与给养的任何买卖；4. 船舶的各种租赁、整体借用或出借；5. 与海商贸易有关的各种保险及其他契约；6. 就船员薪金与房租订立的各种协定与协议；7. 为服务于商船的海上人员订立的各种契约。"《法国商法典》对于"商行为"并没有给出明确的定义，而是通过上述两个条文予以简要列举，其中包括了买卖、租赁、居间、行纪、代理、代办、运输、拍卖、汇兑、银行、汇票甚至制造业等行为。① 在法国商法上，商行为是商法规定的各种经营行为。即使不是商人，但若其行为符合商法典规定的商行为，也应接受商法的调整。

《德国商法典》是主观主义的立法代表。《德国商法典》第 343 条规定："商行为是指一个商人所实施的、属于其商事营利事业经营的一切行为。"同时，《德国商法典》第 1 条规定："本法典所称的商人，指经营商事营利事业的人。商事营利事业指任何营利事业经营，但企业依照性质或者规模不需要以商人方式所设置的营业经营的，不在此限。"② 在德国商法上，商行为是商人从事其商事经营的全部行为。只有商人方可实施商行为，商人身份通常是商行为的前提。

《日本商法典》是折中主义的立法代表，同时受到前述客观主义和主观主义的影响。《日本商法典》第 501 条规定了 4 种绝对商行为，第 502 条规定了 13 种营业商行为。同时，《日本商法典》第 4 条规定："本法中'商人'，指以自己名义从事商行为并以此为业者，利用店铺及其他类似设施销售物品并以此为业者或者不以实施商行为为业的经营矿业者，亦视为商人。"③ 在日本商法上，商行为既包括任何主体从事的营利性行为，也包括商主体从事的任何经营行为。

我国采取民商合一的立法体例，制定了民法典但未制定商法典或者商法通则，民法典对商行为概念也未予明确规定，商行为不是一个法定概念。在术语使用上，商行为也有"商业""商事""经营行为""经营活动""商事行为"等类似的称谓。本书主要采用"商行为"的称谓。学理上认为，商行为是法律规定的营利性行为以及商主体从事的其他营业性行为④，通常商行为兼具营利性与营业性。

---

① 参见《法国商法典》（上册），罗结珍译，北京大学出版社 2015 年版，第 3—11 页。
② 《德国商法典》，杜景林、卢谌译，法律出版社 2010 年版，第 3,211 页。
③ 《日本最新商法典译注》，刘成杰译注，中国政法大学出版社 2012 年版，第 289、295 页。
④ 参见张璁主编：《商法总论》，北京大学出版社 2009 年版，第 126 页；范健主编：《商法学》，高等教育出版社 2019 年版，第 82 页。

还有学者认为,作为类型,商行为无法用抽象概念的构成要件加以界定,但可用构成要素加以描述:"商行为即含有商事要素的行为类型,商事要素指商人、营业及营利动机等。"具体而言,"商人——营业——营利是按照其对成立商行为影响力的大小进行的排序,即商行为首先是商人之间的行为,其次是与营业有关的行为,最后是与营利有关的行为,这一排序也体现了法律规范的可行性顺序"[1]。

(二) 商行为的特征

商行为是一种法律行为,既有法律行为的共性亦有其自身的个性。尤其是在民商合一体例之下,准确区分商行为与民事法律行为,在理论和实践中是一大难题。但一般而言,商行为具有如下特征:

1. 商行为具有营利性

营利性是指主体从事商行为的目的在于获取经济利益。当然,营利目的是商行为的一种出发点和目标,而不是商行为必然的结果。譬如,仓储合同通常是作为商行为对待的,保管合同通常是作为民事法律行为对待的。我国《民法典》第 904 条规定:"仓储合同是保管人储存存货人交付的仓储物,存货人支付仓储费的合同。"存货人需支付一定的仓储费,即体现仓储行为的营利性。第 888 条第 1 款规定:"保管合同是保管人保管寄存人交付的保管物,并返还该物的合同。"同时,第 889 条规定:"寄存人应当按照约定向保管人支付保管费。当事人对保管费没有约定或者约定不明确,依据本法第五百一十条的规定仍不能确定的,视为无偿保管。"换言之,商行为通常是有偿的,而民事法律行为更多地推定为无偿的。

2. 商行为的意思表示采取表示主义

意思表示是指主体将其内心的意思以一定的方式表达于外部的过程。民商法上就意思表示的理解和适用,有表示主义和意思主义的不同立场。对于商行为的意思表示,通常采取表示主义,即在主体的内心意思与外部表示不一致的场合,以其外部表示为准,从而确保商事交易的安全和便捷。而对于民事法律行为的意思表示,通常采取意思主义,即在主体的内心意思与外部表示不一致的场合,以其内心意思为准,从而注重主体的意思自治和实质的公平正义。譬如,票据行为的文义性意即票据当事人的意思表示以其在票面记载的文义为准,我国《票据法》本身也只是简单地规定了基于欺诈和胁迫而实施的票据行为无效。而民事法律行为制度围绕欺诈、胁迫、重大误解、显失公平、通谋虚伪表示等意思表示瑕疵,构建了较为系统的认定与效力规则。

3. 商行为的形式较为自由

民法对民事法律行为的形式通常有一定的要求。我国《民法典》第 135 条规

---

[1] 程淑娟:《商行为制度研究——类型化方法及展开》,法律出版社 2019 年版,第 23、84 页。

定:"民事法律行为可以采用书面形式、口头形式或者其他形式;法律、行政法规规定或者当事人约定采用特定形式的,应当采用特定形式。"与此同时,《民法典》规定设立居住权、地役权、抵押权和质权等民事权利的,当事人应当采用书面形式订立相应的物权合同。而立法上对商行为的形式要求则较为自由,通常承认以口头形式订立的商事合同。譬如,设立票据质押即无须另行订立质押合同,保险合同的订立也未必采取书面形式。

4. 商行为的主体资格更为严格

一般而言,商行为是商主体所从事的行为,而从事商行为的主体应具有相应的商事行为能力。企业作为商主体可以从事商行为;但民事主体如若作为商个人从事商行为的,其主体资格更为严格。譬如,我国票据法规定,在票据上签章、实施票据行为的当事人应具有完全的民事行为能力;我国合伙企业法规定,自然人作为合伙企业的合伙成员的,应具有完全的民事行为能力。当然,在有的国家,不具有商人身份而从事商行为的,也可能受商法调整。例如,《日本商法典》第2条规定:"公法人所为商行为,除法律法规另有规定外,适用本法。"

三、商行为的分类

依据不同的标准,对于商行为可作不同的分类,从而有助于精准适用商法规范。

(一)单方商行为与双方商行为

根据商行为的主体是否仅一方为商人,可将商行为分为单方商行为和双方商行为。

单方商行为是指行为人中仅一方为商人而另一方不是商人所实施的行为。例如,消费者向经营者购买商品或者接受服务的行为。此外,消费者的外延目前还应当包括金融消费者。单方商行为规范需要体现对于非商主体一方的特殊保护。

双方商行为是指行为人双方均为商人而实施的行为。对于双方商行为,必然适用商法规范。而对于单方商行为,存在三种不同的规制模式:第一种模式是在日本、韩国,即使是单方商行为,对双方当事人都一律适用商法规则。例如,《日本商法典》第3条第2款规定:"当事人一方为两人以上时,其中一人行为构成商行为的,本法适用于其所有成员。"第二种模式是在德国。例如,依据《德国商法典》第345条,一般情况下,双方商行为规则也适用于单方商行为,但法律另有规定的除外。第三种模式是在法国和英美法系国家,商行为规则仅适用于商人一方,对非商人的相对方适用民法的相关规定。

对于票据行为、证券交易行为、保险行为和海商行为等传统营业领域的绝对商行为,即使是单方商行为,也适用商法规范。但是,商人以营利为目的而实施的相对商行为之规定,仅适用于商人一方。由此可见,单方商行为与双方商行为、绝对商行为与相对商行为这两组分类具有紧密的联系。

(二) 绝对商行为与相对商行为

根据行为的客观性质和是否附加条件为标准,可将商行为分为绝对商行为和相对商行为。[1]

绝对商行为亦称"客观商行为",是指仅根据行为的性质或形式以及法律的规定即可确定为商行为的行为。一般而言,票据行为、证券交易行为、保险行为、海商行为、融资租赁等行为属于绝对商行为。无论行为人是否为商人,也无论是否以营业的方式实施,绝对商行为的行为并不发生变化,其必然适用商法规范。《日本商法典》第 501 条规定的绝对商行为包括:以获利转让的意思,有偿取得动产、不动产或有价证券的行为或者以转让取得物为目的的行为;缔结自他人处取得动产或有价证券的供给合同以及为履行该合同而实施的以有偿取得为目的的行为;交易所中的交易行为;有关票据及其他商业证券的行为。

相对商行为亦称"主观商行为""营业商行为",是指仅由商人实施或仅基于营利性目的实施时才认定为商行为的行为。例如,《日本民法典》第 502 条规定的营业商行为包括:以出租的意思,有偿取得或承租动产、不动产或者以出租其取得或承租物为目的的行为;为他人实施制造或加工的行为;供电或供气行为;运输行为;工程或劳务承包;出版、印刷或摄影行为;以招徕顾客为目的的服务业经营场所中进行的设施利用交易;兑换及其他银行交易;保险;保管行为;居间或行纪行为;商行为代理;信托行为。绝对商行为和相对商行为的划分,弥补了客观主义立法和主观主义立法各自的片面性,较好地协调了商法规范对于商行为的适用范围。

(三) 基本商行为与附属商行为

根据商行为在主体经营活动中的地位和作用的不同,可将商行为分为基本商行为和附属商行为。

基本商行为是商主体的主要经营行为,商主体的绝对商行为和相对商行为可以统称为基本商行为,例如买卖商的买卖行为、制造商的制造和销售行为、运输商的运输行为等。《日本商法典》第 503 条第 1 款规定:"商人为其营业所实施的行为为商行为。"

附属商行为亦称"辅助商行为",是指不具有直接的营利性内容,但对基本商行为起协助作用的辅助行为,例如代理行为、广告行为等。附属商行为的意义是将某种原本属于民事的行为视为商行为,从而扩大了商法的调整范围。例如,《日本商法典》第 503 条第 2 款规定:"商人的行为,推定为为其营业实施的

---

[1] 参见范健主编:《商法学》,高等教育出版社 2019 年版,第 85—86 页。

行为。"

法国的附属商行为理论或从属理论较为复杂。在现实中,商人的以下几种行为不得推定为附属性商行为:(1)有关婚姻家庭方面的行为。如婚姻契约、遗产分配等只能认定为民事行为。(2)有关工业产权方面的行为。如发明专利、外观设计等应认为是属于民事性质的行为。(3)工伤事故。如工人在劳动过程中受到伤害,此种赔偿关系属于民事关系。(4)有关税负或社会保障方面的行为。不动产(房地产)的开发及销售行为,此前是作为民事行为,现在被认定为商行为之一。①

对于超市提供自助寄存柜的行为,如何认识该行为的性质及其法律适用问题,理论和实务中尚有一定的争议。但无论将其解释为保管、借用抑或是租赁,均为免费提供服务的行为。免费服务行为本身当然不具有营利性,但这并不能否认其为营业活动的组成部分。超市提供自助寄存柜的行为,应认定为附属于超市的营业之行为,即附属商行为。超市应向消费者承担必要的安全保障义务,防止商主体以提供免费服务为由规避商法上的严格责任。

(四) 必然商行为与准商行为

根据法律的直接规定或者行为性质来推定的不同,可将商行为分为必然商行为和准商行为。

必然商行为亦称"固有商行为",是指由商主体实施的经营行为,或者商法规范直接明确列举的商行为。在商法规范较为完整全面的立法体系中,对商行为的认定和适用均可直接根据商法的规定进行。

准商行为亦称"推定商行为""类推商行为",是指无法直接根据法律规定加以认定,而必须结合一定的事实方可推定其性质的商行为。准商行为的主体通常不具有商主体的资格和身份。有的学者认为,民间借贷异于金融机构的金融放贷行为,可认定为准商行为;政府特许经营权合同(Public-Private-Partnership,PPP)不同于政府行政行为、政府合同、商业特许经营权合同等,可认定为准商行为。②

(五) 一般商行为与特殊商行为

根据商行为所具有的一般性与特殊性的不同,可将商行为分为一般商行为和特殊商行为。

一般商行为是指在商事交易中具有一般性的商行为,主要包括商事债权行为、商事物权行为以及商事交易结算行为等。一般商行为规范多为商行为的一般规范,应归入商行为通则范畴。

---

① 参见张民安:《商法总则制度研究》,法律出版社2007年版,第308、310页。
② 参见程淑娟:《商行为制度研究——类型化方法及展开》,法律出版社2019年版,第332—340页。

特殊商行为是指在商事交易中具有特殊性的商行为,主要包括商事买卖、商事担保、商事代理、商事行纪、商事居间、商事运输、商事仓储等。随着经济和社会的发展,特殊商行为在传统的基础上,出现了融资租赁、商业保理、电子商务、商业特许经营等新类型。① 在民商分立的国家,特殊商行为多由商法典进行调整;而在民商合一的国家,特殊商行为多规定于民法典债编或合同编,或者由单行法进行调整。

第二节 一般商行为

一般商行为是商事领域内所共有的、广泛存在的行为,具有基础性、普遍适用性和非行业经营性。一般商行为制度主要包括商事债权行为、商事物权行为以及交互计算等方面的规范内容。

一、商事债权行为

(一) 商人对要约的沉默

民事合同的缔结一般需要经过要约和承诺,但为促进商行为的迅速性,商法中规定商人在特定情形中对于要约的沉默也视为承诺。《德国商法典》第362条规定:"(1)由一个商人的营利事业经营产生为他人处理事务,并且处理此种事务的要约由某人到达该商人,而该商人与此人具有交易关系的,该商人有义务不迟延地作出答复;其沉默视为对该要约的承诺。处理事务的要约由某人到达一个商人,并且该商人已经向此人请求处理此种事务的,适用相同规定。(2)即使商人拒绝接受要约,对于随同寄送的货物,其仍然应当以要约人的费用,暂时进行保管,以避免发生损害,但以其对于此种费用已经得到抵偿为限,并且以此举对其不造成不利益即可以进行为限。"据此,德国商法中沉默制度的适用情形有两种。适用的情形之一的构成要件为:(1)商人的经营活动是为他人处理事务;(2)商人须与委托人的要约存在一种业务上的联系或者交易关系;(3)要约人所提出的要约内容须涉及商人所经营的业务。适用的情形之二的构成要件为:(1)商人事先已经自愿、主动地向某个特定的人提出了为该他人处理事务;(2)要约人提出的要约,在商人主动提出的为该他人处理的事务范围之内。商人对要约的沉默的法律效果是:(1)商人需毫不迟延地作答,表示接受或拒绝此要约;(2)若商人的答复不及时,负迟延责任,亦即视为接受要约,而进一步不履行义务则将承担违约责任或损害赔偿责任;(3)即使商人拒绝接受要约,对于要约人随同要约所提供的货物,商人暂时负保管义务,同时保管费用有一定的

---

① 参见范健主编:《商法学》,高等教育出版社2019年版,第85页。

限制。

《日本商法典》第 507 条规定:"商人间对话中发生的合同要约,若受要约人不立即承诺,则该要约失效。"第 508 条规定:"身处两地之商人间发出未规定承诺期间的合同要约时,若受要约人在适当期间内未作出承诺通知,则该要约失效。"第 509 条规定:"商人收到与其存在经常性交易关系的交易方所提出的属于其营业部类的合同要约时,必须及时发出对合同要约承诺与否的通知。""商人怠于发出前款规定之通知时,视为该商人承诺前款之要约。"第 510 条规定:"商人收到属于其营业部类的合同要约且同时接收到物品时,即使拒绝该要约,也必须以要约人的费用保管该物品。但该物品的价额不足以支付保管费用或者商人会因保管该物品遭受损失的情形,不在此限。"《日本商法典》第 507 条和第 508 条的规定适用于商人之间,并且不及时承诺的相应法律后果是要约失效。而依据《日本商法典》第 509 条的规定,虽然接受要约的一方必须是商人,但要约人可以不是商人。

按照我国《民法典》第 140 条,行为人可以明示或者默示作出意思表示;而沉默只有在有法律规定、当事人约定或者符合当事人之间的交易习惯时,才可以视为意思表示。以默示方式作出意思表示,此种方式又称为行为默示,是指行为人虽没有书面文字或口头语言等明示方式作出意思表示,但以行为的方式作出了意思表示。沉默则是既无语言文字表示也无行为表示的纯粹缄默,是一种完全的不作为。我国采取民商合一的立法体例,关于商人对要约的沉默问题未作专门的一般性规定,但若当事人对此有约定或符合当事人之间交易习惯的,则可视为承诺。我国《民法典》第 638 条第 1 款规定:"试用买卖的买受人在试用期内可以购买标的物,也可以拒绝购买。试用期限届满,买受人对是否购买标的物未作表示的,视为购买。"该条第 2 款规定:"试用买卖的买受人在试用期内已经支付部分价款或者对标的物实施出卖、出租、设立担保物权等行为的,视为同意购买。"《民法典》第 638 条第 1 款表明,试用期内买受人对于是否购买标的物享有选择权,但超出试用期限买受人不作决定时,为免当事人之间的法律关系长期处于不稳定的状态,则将此种沉默直接视为购买标的物。这是我国法律对于试用买卖合同中沉默问题的特殊性规定。而该条第 2 款意味着,试用期内买受人的处分行为是一种行为默示,应当视为同意购买标的物。

(二) 确认书的效力认定

当事人在商事交易中往往先行口头协商,待双方对某些事项达成了初步意向后,由一方通过书面形式来确认口头谈判的结果。此种书面形式即为确认书。但确认书的内容不仅重复或记述双方的口头约定,即宣示证书,尚可修改或调整事先的约定,此即创设证书。关于商事交易确认书默示原则的法律依据,德国商法学界一直存在争议,其效力认定的依据主要为习惯法、商事法、法律表见与信赖保护原理等。德国商法理论认为,对交易确认书的缄默产生承诺的法律效果之前提条件如下:(1)确认书接受人为商人或较大规模地参与了商事活动;(2)缔约谈判发生于交易确认书提出之前;(3)书面材料需在重复契约内容的前提下,完整而明确地确认原先的预约;(4)交易确认书需在缔约谈判之后立即寄送给接受人;(5)交易确认书接受人并未毫不迟疑地对该确认书提出反对意见;(6)交易确认书提供人基于诚实信用原则,将该确认书接受人的缄默看成是接受。① 德国商法上的确认书是在缄默的规范体系下产生如同契约一样的法律效力。

我国《民法典》第 491 条第 1 款规定:"当事人采用信件、数据电文等形式订立合同要求签订确认书的,签订确认书时合同成立。"该条款对于我国原《合同法》第 33 条有一定的修改。原《合同法》第 33 条规定:"当事人采用信件、数据电文等形式订立合同的,可以在合同成立之前要求签订确认书。签订确认书时合同成立。"其实,《民法典》第 491 条第 1 款的规定直接来源于更早的原《中华人民共和国涉外经济合同法》第 7 条,该条第 1 款规定:"通过信件、电报、电传达成协议,一方当事人要求签订确认书的,签订确认书时,方为合同成立。"当然,对于现行《民法典》第 491 条第 1 款的理解,需要注意以下三个要点:

1. 该条款规定的适用领域包括但不限于对外经济贸易领域,任何采用信件、数据电文等形式订立合同要求签订确认书的场合均可适用。

2. 该条款不再明确何时可以提出签订确认书的要求。但在承诺生效之后,一方当事人要求签订确认书的,已是毫无法律意义,因为承诺生效后合同即告成立。②

3. 该条款所规定的确认书必须经过双方当事人的签署认可,才发生合同的法律效力。如果一方当事人提出签订确认书的要求,但对方当事人未予签署或者处于沉默状态的,则双方当事人之间不成立合同法律关系。

二、商事物权行为

(一)概述

商事物权与商事债权相得益彰,成为商行为所追求的权利要素,是商事权利体系的重要内容。商事物权包括商事所有权和商事他物权。商法上关于商事所有权的规范,主要体现在动产善意取得制度之中。而综观各个国家或地区的商事立法,商事他物权主要包括:(1)企业用益权;(2)商事留置权;(3)商事抵押权(财产集合抵押、动产浮动抵押);(4)商事质权(营业质权、典当)。

---

① 参见范健:《德国商法:传统框架与新规则》,法律出版社 2003 年版,第 328—331 页。
② 参见黄薇主编:《中华人民共和国民法典合同编释义》,法律出版社 2020 年版,第 70 页。

(二) 商事所有权

关于动产的善意取得,《德国商法典》设置了专门的规定,以保护商事交易的安全。《德国商法典》第 366 条规定"动产善意取得"的构成要件为:(1) 财产让与人是商人;(2) 所有权之取得涉及动产之转让,并且此种转让发生在商事经营过程中;(3) 财产受让人的主观状态为善意,其相信让与人为有处分权限之人。而在《德国民法典》上,适用善意取得制度的财产受让人在主观上需信赖让与人对标的物拥有所有权。

我国《民法典》第 311 条第 1 款、第 2 款、第 3 款分别规定:"无处分权人将不动产或者动产转让给受让人的,所有权人有权追回;除法律另有规定外,符合下列情形的,受让人取得该不动产或者动产的所有权:(一)受让人受让该不动产或者动产时是善意的;(二)以合理的价格转让;(三)转让的不动产或者动产依照法律规定应当登记的已经登记,不需要登记的已经交付给受让人。""受让人依据前款规定取得不动产或者动产的所有权的,原所有权人有权向无处分权人请求损害赔偿。""当事人善意取得其他物权的,参照适用前两款规定。"《民法典》对于善意取得制度的设置,并未作严格的民商区分,只要受让人信赖让与人为有处分权人即可能获得善意取得制度的保护。《民法典》第 311 条规定的善意取得制度的构成要件为:(1) 转让人为无处分权人;(2) 受让人在受让不动产或者动产时的主观状态是善意的,即不知道也不应当知道该转让人为无处分权人;(3) 受让人是通过转让的方式取得标的物,并且支付了合理的对价;(4) 转让的不动产或者动产,需要已经依法登记或者交付给受让人。适用善意取得制度的一般法律后果是:(1) 原所有权人丧失对其标的物的所有权;(2) 受让人取得标的物的所有权;(3) 原所有权人只能向无处分权人请求损害赔偿。

我国《民法典》第 312 条规定:"所有权人或者其他权利人有权追回遗失物。该遗失物通过转让被他人占有的,权利人有权向无处分权人请求损害赔偿,或者自知道或者应当知道受让人之日起二年内向受让人请求返还原物;但是,受让人通过拍卖或者向具有经营资格的经营者购得该遗失物的,权利人请求返还原物时应当支付受让人所付的费用。权利人向受让人支付所付费用后,有权向无处分权人追偿。"我国《民法典》对于善意取得制度适用的标的物范围有所限缩,否认对于遗失物的善意取得,失主对其遗失物无偿地享有原物返还请求权。但是,如果受让人是通过拍卖或者向具有经营资格的经营者购得遗失物的,此即受让人是在商事交易领域取得遗失物,则失主对其遗失物享有有偿的原物返还请求权,须支付一定的费用;而就其向受让人所付的费用,对无处分权人享有追偿权。由此可见,我国《民法典》也彻底否认了对遗失物的商事善意取得,而对失主的所有权利益之保护置于较高位置。对盗赃物的善意取得问题,民法典未作明确规定。不过,依据举轻以明重的法理,对盗赃物应不可适用善意取得制度。

另外,适用善意取得制度的法律后果还在于善意受让人取得动产后,该动产上的原有权利消灭。当然,如果受让人在受让时知道或者应当知道该权利的,则其主观上的善意不应被认可。在法律技术上,受让人主观上的善意是被推定的。

(三) 商事留置权

留置权主要是指在债务人不履行到期债务时,债权人可以留置已经合法占有的他人之动产,并予优先受偿的权利。在民商法中,素有民事留置权与商事留置权之分,但一般认为,现代各国规定的民事留置权是受到了商事留置权的影响之结果,并且二者在价值目标、规范配置方面亦有差别。《德国商法典》第369条和《日本商法典》第521条均规定了商事留置权。我国《民法典》第448条规定:"债权人留置的动产,应当与债权属于同一法律关系,但企业之间留置的除外。"

关于商事留置权的主体类型问题,在比较法上,商事留置权通常仅在"商人"之间存在,如《德国商法典》第369条第1款、《瑞士民法典》第895条第2款、《日本商法典》第521条以及我国台湾地区"民法"第929条。而商人一般是指以营利为目的,持续地从事营业的组织或个人。将商事留置权的主体界定为"商人",有利于促使商事交易关系中的债务人及时履行其债务,维护债权人的经济利益。在物权立法过程中,我国虽然有人提出对商事留置权的主体采用"经营者"一词①,但法律文本最终将商事留置权的主体限定为"企业",并为民法典所沿袭。在我国现行法律体系之下,企业的类型有个人独资企业、合伙企业、中外合资经营企业、中外合作经营企业、外商独资企业、国有企业(即全民所有制工业企业)、集体企业(包括城镇集体所有制企业和乡村集体所有制企业)。另外,根据《农民专业合作社法》第2条和第4条,农民专业合作社在性质上是一种企业法人,它也具有企业性质。无疑,我国上述诸种企业均属商人之列。但关键的问题是,企业不能涵盖所有的商人类型,排除企业以外的商人如个体工商户或农村承包经营户(农业生产经营者)享有商事留置权,未必合适。

商事留置权的客体,即商事留置权的标的物、商事留置物。依《德国商法典》第369条第1款,商事留置权的客体是动产和有价证券;依《日本商法典》第521条和《韩国商法》第58条,商事留置权的客体是物或有价证券;依《瑞士民法典》第895条第1款,商事留置权的客体是财产或有价证券。因此,以动产为商事留置权的客体,是各国立法的共性,我国的商事留置权亦然。但动产与有价证券的关系如何,记名有价证券抑或不记名有价证券均得为商事留置权的客体,我国立法中对于此类问题并不明晰。关于留置物与被担保债权的牵连性问题,商事留置权基于商事交易快捷和安全之要求,仅强调留置物与被担保债权的一般关联

---

① 参见全国人民代表大会常务委员会法制工作委员会民法室编著:《物权法立法背景与观点全集》,法律出版社2007年版,第184页。

性,它们之间具有间接的牵连关系即可。商事留置权的这一构造特点,为大陆法系立法所公认。我国《民法典》第 448 条的规定较为宽松,债权人在行使商事留置权时,其留置的动产与债权不需要属于"同一法律关系"。

(四)动产浮动抵押

动产浮动抵押是指当事人将其现有的或者将有的动产为债务人提供抵押担保,当债务人不履行到期债务或者发生当事人约定的实现抵押权的情形之时,债权人有权就抵押财产确定时的动产优先受偿。依据物权客体特定原则(一物一权主义),抵押物通常表现为现有物、有体物和特定物。但为满足商业上投融资的需要,促进生产和经营,动产浮动抵押制度大开方便之门,允许在将来物之上设立抵押权,并赋予债权人以优先受偿权。不过,在抵押权人实现抵押权时,抵押财产须从此前的浮动状态转变为固定或确定状态。与一般的动产抵押相比,动产浮动抵押的突出特征在于抵押财产在确定前具有浮动性、浮动抵押期间处分的财产无追及力。

我国《民法典》第 396 条规定:"企业、个体工商户、农业生产经营者可以将现有的以及将有的生产设备、原材料、半成品、产品抵押,债务人不履行到期债务或者发生当事人约定的实现抵押权的情形,债权人有权就抵押财产确定时的动产优先受偿。"据此,设立动产浮动抵押的条件如下:(1)对于动产浮动抵押的抵押人,并不限定为企业,还包括个体工商户、农业生产经营者。但是,非营利的法人、特别法人或者非法人组织,非从事生产经营活动的自然人,均不可作为抵押人设立动产浮动抵押。(2)得以对之设立浮动抵押的客体动产,包括现有的以及将有的生产设备、原材料、半成品、产品。除此之外的其他动产,或者任何类型的不动产,均不得设立浮动抵押。

动产浮动抵押中抵押人可以实现抵押权的情形有两种:一是债务人不履行到期债务;二是发生当事人约定的实现抵押权的情形。动产浮动抵押优先受偿的效力范围为抵押财产确定时的动产。依据我国《民法典》第 411 条,设立动产浮动抵押的,抵押财产自下列情形之一发生时确定:(1)债务履行期限届满,债权未实现的;(2)抵押人被宣告破产或者解散的;(3)当事人约定的实现抵押权的情形;(4)严重影响债权实现的其他情形。一旦用于抵押的动产被确定,即实现了该项浮动抵押财产的特定化或"结晶"。

当然,动产浮动抵押也要遵循动产抵押其他方面的一般性规则,例如:(1)设立抵押权,当事人应当采用书面形式订立抵押合同。(2)抵押权人在债务履行期限届满前,与抵押人约定债务人不履行到期债务时抵押财产归债权人所有的,只能依法就抵押财产优先受偿。(3)以动产抵押的,抵押权自抵押合同生效时设立;未经登记的,不得对抗善意第三人。(4)以动产抵押的,不得对抗正常经营活动中已经支付合理价款并取得抵押财产的买受人。

三、交互计算

《德国商法典》第 355 条、《日本商法典》第 529 条至第 534 条以及我国澳门特别行政区《商法典》第三卷"企业外部活动"第十四编"交互计算合同"均设置了交互计算制度。我国民法典中虽未规定交互计算,但实践中的证券账户结算、票据账户结算等充分体现了交互计算的法理。

(一) 交互计算概述

在德国商法上,交互计算是指通过双方当事人的约定,以结算结果和结算后产生的余额之确定来实现债务了结的一种方式。[①] 日本则采"往来账"术语,《日本商法典》第 529 条规定:"往来账,是指存在持续交易关系的商人间或商人与非商人间,相互约定将一定期间交易所生债权及债务的总额进行抵消,仅支付抵消后余额的具有约定效力的制度。"[②] 在我国,澳门特别行政区《商法典》第 820 条则规定:"交互计算合同系指双方当事人有义务将相互交付所生之债权及债务金额计入账户,且在账户决算前将该等金额视为不可请求支付亦不可处分之合同。"交互计算的实质,是以支付差额的结算方式进行支付,类似于一种活期账户的结算。本书采"交互计算"的术语。

我国《民法典》第 568 条规定了债务法定抵销制度:"当事人互负债务,该债务的标的物种类、品质相同的,任何一方可以将自己的债务与对方的到期债务抵销;但是,根据债务性质、按照当事人约定或者依照法律规定不得抵销的除外。当事人主张抵销的,应当通知对方。通知自到达对方时生效。抵销不得附条件或者附期限。"《民法典》第 569 条规定的则是债务约定抵销制度:"当事人互负债务,标的物种类、品质不相同的,经协商一致,也可以抵销。"在我国民商法上,并无交互计算的直接、明确的规定,而交互计算实际上是一种特殊的债务约定抵销制度。

民事交易通常表现为偶然交易和个别交易,商事交易则更多地表现为经常交易和大规模交易,商事交易领域中更有必要采取交互计算或往来账的方式。而在商法上,交互计算的制度价值在于:(1) 简化结算手续,避免逐笔结算,减少资金特别是现金流通的风险;(2) 忽略既往债权债务的个性,双方只认可结算差额,促进商事交易的高效、便捷;(3) 双方都可以通过自己债务的解除,而实现自己债权的清偿,具有一定的担保功能,且可节省相关的手续费用。

(二) 交互计算的构成要件

交互计算的第一个构成要件是与商人存在业务往来。具体而言,首先,交互

[①] 参见范健:《德国商法:传统框架与新规则》,法律出版社 2003 年版,第 353 页。
[②] 《日本最新商法典译注》,刘成杰译注,中国政法大学出版社 2012 年版,第 135 页。

计算的双方当事人之中,至少一方须为商人。如果双方均为非商人的,即使缔结了类似合同,也仅为民法意义上的,而不得适用商法上的相关特殊规则。另外,对于一般的企业而言,交互计算是一种结算方式而非营业行为。但若商人专门提供交互计算服务的,则该交互计算为其基本商行为、主营业行为;商人为其营业采取交互计算的结算方式的,则该交互计算在性质上为附属商行为。其次,双方存在业务上的持续、多次的交易活动,交易关系及其背后的债权债务关系具有持续性。

交互计算的第二个构成要件是与商人存在交互计算的约定。交互计算的约定,具有合同的属性,需要具备合同的主要内容或基本要素。具体而言,交互计算约定的主要内容包括:(1)债权债务及利息一并计入账目,形成一个完整的账目;(2)关于计算的期间约定,可以是定期的,也可以是定额的;(3)对余额结果的认可。

(三)交互计算的法律效力

交互计算的法律效力,主要包括以下三个方面:一是交互计算设定的效力;二是交互计算决算的效力;三是结算差额承诺的效力。

交互计算设定的效力表现为一种消极效果,体现为交互计算的不可分原则。此时,债权人不再有权单独支配或处分其单项债权,如将个别债权转让、抵押或用以抵销债务。因纳入交互计算的债权丧失了其独立性,故此种债权的诉讼时效也丧失规范意义。另外,此种债权也不可以通过支付、转让或其他的方式实现清偿。

交互计算决算的效力表现为一种积极效果,即结算直接导致原有债权债务的清偿。基于结算差额形成新的债权,此种差额债权(余额债权)具有了独立性和可处分性。

结算差额承诺的效力主要表现为:一方当事人做出的关于结算结果及结算差额的通知,为一个新的要约;而对方当事人对该结算结果及结算差额之认可,是一个对要约的承诺。对结算差额之承诺,成立了一个新的合同,其中的差额债权具有无因性(抽象性),它与既往的债务无直接因果联系,债权人可以随即主张该债权生效。抽象的差额债权与基于一般合同所产生的债权具有同等的效力,可以有其履行地和诉讼时效。《日本商法典》第532条规定:"当事人承认记载有债权债务各项目的财务报表后,不能就该文件各项目提出异议。但该财务报表存在记载错误或遗漏时,不在此限。"由此确立了交互计算余额债权的不可异议原则。①

---

① 参见《日本最新商法典译注》,刘成杰译注,中国政法大学出版社2012年版,第138—139页。

(四) 交互计算关系的解除

当事人之间的交互计算关系,可由双方一致合意约定解除。这是基于双方当事人的合意提前解除交互计算关系。

而在双方当事人发生争议时,任何一方均可以随时提出解除。即使双方尚处在交互计算合同的有效期内,只要一方的信任态度发生了改变,即可向对方发出解约通知。

如果双方的业务往来结束,或者交互计算当事人一方解散、宣告破产等,则交互计算关系自然解除。

解除交互计算关系后,当事人应立即封账结算,并可以请求支付余额。

第七章　特殊商行为

特殊商行为是在商事领域，由专门的商人依据商法的特别规定而实施的行为，它具有专业性、服务配套性及行业经营性。但对于它的具体范围，理论和实务中尚有争议。本书主要阐述较为常见的特殊商行为。

第一节　商事买卖

在商人之间，商事买卖相当重要。《德国商法典》和《日本商法典》均设"商事买卖"专章，但条文较少。日本商法学者指出："商法设置如此少的条文，是因为民法已经对买卖作了详细的规定，并且基于对契约自由的尊重，作为商法理应设置最少限定的规定。因此，在未被规定的场合下，适用民法买卖的相关规定。"[①] 我国《民法典》则对买卖问题采取了民商合一的立法模式。

一、卖方的提存、拍卖权

《日本商法典》第524条规定，商人之间的买卖，买方拒绝受领或者不能受领买卖标的物时，卖方可以将该物提存或规定适当的期间并经催告后进行拍卖。此情形中，卖方将物提存或进行拍卖时，必须及时向买方通知该事项。对于存在"损害及其他事由将致价格跌落"之虞的物品，可以不经催告直接进行拍卖。按照上述规定将买卖标的物进行拍卖时，卖方必须将该拍卖金进行提存。但可以将该拍卖金的全部或部分充抵买卖价金。可见，日本商法上的卖方对于提存和拍卖享有自由选择权，此种买卖也限于商人之间的买卖，并且在提存标的物时，无须考虑标的物的状态或类型。同时，卖方负有通知义务，但其有无催告义务，则视具体情况而定。

我国《民法典》第570条第1款严格限定了标的物提存的条件，规定有下列情形之一，难以履行债务的，债务人可以将标的物提存：一是债权人无正当理由拒绝受领；二是债权人下落不明；三是债权人死亡未确定继承人、遗产管理人，或

[①]　〔日〕近藤光男：《日本商法总则・商行为法》，梁爽译，法律出版社2016年版，第103页。

者丧失民事行为能力未确定监护人;四是法律规定的其他情形。《民法典》第570条第2款规定,标的物不适于提存或者提存费用过高的,债务人依法可以拍卖或者变卖标的物,提存所得的价款。我国法律虽然承认了卖方对标的物的提存权、拍卖或变卖权,但并未认可卖方对此两项权利的自由选择权。通常情况之下,卖方应依法行使提存权;仅在标的物不适于提存或者提存费用过高之际,债务人才可以行使拍卖或者变卖权。

二、定期买卖合同的解除权

定期买卖合同是指买卖中的义务履行期间或日期确定的合同。根据《德国商法典》第376条和《日本商法典》第525条规定的立法精神,商人之间对于一方迟延履行定期买卖合同的,另一方无须催告履行,可以直接解除该定期买卖合同。这一做法的目的是适应商事交易迅捷的特点,尽快稳定商人双方的法律关系,避免长期悬而未决。

我国《民法典》第563条规定:"有下列情形之一的,当事人可以解除合同:(一)因不可抗力致使不能实现合同目的;(二)在履行期限届满前,当事人一方明确表示或者以自己的行为表明不履行主要债务;(三)当事人一方迟延履行主要债务,经催告后在合理期限内仍未履行;(四)当事人一方迟延履行债务或者有其他违约行为致使不能实现合同目的;(五)法律规定的其他情形。以持续履行的债务为内容的不定期合同,当事人可以随时解除合同,但是应当在合理期限之前通知对方。"在可以行使解除权的合同类型上,我国法律未进行民商区分,而是先区分了定期合同和不定期合同,然后在定期合同的基础上,进一步区分迟延履行"主要债务"和迟延履行致使"合同落空"。针对以持续履行的债务为内容的不定期合同,当事人的任何一方均享有合同的任意解除权,但同时负有通知义务,应在合理期限之前通知对方。针对不定期合同,如果一方迟延履行主要债务的,另一方行使解除权之前须履行催告义务;如果一方迟延履行债务致使不能实现合同目的的,另一方行使解除权之前无须履行催告义务。当然,通知义务与催告义务不同,前者是通知对方自己即将行使解除权,后者是催促对方按期履行债务。

我国《民法典》第634条第1款规定:"分期付款的买受人未支付到期价款的数额达到全部价款的五分之一,经催告后在合理期限内仍未支付到期价款的,出卖人可以请求买受人支付全部价款或者解除合同。"分期付款买卖合同是一种特殊的定期买卖合同,其付款期间或日期确定。符合《民法典》第634条第1款规定的出卖人,享有全部价款加速到期请求权和解除权的自由选择权,如果出卖人选择行使解除权的,则须事先履行催告义务。

三、买受人的检查义务和瑕疵通知义务

商事买卖中,买受人通常对标的物负有检查义务和瑕疵通知义务,《德国商法典》第 377 条和《日本商法典》第 526 条对此作了类似的规定。《德国商法典》第 377 条规定:"(1) 买卖对于双方当事人均为商行为的,买受人应当在出卖人交付之后,不迟延地检查货物,但以此举依通常的营业为可能为限,并且在出现瑕疵时,不迟延地向出卖人作出通知。(2) 买受人不进行此项通知的,货物视为被承认;但瑕疵在检查时不能够被辨识的,不在此限。(3) 在以后出现此种瑕疵的,必须在发现之后不迟延地作出通知;否则,即使存在此种瑕疵,货物亦视作被承认。(4) 为保持买受人的权利,以及时寄发通知为已足。(5) 出卖人恶意不告知瑕疵的,其不得援用此种规定。"据此,从出卖人角度而言,商事买卖中出卖人承担瑕疵责任的构成要件为:一是买卖活动须为双方商行为。二是买卖标的物已经交付。三是买卖标的物须有瑕疵。标的物的瑕疵包括品质瑕疵或质量瑕疵、种类物买卖中的种类瑕疵、多交付或少交付而产生的数量瑕疵等。四是买受人须不免除瑕疵给付的及时通知义务。而买受人免除瑕疵给付的及时通知义务之情形有两种:一是标的物瑕疵在检查之时,不能够被辨识出来。二是出卖人恶意隐瞒其标的物的瑕疵。可见,在某种程度上,商事买卖中的瑕疵责任是一种有利于善意出卖人的责任。《日本商法典》第 526 条则进一步明确了买受人的瑕疵担保请求权,包括解除合同、减少价金或者提出损害赔偿等。

我国《民法典》同样规定了买受人的检验义务和通知义务。我国《民法典》第 621 条规定:(1) 当事人约定检验期限的,买受人应当在检验期限内将标的物的数量或者质量不符合约定的情形通知出卖人。买受人怠于通知的,视为标的物的数量或者质量符合约定。(2) 当事人没有约定检验期限的,买受人应当在发现或者应当发现标的物的数量或者质量不符合约定的合理期限内通知出卖人。买受人在合理期限内未通知或者自收到标的物之日起二年内未通知出卖人的,视为标的物的数量或者质量符合约定;但是,对标的物有质量保证期的,适用质量保证期,不适用该二年的规定。(3) 出卖人知道或者应当知道提供的标的物不符合约定的,买受人不受前两款规定的通知时间的限制。关于买受人通知义务的期限,我国法律的设置较为灵活、多样化,有合理期限、到货两年内、质保期、无期限等。

针对检验期限过短的情形,我国《民法典》第 622 条规定:"当事人约定的检验期限过短,根据标的物的性质和交易习惯,买受人在检验期限内难以完成全面检验的,该期限仅视为买受人对标的物的外观瑕疵提出异议的期限。约定的检验期限或者质量保证期短于法律、行政法规规定期限的,应当以法律、行政法规规定的期限为准。"此条所述"外观瑕疵",主要是指当事人仅凭肉眼或日常生活

经验和常识即可观察、辨别出来的瑕疵。

针对检验期限未约定的情形,我国《民法典》第623条规定:"当事人对检验期限未作约定,买受人签收的送货单、确认单等载明标的物数量、型号、规格的,推定买受人已经对数量和外观瑕疵进行检验,但是有相关证据足以推翻的除外。"此条所述"推定",限于针对数量瑕疵和外观瑕疵,并且在法律技术上属于一种"可以推翻的推定"。

针对出卖人多交标的物的数量瑕疵情形,我国《民法典》第629条规定:"出卖人多交标的物的,买受人可以接收或者拒绝接收多交的部分。买受人接收多交部分的,按照约定的价格支付价款;买受人拒绝接收多交部分的,应当及时通知出卖人。"

第二节 商事担保

一、商事担保概述

关于商事担保的内涵和外延,在理论上并未达成基本的共识。本书认为,商事担保有狭义和广义之分。狭义的商事担保,是指商人以营利为目的而从事的、专为经营过程中的债务人实施担保行为的营业性行为,如担保公司提供的融资担保或者出具的《保函》,典当行提供的典当服务。广义的商事担保,泛指商人在经营过程中所从事的一切担保行为,除了狭义的商事担保行为之外,它还包括行使商事留置权、设立企业财产集合抵押或动产浮动抵押、公司担保等行为在内。

为了提高动产和权利担保融资效率,促进金融更好地服务实体经济,优化营商环境,保护交易安全,根据《国务院关于实施动产和权利担保统一登记的决定》,自2021年1月1日起,在全国范围内实施动产和权利担保统一登记。而纳入动产和权利担保统一登记范围的担保类型包括:(1)生产设备、原材料、半成品、产品抵押;(2)应收账款质押;(3)存款单、仓单、提单质押;(4)融资租赁;(5)保理;(6)所有权保留;(7)其他可以登记的动产和权利担保,但机动车抵押、船舶抵押、航空器抵押、债券质押、基金份额质押、股权质押、知识产权中的财产权质押除外。纳入统一登记范围的动产和权利担保,由当事人通过中国人民银行征信中心动产融资统一登记公示系统自主办理登记,并对登记内容的真实性、完整性和合法性负责。登记机构不对登记内容进行实质审查。

二、狭义的商事担保

(一)融资担保

根据《融资担保公司监督管理条例》的规定,融资担保是指担保人为被担保人的借款、发行债券等债务融资提供担保的行为。融资担保公司是指依法设立、经营融资担保业务的有限责任公司或者股份有限公司。设立融资担保公司应当经监督管理部门批准,融资担保公司的名称中应当标明"融资担保"字样。融资担保是一项专门的、须经特许的金融商事服务行业,未经监督管理部门批准,任何组织和个人不得经营融资担保业务,任何组织不得在名称中使用融资担保字样,但国家另有规定的除外。

在设立规则方面,设立融资担保公司,不仅应当符合《公司法》的规定,并且还须具备下列条件:(1)股东信誉良好,最近3年无重大违法违规记录;(2)注册资本不低于人民币2000万元,且为实缴货币资本;(3)拟任董事、监事、高级管理人员熟悉与融资担保业务相关的法律法规,具有履行职责所需的从业经验和管理能力;(4)有健全的业务规范和风险控制等内部管理制度。省、自治区、直辖市根据本地区经济发展水平和融资担保行业发展的实际情况,可以提高前述注册资本最低限额。

在经营规则方面,除经营借款担保、发行债券担保等融资担保业务外,经营稳健、财务状况良好的融资担保公司还可以经营投标担保、工程履约担保、诉讼保全担保等非融资担保业务以及与担保业务有关的咨询等服务业务。融资担保公司应当按照国家规定的风险权重,计量担保责任余额。另外,为了避免融资担保公司提供不当的关联担保,陷入债务危机,我国法律对其关联担保作了禁止性规定:一是直接禁止融资担保公司为其控股股东、实际控制人提供融资担保,否则,该担保行为绝对无效。二是限制融资担保公司为其控股股东、实际控制人之外的其他关联方提供融资担保,为此种其他关联方提供融资担保的条件不得优于为非关联方提供同类担保的条件。

(二)典当

典当具有中国特色,是我国传统法制的结晶,可满足当事人在经济上的紧急之需。典当的标的物包括动产、不动产或者权利等。动产典当的本质属性是以物质钱,在商法理论中可归类为商事质权或营业质权。我国现行法上,《民法典》未承认不动产典权,但单行法允许从事房地产抵押典当业务。根据《典当管理办法》的规定,典当是指当户将其动产、财产权利作为当物质押或者将其房地产作为当物抵押给典当行,交付一定比例费用,取得当金,并在约定期限内支付当金利息、偿还当金、赎回当物的行为。典当行是指依照《典当管理办法》设立的、专门从事典当活动的企业法人,其组织形式与组织机构适用《公司法》的有关规定。典当行的名称应当符合企业名称登记管理的有关规定。典当行名称中的行业表述应当标明"典当"字样。典当属于专门的、须经特许的服务行业,其他任何经营性组织和机构的名称不得含有"典当"字样,不得经营或者变相经营典当业务。

在设立规则方面,根据《典当管理办法》的规定,申请设立典当行的,应当具备下列条件:(1)有符合法律、法规规定的章程;(2)有符合本办法规定的最低限额的注册资本;(3)有符合要求的营业场所和办理业务必需的设施;(4)有熟悉典当业务的经营管理人员及鉴定评估人员;(5)有两个以上法人股东,且法人股相对控股;(6)符合本办法第9条和第10条规定的治安管理要求;(7)符合国家对典当行统筹规划、合理布局的要求。典当行注册资本最低限额为300万元;从事房地产抵押典当业务的,注册资本最低限额为500万元;从事财产权利质押典当业务的,注册资本最低限额为1000万元。典当行的注册资本除了实行最低注册资本制,还实行严格的货币实缴制。具体而言,典当行的注册资本最低限额应当为股东实缴的货币资本,而不包括以实物、工业产权、非专利技术、土地使用权作价出资的资本。

在经营范围方面,经批准,典当行可以经营下列业务:(1)动产质押典当业务;(2)财产权利质押典当业务;(3)房地产(外省、自治区、直辖市的房地产或者未取得商品房预售许可证的在建工程除外)抵押典当业务;(4)限额内绝当物品的变卖;(5)鉴定评估及咨询服务;(6)商务部依法批准的其他典当业务。

典当行不得经营下列业务:(1)非绝当物品的销售以及旧物收购、寄售;(2)动产抵押业务;(3)集资、吸收存款或者变相吸收存款;(4)发放信用贷款;(5)未经商务部批准的其他业务。典当行不得收当下列财物:(1)依法被查封、扣押或者已经被采取其他保全措施的财产;(2)赃物和来源不明的物品;(3)易燃、易爆、剧毒、放射性物品及其容器;(4)管制刀具、枪支、弹药、军、警用标志、制式服装和器械;(5)国家机关公文、印章及其管理的财物;(6)国家机关核发的除物权证书以外的证照及有效身份证件;(7)当户没有所有权或者未能依法取得处分权的财产;(8)法律、法规及国家有关规定禁止流通的自然资源或者其他财物。

在经营规则方面,典当的当金利息不得预扣,典当综合费用包括各种服务及管理费用。典当期限或者续当期限届满后,当户应当在5日内赎当或者续当。逾期不赎当也不续当的,为绝当。典当行在当期内不得出租、质押、抵押和使用当物。质押当物在典当期内或者续当期内发生遗失或者损毁的,典当行应当按照估价金额进行赔偿。遇有不可抗力导致质押当物损毁的,典当行不承担赔偿责任。

典当行应当按照下列规定处理绝当物品:(1)当物估价金额在3万元以上的,可以按照我国《民法典》的有关规定处理,也可以双方事先约定绝当后由典当行委托拍卖行公开拍卖。拍卖收入在扣除拍卖费用及当金本息后,剩余部分应当退还当户,不足部分向当户追索。(2)绝当物估价金额不足3万元的,典当行可以自行变卖或者折价处理,损溢自负。针对3万元以下标的物的绝当问题,在理论上,有的学者依据禁止流质或流押的原理提出了反对意见;而在实务中,有人则认为3万元的标准过低,不符合当前的社会经济现实。(3)对国家限制流通的绝当物,应当根据有关法律、法规,报有关管理部门批准后处理或者交售指定单位。(4)典当行在营业场所以外设立绝当物品销售点,应当报省级商务主管部门备案,并自觉接受当地商务主管部门监督检查。(5)典当行处分绝当物品中的上市公司股份应当取得当户的同意和配合,典当行不得自行变卖、折价处理或者委托拍卖行公开拍卖绝当物品中的上市公司股份。

三、商事担保的特殊规则

(一)保证人的先诉抗辩权

《德国商法典》第349条规定:"保证对于保证人构成商行为的,保证人不享有先诉抗辩权。在所称的要件之下,对于因信用委任而作为保证人负责任的人,适用相同的规定。"①《日本商法典》第511条第2款规定:"存在保证人时,若该债务产生于主债务人的商行为或者保证为商行为,则即使主债务人及保证人以各自的行为负担了债务,仍应对该债务负连带责任。"②我国澳门特别行政区《商法典》第568条规定:"商业债务之担保人,即使并非商业企业主,亦须与债务人负连带责任。"可见,在商法中的保证方式,通行的做法是实行连带责任保证原则,而以一般保证为例外。

我国原《担保法》第19条规定:"当事人对保证方式没有约定或者约定不明确的,按照连带责任保证承担保证责任。"《民法典》第686条第2款规定:"当事人在保证合同中对保证方式没有约定或者约定不明确的,按照一般保证承担保证责任。"《民法典》彻底改变了此前的规定,回归到了民法的传统,贯彻一般保证的补充性适用原则,避免民事主体坠入不必要的加重责任陷阱。同时,针对保证方式没有约定或者约定不明的情形,《民法典》未作民商区分,而实行民商合一。

承担连带责任的保证人不享有先诉抗辩权,而只有提供一般保证的保证人享有先诉抗辩权。先诉抗辩权又称检索抗辩权,是指一般保证的保证人在主债权人向其请求履行保证责任时,有权要求主债权人先就主债务人财产诉请强制执行;在主合同纠纷未经审判或仲裁,并就主债务人财产依法强制执行仍不能履行债务前,保证人可以对主债权人拒绝承担保证责任的特殊抗辩权。

(二)流押与流质条款

流押条款是指债权人在订立抵押合同时与抵押人事先约定,一旦债务人不履行到期债务则抵押财产的所有权归债权人。我国此前的担保法及物权法,基

---

① 《德国商法典》,杜景林、卢谌译,法律出版社2010年版,第212页。
② 《日本最新商法典译注》,刘成杰译注,中国政法大学出版社2012年版,第101页。

于利益公平的价值衡量,均明确禁止当事人约定流押条款。现行《民法典》第401条规定:"抵押权人在债务履行期限届满前,与抵押人约定债务人不履行到期债务时抵押财产归债权人所有的,只能依法就抵押财产优先受偿。"从而明确当事人做出流押条款的,仍然享有抵押物的担保权益,但不得预期享有抵押物的所有权,抵押权人只能就抵押物的交换价值优先受偿。认可此种清算型而非归属型流押条款的理由和意义在于:(1)不以局部的流押条款而否认当事人设立抵押的核心意思,尊重了当事人的意思自由,符合意思自治原则。(2)承认此时仍然成立抵押权,可以有效保障债权人的利益。(3)统一适用担保物权的实现程序,可以避免抵押人与抵押权人之间的利益失衡。

流质条款是指债权人在订立质押合同时与出质人事先约定,一旦债务人不履行到期债务则质押财产的所有权归债权人。我国此前的担保法及物权法,为保护出质人的权益,均明确禁止当事人约定流质条款。现行《民法典》第428条规定:"质权人在债务履行期限届满前,与出质人约定债务人不履行到期债务时质押财产归债权人所有的,只能依法就质押财产优先受偿。"从而明确当事人做出流质条款的,仍然享有质押物的担保权益,但不得预期享有质押物的所有权,质权人只能就质押物的交换价值优先受偿。认可此种清算型而非归属型流质条款的理由和意义,与上述认可流押条款效力的法理相同。

(三)公司担保

公司担保分为公司关联担保和公司非关联担保。公司关联担保是指公司为其股东或实际控制人提供的担保;公司非关联担保是指公司为其股东和实际控制人之外的其他人提供的担保。我国《公司法》第16条规定:"公司向其他企业投资或者为他人提供担保,依照公司章程的规定,由董事会或者股东会、股东大会决议;公司章程对投资或者担保的总额及单项投资或者担保的数额有限额规定的,不得超过规定的限额。公司为公司股东或者实际控制人提供担保的,必须经股东会或者股东大会决议。前款规定的股东或者受前款规定的实际控制人支配的股东,不得参加前款规定事项的表决。该项表决由出席会议的其他股东所持表决权的过半数通过。"关于公司担保的效力问题,理论和实务界长期存在不同看法,各种理论观点和裁判见解的主要分歧在于《公司法》第16条是效力性强制规定抑或是管理性强制规定,进而判断债权人是否负有审查义务、负有何种性质的审查义务以及担保合同是否有效。实践中,还出现了股权让与担保的非典型担保形式。

《最高人民法院关于适用〈中华人民共和国民法典〉有关担保制度的解释》的第7条规定:"公司的法定代表人违反公司法关于公司对外担保决议程序的规定,超越权限代表公司与相对人订立担保合同,人民法院应当依照民法典第六十一条和第五百零四条等规定处理:(一)相对人善意的,担保合同对公司发生效力;相对人请求公司承担担保责任的,人民法院应予支持。(二)相对人非善意的,担保合同对公司不发生效力;相对人请求公司承担赔偿责任的,参照适用本解释第十七条的有关规定。法定代表人超越权限提供担保造成公司损失,公司请求法定代表人承担赔偿责任的,人民法院应予支持。第一款所称善意,是指相对人在订立担保合同时不知道且不应当知道法定代表人超越权限。相对人有证据证明已对公司决议进行了合理审查,人民法院应当认定其构成善意,但是公司有证据证明相对人知道或者应当知道决议系伪造、变造的除外。"该条区分了相对人的善意与恶意,借此认定公司法定代表人"越权代表"之际的担保合同效力,从而异于对担保决议效力的认定。在解释的方法上,该条将《公司法》第16条与《民法典》第61条、第504条结合起来进行体系解释,明确相对人对公司决议负有"合理审查"义务。

但是,公司也不能以其未依法作出有效的公司对外担保决议,绝对地主张免责,仅在特定情形下可主张免责。《最高人民法院关于适用〈中华人民共和国民法典〉有关担保制度的解释》的第8条规定:"有下列情形之一,公司以其未依照公司法关于公司对外担保的规定作出决议为由主张不承担担保责任的,人民法院不予支持:(一)金融机构开立保函或者担保公司提供担保;(二)公司为其全资子公司开展经营活动提供担保;(三)担保合同系由单独或者共同持有公司三分之二以上对担保事项有表决权的股东签字同意。上市公司对外提供担保,不适用前款第二项、第三项的规定。"

第三节 商事代理

一、商事代理概述

(一)商事代理的概念与法律构成

商事代理是代理商以自己或委托人的名义,为委托人买卖商品或者提供服务,并从中获取报酬的经营活动。

商事代理的法律构成,可以概括为一个核心、两种关系、三方当事人。其中,商事代理的委托授权是其核心,具有委托授权的商事代理是有权代理,欠缺或违反委托授权的商事代理是无权代理或越权代理。商事代理法律关系体现为内部关系和外部关系,商事代理的委托人和代理人形成内部法律关系,代理人和第三人形成外部法律关系。通常情况下,商事代理内外部法律关系中包括三方当事人,即委托人、代理人、第三人。

（二）商事代理的主要特征

商事代理的主要特征在于[①]：

1. 商人性。专门从事各种商事代理活动的，往往为职业的代理商，代理商是一种特殊类型的商人。

2. 独立性。代理商有自己独立的商号、经营场所、商业账簿等。

3. 职业性。代理商以代理为业，其所从事的商事代理行为具有专业性和持续性，譬如专利代理、房地产经纪、证券经纪、保险代理等。

4. 有偿性。商事代理通常是有偿行为，代理人有报酬请求权。

5. 形式的灵活性。就商事代理活动的名义问题，既可以是显名代理，也可以是隐名代理。针对商事代理中委托事项，可以是具体的专项代理，也可以是笼统的概括代理。商事代理的委托授权，可以是事前授权的，也可以是事后追认的。

6. 职责的双重性。商事代理人的职责包括两个方面，即促成交易与缔结交易。旨在促成交易的商事代理人，不与第三人正式缔结交易、签订合同，而主要提供信息服务或者撮合交易。

二、商事代理与民事代理的区别

关于代理立法，法国首创民商分立的立法模式，由《法国商法典》专门规定"商事代理人"，《德国商法典》《日本商法典》以及我国澳门特别行政区《商法典》从之。而瑞士率先采取民商合一的代理立法模式，并为意大利、俄罗斯和我国台湾地区所继受。英美法系国家采取了制定单行法的模式，其具体的操作方案有二：一是制定单独的代理法，涵盖民事代理和商事代理；二是制定独立的商事代理法。前者如美国《代理法（第三次）重述》[②]，后者如英国1993年《商事代理条例》[③]。

我国《民法典》对代理制度则采取了民商合一的立法模式，但在其他商事特别法（如《保险法》涉及保险代理，《票据法》涉及票据代理）、行政型特别法（如《专利代理条例》）中也不乏商事代理的特别规定。

无论是采取民商分立还是民商合一的立法模式，在实质上，商事代理与民事代理的区分是毋庸置疑的。一般而言，商事代理与民事代理的区别主要体现在以下几个方面：

[①] 参见任先行、周林彬：《比较商法导论》，北京大学出版社2000年版，第396—398页。

[②] 参见《美国代理法（第三次）重述》，任科晋、苏艳、司伟伟译，载梁慧星主编：《民商法论丛》（第46卷），法律出版社2010年版，第647—668页。

[③] 关于英国1993年《商事代理条例》的中译本，参见曾大鹏：《商事物权与商事债权制度研究》，中国法制出版社2012年版，第161—170页。

1. 产生的根据不同。民事代理的授权,有的来自当事人的委托约定,有的来自法律的规定,由此民事代理区分为委托代理(意定代理)和法定代理。而商事代理主要是委托代理,商事代理人代理权限的产生根据在于当事人的委托。

2. 有偿与否不同。民事代理可以是有偿的,也可以是无偿。但在婚姻家庭领域,配偶之间的家事代理、父母对未成年子女的法定代理,通常是无偿的。而在商业领域,商事代理通常是有偿的,代理人对被代理人享有报酬请求权。

3. 对代理人的资格要求不同。民事代理中,不仅是完全民事行为能力人,限制民事行为能力人或者无民事行为能力人亦可担任代理人。因为被代理行为的效力,取决于被代理人,而非代理人。商事代理中,商事代理人作为独立的商人,不仅需要具有完全的民事行为能力,特定情形下还需要具备所属行业的专门资质。

4. 代理的内容不同。民事代理中,代理人主要为被代理人从事法律行为,需要作出意思表示、缔结交易。而商事代理中,商事代理人未必需要以代理人的身份直接缔结交易,可以是撮合交易或者代办不需作出意思表示的具体事务。

5. 对转委托(复代理)的要求不同。民事代理中的代理人与被代理人,往往有一定的人身信任关系,经过被代理人的事先同意或事后追认产生的转委托情形较为少见,也颇为慎重。但在商事代理中,基于代理人另行委托第三人形成的转委托关系较为常见,且只要符合被代理人的利益需求和代理本旨,被代理人通常不会斤斤计较而断然否认转委托。

6. 有无自己代理和双方代理之限制不同。自己代理即代理人自己作为第三人,与被代理人缔结交易。双方代理指代理人仅自己一人,同时代理被代理人(本人)和第三人缔结交易。为了追求被代理人利益的最大化,民事代理中通常不允许自己代理和双方代理,但被代理人同意或者追认的除外。而在比较法上,除非被代理人事先明确表示反对,商事代理中一般都允许自己代理和双方代理。

7. 代理权是否因被代理人死亡而终止不同。由于民事代理关系具有一定的人身属性,当被代理人死亡,代理人的代理权即告终结。而商事代理中,即便被代理人死亡,但代理事务尚未完成的,代理人的代理权需待代理事项完成时终止。

三、商事代理的类型

依据不同的标准,商事代理可以区分为各种不同的类型。[①] 同时,相关当事人所享有的权利和承担的义务有所差异。

1. 单一代理。单一代理是指商事代理人仅为一个企业主从事代理活动。

[①] 参见任先行、周林彬:《比较商法导论》,北京大学出版社 2000 年版,第 429—430 页。

这一代理的特点是代理商的经济效益取决于其企业主的代理业务供应量,因而此种代理商的经济利益和报酬请求权须予特殊保护。《德国商法典》第 92 条即规定了单一代理商的最低工作条件和报酬给付下限。

2. 区域代理。区域代理是指商事代理人仅可在一定的区域或者消费团体内从事代理活动。区域代理商不得排除企业主本人在该一定的区域或消费团体内直接与第三人缔结交易或者促成交易。不过,如果企业主本人在该一定的区域或消费团体内直接与第三人缔结交易或者促成交易的,区域代理商对于企业主本人仍享有报酬请求权。

3. 独家代理。独家代理是指商事代理人在一定区域和时期内,享有指定商品专营权的代理。被代理人在该区域和时期内,不得委派第二个代理商,也不得自己直接从事此业务。被代理人本人直接从事此业务的,仍需向独家代理商支付报酬。独家代理与单一代理有所不同,独家代理强调商事代理人仅为一人,而单一代理强调被代理人仅为一人。

4. 普通代理。普通代理是指商事代理人仅为一般代理人,其代理权不具有排他性的代理。被代理人在同一市场上,可以委派第二个代理商,也可以自己直接从事此业务而不向代理商支付报酬。独家代理与普通代理的不同之处在于:一是代理权的授予范围不同,前者中的商事代理人仅为一人,后者中的商事代理人可以为数人。二是代理商收取报酬的范围和对象不同,前者中的代理人可以从实施了类似代理行为的被代理人处获取报酬,而后者中的代理人不可以。

5. 总代理。总代理又称全权代理,是指在一定区域和时期内,商事代理人既享有专营权,又可代表委托人企业主签约、履约及处理货物等活动的代理。根据商事代理人与被代理人之间缔约关系的不同,总代理的表现形态为:一是作为被代理人的企业主与总代理商、分代理商签约。由此,企业主受两份商事代理合同的约束。二是作为被代理人的企业主仅与总代理商签约,总代理商再与分代理商签约,后一份商事代理合同并不约束企业主。

6. 特许代理。特许代理是指代理人需要具备特定行业的资质方可营业的商事代理。此种特殊行业的商事代理,譬如保险代理、房地产经纪、证券经纪等,需要遵守保险法、房地产法或者证券法等法律法规的相关规定。

7. 职务代理。职务代理是指代理人在企业主之处拥有一定的职务或岗位的商事代理,譬如法定代表人、经理、销售人员等其他商人使用人所从事的代理行为。非职务代理则是企业主在其企业之外委托的外部人员(如独立的代理商)从事的代理行为。

针对法人的法定代表人,我国《民法典》第 61 条规定:"依照法律或者法人章程的规定,代表法人从事民事活动的负责人,为法人的法定代表人。法定代表人以法人名义从事的民事活动,其法律后果由法人承受。法人章程或者法人权力机构对法定代表人代表权的限制,不得对抗善意相对人。"针对法人或非法人组织的工作人员的职务行为,《民法典》第170条规定:"执行法人或者非法人组织工作任务的人员,就其职权范围内的事项,以法人或者非法人组织的名义实施的民事法律行为,对法人或者非法人组织发生效力。法人或者非法人组织对执行其工作任务的人员职权范围的限制,不得对抗善意相对人。"针对表见代表行为,《民法典》第504条规定:"法人的法定代表人或者非法人组织的负责人超越权限订立的合同,除相对人知道或者应当知道其超越权限外,该代表行为有效,订立的合同对法人或者非法人组织发生效力。"

8. 非显名代理。根据我国《民法典》第162条,民事代理强调代理人在代理权限内,以被代理人的名义实施民事法律行为,由此产生的法律后果直接归属于被代理人。显名代理要求代理人在从事代理活动过程中,必须冠以被代理人的名义。但在非显名代理中,代理人不公开被代理人的名义,而以自己的名义与第三人缔结交易。民事领域中,一般实行代理的显名主义;商事领域中,非显名代理屡见不鲜。非显名代理又可以分为以下两种情形:

第一种是代理人以自己的名义,在委托人的授权范围内与第三人订立的合同,第三人在订立合同时知道受托人(代理人)与委托人(被代理人)之间的代理关系的。对此,我国《民法典》第925条规定:"受托人以自己的名义,在委托人的授权范围内与第三人订立的合同,第三人在订立合同时知道受托人与委托人之间的代理关系的,该合同直接约束委托人和第三人;但是,有确切证据证明该合同只约束受托人和第三人的除外。"此种情形下的非显名代理,其法律后果以归属于被代理人为原则,以归属于代理人为例外。

第二种是代理人以自己的名义与第三人订立合同时,第三人不知道受托人(代理人)与委托人(被代理人)之间的代理关系的。对此,我国《民法典》第926条规定:"受托人以自己的名义与第三人订立合同时,第三人不知道受托人与委托人之间的代理关系的,受托人因第三人的原因对委托人不履行义务,受托人应当向委托人披露第三人,委托人因此可以行使受托人对第三人的权利。但是,第三人与受托人订立合同时如果知道该委托人就不会订立合同的除外。受托人因委托人的原因对第三人不履行义务,受托人应当向第三人披露委托人,第三人因此可以选择受托人或者委托人作为相对人主张其权利,但是第三人不得变更选定的相对人。委托人行使受托人对第三人的权利的,第三人可以向委托人主张其对受托人的抗辩。第三人选定委托人作为其相对人的,委托人可以向第三人主张其对受托人的抗辩以及受托人对第三人的抗辩。"此种情形下的非显名代理,突破了传统民事显名代理中法律后果归属于被代理人的一般原则,赋予了委托人对第三人的介入权、第三人的选择权。

第四节 商事行纪

一、商事行纪概述

商事行纪是行纪人以自己的名义为委托人从事贸易活动,委托人支付报酬的相关商行为。商事行纪主要表现为一种行纪合同行为,它被规定于我国《民法典》合同编第二十五章。在比较法上,规定行纪合同有不同的立法例:一是把行纪合同规定在商法典之中,如《法国商法典》和《德国商法典》。二是把行纪合同规定在民法典或其他法律之中,如《瑞士债务法》。三是将行纪放在委托合同之中加以规范,如《意大利民法典》。

在民商法原理中,行纪合同也称信托合同。行纪合同的特征如下:

1. 行纪人从事贸易活动。传统的贸易主要是指商品买卖、交易,但现代社会的贸易还包括证券交易、期货交易和信托等。

2. 行纪人应当具有相应的资质。由于行纪人从事贸易活动,因此其应具有相应的资质,而非所有的民事主体均得成为行纪人,从事行纪行为。譬如,从事证券资产管理业务的证券公司,即须符合国家规定的设立条件并依法从事相关证券业务。

3. 行纪人以自己的名义,而不是委托人的名义从事行纪行为。这是行纪与代理、委托的重要区别。

4. 行纪合同是诺成合同、不要式合同、有偿合同和双务合同。

行纪合同与委托合同的主要区别在于:第一,适用范围不同。行纪合同的适用范围较窄,限于贸易活动,而委托合同的适用范围较为广泛。第二,行纪合同的受托人只能以自己的名义,而委托合同中的受托人既可以用自己的名义也可以委托人的名义,处理受托事务。第三,行纪人一般需要具体特定的资质,而委托合同中的受托人不一定需要资质的要求。第四,行纪合同是有偿的双务合同,而委托合同也可以是无偿合同、单务合同。虽然我国的行纪合同法律制度与委托合同法律制度相互独立,但行纪在本质上与委托及代理有一定的相通之处。按照我国《民法典》第960条的规定:"本章没有规定的,参照适用委托合同的有关规定。"

有的学者将行纪与间接代理等同起来,其实两者并不相同。行纪作为一种独立的合同类型,与委托合同并存,与代理行为也不同。我国传统民法上的代理应仅指直接代理,即代理人以被代理人的名义从事代理行为,由此产生的法律效果直接归属于被代理人,"间接代理"作为法律概念并无独立存在的价值。因此,在此种限定之下,行纪与代理的主要区别在于:第一,行纪合同的受托人只能以自己的名义,而代理中的代理人只能以委托人(被代理人)的名义,处理受托事务。第二,法律效果的归属不同。行纪行为的法律效果通常先归于行纪人,然后再转归于委托人。而代理行为的法律效果由第三人直接归于被代理人。

二、商事行纪的法律关系

行纪中的法律关系较为复杂,既有行纪人与委托人之间的行纪合同关系,也有行纪人与第三人之间的买卖合同关系。其中,行纪人与委托人之间的行纪合同关系是内部关系,行纪人与第三人之间的买卖合同关系是外部关系。

按照《民法典》第 958 条的规定,行纪人与第三人订立合同的,行纪人对该合同直接享有权利、承担义务。委托人与第三人之间不存在直接的法律关系。委托人无权就行纪人与第三人之间的买卖合同关系提出主张或请求。

第三人不履行义务致使委托人受到损害的,行纪人应当承担赔偿责任,但是行纪人与委托人另有约定的除外。当然,行纪人与委托人之间就损害赔偿责任的特别约定,只能约束行纪人与委托人自身,其效力同样不得扩及第三人。

三、行纪人的义务与权利

(一)行纪人的义务

1. 行纪人承担费用的义务

除非行纪人与委托人另有约定,通常情况之下,行纪人需自付费用完成委托事务。我国《民法典》第 952 条规定:"行纪人处理委托事务支出的费用,由行纪人负担,但是当事人另有约定的除外。"

2. 行纪人的保管义务

行纪人为处理委托事务,如果需要占有委托物的,则其有义务妥善保管委托物。此外,如行纪人在保管期间发生标的物毁损、灭失的,但未尽适当的注意义务,则其须承担赔偿责任。

3. 行纪人处置委托物的义务

我国《民法典》第 954 条规定:"委托物交付给行纪人时有瑕疵或者容易腐烂、变质的,经委托人同意,行纪人可以处分该物;不能与委托人及时取得联系的,行纪人可以合理处分。"通常情况下,行纪人处置委托物,需要征得委托人同意,符合委托人的指示。但在紧急情况下,行纪人对委托物进行处分,既是法律赋予其的权利,也是其应履行的义务。

4. 行纪人对价格指示的遵从义务

对于委托人指定的价格,行纪人负有依价买卖的义务。尤其是委托人对价格有特别指示的,行纪人不得违背该指示卖出或者买入。

行纪人低于委托人指定的价格卖出或者高于委托人指定的价格买入的,应当经委托人同意；未经委托人同意，行纪人补偿其差额的，该买卖对委托人发生效力。

行纪人高于委托人指定的价格卖出或者低于委托人指定的价格买入的，可以按照约定增加报酬；没有约定或者约定不明确，依据我国《民法典》第510条的规定仍不能确定的，该利益属于委托人。

5. 行纪人对债务不履行的赔偿责任

行纪人与第三人订立合同的，行纪人对该合同直接享有权利、承担义务，因为合同具有相对性，委托人并非该行纪人与第三人之间合同的当事人。如果委托人的利益由于第三人不履行其合同义务而受到损害的，则行纪人应当承担赔偿责任，但是行纪人与委托人另有约定的除外。

（二）行纪人的权利

1. 介入权

按照民事代理的一般原理，代理人通常不得与被代理人进行交易。但在商法上，法律允许行纪人自己作为买受人或出卖人与委托人进行交易。行纪人的这种权利即为介入权。我国《民法典》第956条规定："行纪人卖出或者买入具有市场定价的商品，除委托人有相反的意思表示外，行纪人自己可以作为买受人或者出卖人。行纪人有前款规定情形的，仍然可以请求委托人支付报酬。"据此，当行纪人行使介入权时，交易商品的价格应依市场时价来确定。即使行纪人以行使介入权的方式完成了交易，其仍然可以要求委托人支付相应的报酬。

2. 提存权

如果行纪人按照约定买入了委托物，则委托人需要及时受领标的物。若经行纪人催告之后，委托人仍然无正当理由拒绝受领的，行纪人依法可以提存委托物。

如果委托人委托行纪人卖出标的物，但嗣后委托物不能卖出或者委托人撤回出卖，经行纪人催告，委托人不取回或者不处分该物的，行纪人依法可以提存委托物。

3. 报酬请求权及留置权

行纪合同为有偿合同，行纪人有收取委托人相应报酬的权利。我国《民法典》第959条前段规定："行纪人完成或者部分完成委托事务的，委托人应当向其支付相应的报酬。"

我国《民法典》第959条后段规定："委托人逾期不支付报酬的，行纪人对委托物享有留置权，但是当事人另有约定的除外。"我国《民法典》第448条规定的商事留置权是一般性规范，而第959条规定的行纪人留置权是特别留置权。依据《民法典》第959条，行纪人留置权的构成要件如下：(1) 行纪人已经合法占有委托物；(2) 委托人逾期未支付报酬；(3) 当事人事先并无排除留置权之约定。

四、委托人的义务

在行纪合同中,委托人有如下两项主要义务:

（一）及时受领委托物

行纪人按照约定买入委托物的,委托人应当及时受领该标的物,行纪人负有及时受领的义务。

（二）支付报酬

行纪人完成或者部分完成委托事务的,委托人应当向行纪人支付相应的报酬,其负有支付报酬的义务。

第五节　商事居间

一、商事居间概述

商事居间是指居间商向委托人报告订立合同的机会或者提供订立合同的媒介服务,委托人支付报酬的商行为。为便于民众理解,我国《民法典》将原《合同法》第二十三章规定的"居间合同"改为"中介合同"。另外,《民法典》仍然坚持了民商合一的立法模式,而未作民商区分,将"中介合同"统一规定在合同编第二十六章。而在民商分立的国家或地区,对居间问题,有的采取了主体立法模式,例如《法国商法典》在第一卷"商事总则"第三编"居间商、行纪商、承运人、商业代理人与独立的上门销售人"第一章规定"居间商";有的采取了行为立法模式,例如《日本商法典》在第二编"商行为"第五章规定"居间营业",我国澳门特别行政区《商法典》在第三卷"企业外部活动"第九编规定"居间合同"。

我国《民法典》对于中介人未作限定,自然人亦可提供中介服务,但中介合同多出现于商业交易领域,且中介人多为专业的中介服务机构。对于商业领域中的中介服务机构,法律通常会有专门的资质要求或者规范的经营操作流程,例如保险经纪人须取得保险经纪业务许可证。

中介合同的法律特征在于:(1)中介合同中,由中介人提供中介服务。其中,中介服务包括两大类:一是报告中介,即向委托人报告订立合同的机会;二是媒介中介,即向委托人提供订立合同的媒介服务。(2)中介人处于介绍人的角色,其不是委托人的代理人,不是委托人与第三人之间合同法律关系的独立主体。(3)中介合同是双务合同、有偿合同、诺成合同和不要式合同。上述法律特征,使得中介合同明显异于委托合同、行纪合同。但是,中介合同和委托合同均系服务合同,两者具有诸多相同之处,因此,我国民法典允许在中介合同规则缺失时,参照适用委托合同的有关规定。

二、中介合同的效力

(一) 中介人的义务与权利

1. 中介人的义务

中介人的主要义务是为委托人提供中介服务。

中介人还负有报告义务,中介人应当就有关订立合同的事项向委托人如实报告。中介人故意隐瞒与订立合同有关的重要事实或者提供虚假情况,损害委托人利益的,不得请求支付报酬并应当承担赔偿责任。

2. 中介人的权利

在促成合同成立时,中介人享有报酬请求权。中介人促成合同成立的,委托人应当按照约定支付报酬。对中介人的报酬没有约定或者约定不明确,依据《民法典》第510条的规定仍不能确定的,根据中介人的劳务合理确定。因中介人提供订立合同的媒介服务而促成合同成立的,由该合同的当事人平均负担中介人的报酬。中介人促成合同成立的,中介活动的费用,由中介人负担。

在未促成合同成立时,中介人享有必要费用请求权,但无报酬请求权。中介人未促成合同成立的,不得请求支付报酬;但是,可以按照约定请求委托人支付从事中介活动支出的必要费用。

(二) 委托人的义务

委托人的主要义务是支付报酬。在提供中介服务的过程中,如果中介人促成合同成立的,委托人应当按照约定支付报酬。

但是,在房屋中介或租赁中介等实践之中,尚有委托人私下与第三人订立合同,出现"跳单行为",从而试图规避向中介人支付报酬。我国《民法典》第965条规定:"委托人在接受中介人的服务后,利用中介人提供的交易机会或者媒介服务,绕开中介人直接订立合同的,应当向中介人支付报酬。"据此,在中介合同关系中,委托人构成"跳单行为"的要件如下:(1) 委托人已经接受中介人的服务。(2) 委托人绕开中介人,直接订立了合同。当然,此种合同的订立,有可能是委托人与第三人之间私下直接订立的,也有可能是委托人通过其他中介人而与第三人订立的。(3) 委托人与第三人之间合同的订立,利用了中介人提供的交易机会或者媒介服务,亦即合同的成立与中介服务之间有因果关系。为了防止委托人恶意实施"跳单行为",维护中介人的正常商业利益,法律强调了此种委托人仍然负有向中介人支付报酬的义务。

第六节 商事运输

一、商事运输概述

商事运输是商事主体基于营利目的及营业需要而实施的运送行为。商事运输与民事运输的不同之处主要在于[①]：

1. 运送主体不同。商事运输是商事主体(如经登记的专业运输公司)实施的运送行为,通常具有营利性和营业性。而一般的民事运输的行为主体是民事主体,运输行为也有偶然性而非基于营业需求。

2. 运送标的不同。广义的商事运输包括客运与货运,而狭义的商事运输仅指货运。民事运输一般是指客运,但也包括偶尔发生的货运。我国《民法典》虽然采取民商合一的立法技术,但未作严格的民商区分,同时规定了客运合同和货运合同。

运输合同的种类很多,依据不同的标准有不同的分类。以运输合同的标的划分,可以分为客运合同与货运合同。以承运人的人数划分,可以分为单一承运人的运输合同与联运合同,联运合同又可依据运输方式的不同划分为单式联运合同与多式联运合同。根据不同的运输工具,可以分为铁路运输合同、公路运输合同、水上运输合同和航空运输合同。我国铁路法、公路法、民用航空法、海商法对于运输合同已有一些规定,但以《民法典》关于合同通则及运输合同的规定为一般性规定,起着补充适用的功能。

二、运输合同的一般权利义务

《民法典》关于运输合同的一章规定了运输合同的一般义务,其所对应的即为相关当事人的一般权利。

(一)承运人的强制缔约义务

从事公共运输的承运人不得拒绝旅客、托运人通常、合理的运输要求。

(二)承运人的安全运输义务

承运人应当在约定期限或者合理期限内将旅客、货物安全运输到约定地点。

(三)承运人的合理运输义务

承运人应当按照约定的或者通常的运输路线将旅客、货物运输到约定地点。

(四)旅客、托运人或者收货人支付票款或者运输费用的义务

旅客、托运人或者收货人应当支付票款或者运输费用。承运人未按照约定

[①] 参见范健主编:《商法学》,高等教育出版社2019年版,第108页。

路线或者通常路线运输增加票款或者运输费用的,旅客、托运人或者收货人可以拒绝支付增加部分的票款或者运输费用。

三、客运合同的效力

客运合同是承运人将旅客从起运地点运输到约定地点,旅客支付票款的合同。客运合同自承运人向旅客出具客票时成立,但是当事人另有约定或者另有交易习惯的除外。

(一) 旅客的权利义务

1. 旅客乘运义务的一般规定。旅客应当按照有效客票记载的时间、班次和座位号乘坐。旅客无票乘坐、超程乘坐、越级乘坐或者持不符合减价条件的优惠客票乘坐的,应当补交票款,承运人可以按照规定加收票款;旅客不支付票款的,承运人可以拒绝运输。

实名制客运合同的旅客丢失客票的,可以请求承运人挂失补办,承运人不得再次收取票款和其他不合理费用。

2. 旅客办理退票或者变更乘运手续。旅客因自己的原因不能按照客票记载的时间乘坐的,应当在约定的期限内办理退票或者变更手续;逾期办理的,承运人可以不退票款,并不再承担运输义务。

3. 行李携带及托运要求。旅客随身携带行李应当符合约定的限量和品类要求;超过限量或者违反品类要求携带行李的,应当办理托运手续。

4. 禁止旅客携带危险物品、违禁物品。旅客不得随身携带或者在行李中夹带易燃、易爆、有毒、有腐蚀性、有放射性以及可能危及运输工具上人身和财产安全的危险物品或违禁物品。旅客违反前述规定的,承运人可以将危险物品或者违禁物品卸下、销毁或者送交有关部门。旅客坚持携带或者夹带危险物品或违禁物品的,承运人应当拒绝运输。

(二) 承运人的义务

1. 承运人的告知义务和旅客的协助义务。承运人应当严格履行安全运输义务,及时告知旅客安全运输应当注意的事项。旅客对承运人为安全运输所作的合理安排应当积极协助和配合。

2. 承运人按照约定运输的义务。承运人应当按照有效客票记载的时间、班次和座位号运输旅客。承运人迟延运输或者有其他不能正常运输情形的,应当及时告知和提醒旅客,采取必要的安置措施,并根据旅客的要求安排改乘其他班次或者退票;由此造成旅客损失的,承运人应当承担赔偿责任,但是不可归责于承运人的除外。

3. 承运人擅自降低或者提高服务标准的后果。承运人擅自降低服务标准的,应当根据旅客的请求退票或者减收票款;提高服务标准的,不得加收票款。

4. 承运人救助义务。承运人在运输过程中,应当尽力救助患有急病、分娩、遇险的旅客。

5. 旅客人身伤亡责任。承运人应当对运输过程中旅客的伤亡承担赔偿责任;但是,伤亡是旅客自身健康原因造成的或者承运人证明伤亡是旅客故意、重大过失造成的除外。上述规定适用于按照规定免票、持优待票或者经承运人许可搭乘的无票旅客。

6. 旅客随身携带物品毁损、灭失的责任承担。在运输过程中旅客随身携带物品毁损、灭失,承运人有过错的,应当承担赔偿责任。旅客托运的行李毁损、灭失的,适用货物运输的有关规定。

四、货运合同的效力

货运合同是承运人将货物从起运地点运输到约定地点,托运人或者收货人支付运输费用的合同。

(一) 托运人的权利义务

1. 托运人如实申报义务。托运人办理货物运输,应当向承运人准确表明收货人的姓名、名称或者凭指示的收货人,货物的名称、性质、重量、数量,收货地点等有关货物运输的必要情况。因托运人申报不实或者遗漏重要情况,造成承运人损失的,托运人应当承担赔偿责任。

2. 托运人提交有关文件义务。货物运输需要办理审批、检验等手续的,托运人应当将办理完有关手续的文件提交承运人。

3. 托运人货物包装义务。托运人应当按照约定的方式包装货物。对包装方式没有约定或者约定不明确的,适用《民法典》第619条的规定。托运人违反前述规定的,承运人可以拒绝运输。

托运人托运易燃、易爆、有毒、有腐蚀性、有放射性等危险物品的,应当按照国家有关危险物品运输的规定对危险物品妥善包装,做出危险物品标志和标签,并将有关危险物品的名称、性质和防范措施的书面材料提交承运人。托运人违反前述规定的,承运人可以拒绝运输,也可以采取相应措施以避免损失的发生,因此产生的费用由托运人负担。

4. 托运人变更或者解除运输合同权利。在承运人将货物交付收货人之前,托运人可以要求承运人中止运输、返还货物、变更到达地或者将货物交给其他收货人,但是应当赔偿承运人因此受到的损失。

(二) 承运人的权利义务

承运人的主要权利为:(1) 收费权。但货物在运输过程中因不可抗力灭失,未收取运费的,承运人不得请求支付运费;已经收取运费的,托运人可以请求返还。法律另有规定的,依照其规定。(2) 留置权。托运人或者收货人不支付运费、保管费或者其他费用的,承运人对相应的运输货物享有留置权,但是当事人另有约定的除外。《民法典》第 836 条规定的"对相应的运输货物享有留置权"包括两层含义:一是对于可分的货物应坚持比例原则,留置物价值应该包含未支付的运费、保管费或者其他费用以及因诉讼可能产生的费用,而不能留置过多的货物。二是对于不可分的货物则不适用比例原则,承运人可以对全部货物进行留置,即使托运人或者收货人已经支付了部分的运费、保管费或者其他费用。[①]《民法典》第 836 条规定的"但是当事人另有约定的除外",其含义是当事人可以依照约定的方式排除法定留置权的适用,即使托运人或者收货人未付清全部运费、保管费或者其他费用,承运人按照约定也不得留置货物。(3) 提存权。收货人不明或者收货人无正当理由拒绝受领货物的,承运人依法可以提存货物。

承运人的主要义务为:(1) 运输过程中货物毁损、灭失的责任承担。承运人对运输过程中货物的毁损、灭失承担赔偿责任;但是,承运人证明货物的毁损、灭失是因不可抗力、货物本身的自然性质或者合理损耗以及托运人、收货人的过错造成的,不承担赔偿责任。(2) 相继运输中的责任承担。两个以上承运人以同一运输方式联运的,与托运人订立合同的承运人应当对全程运输承担责任;损失发生在某一运输区段的,与托运人订立合同的承运人和该区段的承运人承担连带责任。

(三) 收货人的权利义务

1. 提货义务。货物运输到达后,承运人知道收货人的,应当及时通知收货人,收货人应当及时提货。收货人逾期提货的,应当向承运人支付保管费等费用。

2. 验货义务。收货人提货时应当按照约定的期限检验货物。对检验货物的期限没有约定或者约定不明确,依据《民法典》第 510 条的规定仍不能确定的,应当在合理期限内检验货物。收货人在约定的期限或者合理期限内对货物的数量、毁损等未提出异议的,视为承运人已经按照运输单证的记载交付的初步证据。

五、多式联运合同

多式联运合同是多式联运的经营人将分区段的不同方式的运输联合起来为托运人履行承运义务的运输合同。

(一) 多式联运经营人的权利、义务与责任

多式联运经营人负责履行或者组织履行多式联运合同,对全程运输享有承运人的权利,承担承运人的义务。多式联运经营人应当负责履行或者组织履行

---

① 参见黄薇主编:《中华人民共和国民法典合同编释义》,法律出版社 2020 年版,第 741 页。

合同,多式联运经营人与托运人是多式联运合同的当事人,两者承担多式联运合同的权利与义务。

关于多式联运合同责任制度,多式联运经营人可以与参加多式联运的各区段承运人就多式联运合同的各区段运输约定相互之间的责任;但是,该约定不影响多式联运经营人对全程运输承担的义务。

（二）多式联运单据

多式联运经营人收到托运人交付的货物时,应当签发多式联运单据。按照托运人的要求,多式联运单据可以是可转让单据,也可以是不可转让单据。

因托运人托运货物时的过错造成多式联运经营人损失的,即使托运人已经转让多式联运单据,托运人仍然应当承担赔偿责任。可见,托运人承担过错责任。

（三）多式联运经营人的赔偿责任

货物的毁损、灭失发生于多式联运的某一运输区段的,多式联运经营人的赔偿责任和责任限额,适用调整该区段运输方式的有关法律规定;货物毁损、灭失发生的运输区段不能确定的,依照《民法典》合同编第十九章规定承担赔偿责任。

第七节　商事仓储

一、商事仓储概述

商事仓储是保管人储存存货人交付的仓储物,存货人支付仓储费的相关商行为。专门从事货物储存、保管行为的人,即为保管人;寄存货物的人,即为存货人。

在我国,一般把《民法典》第二十一章关于"保管合同"的规定作为民事性质的,而把其第二十二章关于"仓储合同"的规定作为商事性质的;"仓储合同"专章没有规定的,适用"保管合同"的有关规定。商事仓储与民事保管相比,具有一系列的独特性：

1. 保管人必须是具有仓库营业资质的人。而民事保管人可以是一般的民事主体,没有特别的资质要求。

2. 商事仓储的标的物是动产,并且一般是大宗商品。而民事保管的标的物包括动产和不动产。

3. 仓储合同是诺成合同、不要物合同,仓储合同自保管人和存货人意思表示一致时成立。保管合同是实践合同、要物合同,保管合同自保管物交付时成立,但是当事人另有约定的除外。

4. 仓储合同是双务合同、有偿合同。保管合同可以是双务合同、有偿合同,也可以是单务合同、无偿合同。

二、仓储合同的效力

（一）对保管人的效力

1. 保管人的权利

（1）仓储费的请求权。向存货人请求支付仓储费,这是保管人最基本的请求权。

（2）某些仓储物的拒收权。储存易燃、易爆、有毒、有腐蚀性、有放射性等危险物品或者易变质物品的,存货人应当说明该物品的性质,提供有关资料。存货人违反前述规定的,保管人可以拒收仓储物,也可以采取相应措施以避免损失的发生,因此产生的费用由存货人负担。

2. 保管人的义务

（1）具备相应的保管条件的义务。保管人储存易燃、易爆、有毒、有腐蚀性、有放射性等危险物品的,应当具备相应的保管条件。

（2）验收义务。保管人应当按照约定对入库仓储物进行验收。保管人验收时发现入库仓储物与约定不符合的,应当及时通知存货人。保管人验收后,发生仓储物的品种、数量、质量不符合约定的,保管人应当承担赔偿责任。

（3）保管义务。储存期内,因保管不善造成仓储物毁损、灭失的,保管人应当承担赔偿责任。因仓储物本身的自然性质、包装不符合约定或者超过有效储存期造成仓储物变质、损坏的,保管人不承担赔偿责任。

（4）出具仓单、入库单的义务。存货人交付仓储物的,保管人应当出具仓单、入库单等凭证。同时,保管人应当在仓单上签名或者盖章。仓单包括下列事项:存货人的姓名或者名称和住所;储物的品种、数量、质量、包装及其件数和标记;仓储物的损耗标准;储存场所;储存期限;仓储费;仓储物已经办理保险的,其保险金额、期间以及保险人的名称;填发人、填发地和填发日期。

仓单是提取仓储物的凭证。存货人或者仓单持有人在仓单上背书并经保管人签名或者盖章的,可以转让提取仓储物的权利。仓单具有文义性、处分性和物权效力等。

（5）同意检查仓储物或者提取样品的义务。保管人根据存货人或者仓单持有人的要求,应当同意其检查仓储物或者提取样品。

（6）危险通知义务。保管人发现入库仓储物有变质或者其他损坏的,应当及时通知存货人或者仓单持有人。

（7）保管人危险催告义务和紧急处置权。保管人发现入库仓储物有变质或者其他损坏,危及其他仓储物的安全和正常保管的,应当催告存货人或者仓单持有人作出必要的处置。因情况紧急,保管人可以作出必要的处置;但是,事后应当将该情况及时通知存货人或者仓单持有人。

（二）对存货人的效力

1. 存货人的权利

（1）检查仓储物或者提取样品的权利。存货人或者仓单持有人有权检查仓储物或者提取样品。保管人根据存货人或者仓单持有人的要求，应当同意其检查仓储物或者提取样品。

（2）储存期限不明确时提取仓储物的权利。当事人对储存期限没有约定或者约定不明确的，存货人或者仓单持有人可以随时提取仓储物，保管人也可以随时请求存货人或者仓单持有人提取仓储物，但是应当给予必要的准备时间。

2. 存货人的义务

（1）说明义务。储存易燃、易爆、有毒、有腐蚀性、有放射性等危险物品或者易变质物品的，存货人应当说明该物品的性质，提供有关资料。

（2）储存期限届满时提取仓储物的义务。储存期限届满，存货人或者仓单持有人应当凭仓单、入库单等提取仓储物。存货人或者仓单持有人逾期提取的，应当加收仓储费；提前提取的，不减收仓储费。

储存期限届满，存货人或者仓单持有人不提取仓储物的，保管人可以催告其在合理期限内提取；逾期不提取的，保管人可以提存仓储物。

第八节　融　资　租　赁

一、融资租赁概述

融资租赁是出租人根据承租人对出卖人、租赁物的选择，向出卖人购买租赁物，提供给承租人使用，承租人支付租金的相关行为。

融资租赁合同的内容一般包括租赁物的名称、数量、规格、技术性能、检验方法、租赁期限、租金构成及其支付期限和方式、币种、租赁期限届满租赁物的归属等条款。融资租赁合同应当采用书面形式。

融资租赁具有以下特征：

1. 出租人根据承租人对出卖人、租赁物的选择，向出卖人购买租赁物。承租人要求出租人购买其所需要的租赁物之后，再承租该物，而不需要自行出资购买该物，因此具有融资的效果。即便是在售后回租这种特殊的融资租赁形式中，也明显具有融资性。融资性是融资租赁与一般租赁的重要区别。

2. 出租人将购买的租赁物提供给承租人使用。在融资租赁中，出租人先买后租，购买的目的是出租。这是融资租赁中有关买卖行为与一般买卖的重要差异。

3. 承租人向出租人支付相应的租金。承租人支付的租金是其使用租赁物的对价,故融资租赁属于"租赁"的范畴。

二、融资租赁的法律关系与性质

融资租赁是融资与融物的综合交易模式。在融资租赁法律关系上,存在两方当事人抑或是三方当事人、一个合同抑或是两个合同的不同理论见解。一般来说,融资租赁由出租人、承租人、出卖人三方当事人参与,并由融资租赁合同、买卖合同两个合同构成。所以,融资租赁法律关系中的融资租赁合同本身是一种独立的典型合同,而不包括买卖合同,出卖人也只是融资租赁合同当事人之外的第三人。

随着比较法和我国民商立法的发展,融资租赁被视为保留所有权交易的一种,从而纳入到动产担保体系之中。虽然融资租赁与传统的动产所有权担保存在一系列的差异,但借助登记制度的法律效应,融资租赁的标的物在某种程度上具有了担保的功能。

三、融资租赁合同的效力

(一)对出租人的效力

1. 出租人的权利

(1)对租赁物的所有权。出租人和承租人可以约定租赁期限届满租赁物的归属;对租赁物的归属没有约定或者约定不明确,依据《民法典》第510条的规定仍不能确定的,租赁物的所有权归出租人。

(2)对索赔权的转让权。出租人、出卖人、承租人可以约定,出卖人不履行买卖合同义务的,由承租人行使索赔的权利。承租人行使索赔权利的,出租人应当协助。

(3)根据融资租赁合同收取租金的权利。融资租赁合同的租金,除当事人另有约定外,应当根据购买租赁物的大部分或者全部成本以及出租人的合理利润确定。

2. 出租人的义务

(1)不得擅自变更买卖合同的义务。出租人根据承租人对出卖人、租赁物的选择订立的买卖合同,未经承租人同意,出租人不得变更与承租人有关的合同内容。

(2)保证承租人对租赁物的占有和使用。租赁物不符合约定或者不符合使用目的的,出租人不承担责任;但是,承租人依赖出租人的技能确定租赁物或者出租人干预选择租赁物的除外。出租人有下列情形之一的,承租人有权请求其赔偿损失；无正当理由收回租赁物；无正当理由妨碍、干扰承租人对租赁物的占有和使用；出租人的原因致使第三人对租赁物主张权利；不当影响承租人对租赁物占有和使用的其他情形。

(3) 告知义务与协助义务。出租人有下列情形之一，致使承租人对出卖人行使索赔权利失败的，承租人有权请求出租人承担相应的责任：明知租赁物有质量瑕疵而不告知承租人；承租人行使索赔权利时，未及时提供必要协助。出租人怠于行使只能由其对出卖人行使的索赔权利，造成承租人损失的，承租人有权请求出租人承担赔偿责任。

(二) 对承租人的效力

1. 承租人的权利

(1) 对于租赁物和出卖人的选择权。

(2) 对于租赁物的占有、使用和收益的权利。

(3) 超值返还请求权及特定情形中的所有权。当事人约定租赁期限届满租赁物归承租人所有，承租人已经支付大部分租金，但是无力支付剩余租金，出租人因此解除合同收回租赁物，收回的租赁物的价值超过承租人欠付的租金以及其他费用的，承租人可以请求相应返还。当事人约定租赁期限届满租赁物归出租人所有，因租赁物毁损、灭失或者附合、混合于他物致使承租人不能返还的，出租人有权请求承租人给予合理补偿。当事人约定租赁期限届满，承租人仅需向出租人支付象征性价款的，视为约定的租金义务履行完毕后租赁物的所有权归承租人。

2. 承租人的义务

(1) 支付租金的义务。承租人应当按照约定支付租金。承租人经催告后在合理期限内仍不支付租金的，出租人可以请求支付全部租金，也可以解除合同，收回租赁物。承租人支付租金义务加速到期的前提条件是承租人经催告后在合理期限内仍不支付租金。在享有全部租金加速到期请求权的同时，出租人还享有合同解除权，对此两项权利出租人可以择一行使。承租人占有租赁物期间，租赁物毁损、灭失的，出租人有权请求承租人继续支付租金，但是法律另有规定或者当事人另有约定的除外。承租人对出卖人行使索赔权利，不影响其履行支付租金的义务。但是，承租人依赖出租人的技能确定租赁物或者出租人干预选择租赁物的，承租人可以请求减免相应租金。

(2) 及时接受、验收租赁物的义务。

(3) 维修义务及赔偿责任。承租人应当妥善保管、使用租赁物，并应当履行占有租赁物期间的维修义务。承租人占有租赁物期间，租赁物造成第三人人身损害或者财产损失的，出租人不承担责任。

（三）对出卖人的效力

1. 标的物的交付义务

出租人根据承租人对出卖人、租赁物的选择订立的买卖合同，出卖人应当按照约定向承租人交付标的物，承租人享有与受领标的物有关的买受人的权利。出卖人违反向承租人交付标的物的义务，有下列情形之一的，承租人可以拒绝受领出卖人向其交付的租赁物：租赁物严重不符合约定；未按照约定交付租赁物，经承租人或者出租人催告后在合理期限内仍未交付。承租人拒绝受领租赁物的，应当及时通知出租人。

2. 依照约定直接向承租人承担的赔偿责任

租赁物不符合约定或者不符合使用目的的，出租人不承担责任，而由出卖人依照约定直接向承租人承担赔偿责任。但是，承租人依赖出租人的技能确定租赁物或者出租人干预选择租赁物的除外。

四、融资租赁合同的效力认定

（一）虚构租赁物与融资租赁合同的效力

《民法典》第737条规定，当事人以虚构租赁物方式订立的融资租赁合同无效。《民法典》第146条还规定了虚假表示与隐藏行为的效力，要求行为人与相对人以虚假的意思表示实施的民事法律行为无效。以虚假的意思表示隐藏的民事法律行为的效力，依照有关法律规定处理。这些规定有利于规制"名为融资租赁实为借贷"之类的名实不符行为，强化金融监管，维系正常的交易秩序。

（二）行政许可与融资租赁合同的效力

《民法典》第738条规定，依照法律、行政法规的规定，对于租赁物的经营使用应当取得行政许可的，出租人未取得行政许可不影响融资租赁合同的效力。一般租赁中，法律法规要求的是租赁物的所有权人即出租人取得行政许可，方可进行相关的经营使用活动。而在融资租赁中，租赁物的经营使用与出租人并无直接关联，出租人只需要具有相应的融资租赁的资质即可，而不需要其具有对于租赁物经营使用的行政许可。但租赁物归由承租人占有、使用和收益，故承租人需要具有对于租赁物经营使用的行政许可。

《民法典》第670条规定，融资租赁合同无效，当事人就该情形下租赁物的归属有约定的，按照其约定；没有约定或者约定不明确的，租赁物应当返还出租人。但是，因承租人原因致使合同无效，出租人不请求返还或者返还后会显著降低租赁物效用的，租赁物的所有权归承租人，由承租人给予出租人合理补偿。

（三）租赁物所有权的登记与对抗效力

《民法典》第745条规定，出租人对租赁物享有的所有权，未经登记，不得对抗善意第三人。融资租赁合同是一种特殊的租赁合同，其实际上承担着一定的担保功能。一旦出租人就其租赁物的所有权予以登记,经登记的租赁物所有权可以对抗第三人。但如果其所有权未经登记,则不得对抗善意第三人。

出租人就其租赁物的所有权予以登记之后,是否享有相应的担保物权,并进而需要参照适用《民法典》第 414 条的规定处理清偿顺序?在理解上,有的人持肯定的观点。① 其中,《民法典》第 414 条规定:"同一财产向两个以上债权人抵押的,拍卖、变卖抵押财产所得的价款依照下列规定清偿:(一)抵押权已经登记的,按照登记的时间先后确定清偿顺序;(二)抵押权已经登记的先于未登记的受偿;(三)抵押权未登记的,按照债权比例清偿。其他可以登记的担保物权,清偿顺序参照适用前款规定。"

(四)融资租赁合同的解除

1. 融资租赁合同解除的情形

承租人未经出租人同意,将租赁物转让、抵押、质押、投资入股或者以其他方式处分的,出租人可以解除融资租赁合同。

有下列情形之一的,出租人或者承租人可以解除融资租赁合同:出租人与出卖人订立的买卖合同解除、被确认无效或者被撤销,且未能重新订立买卖合同;租赁物因不可归责于当事人的原因毁损、灭失,且不能修复或者确定替代物;因出卖人的原因致使融资租赁合同的目的不能实现。

2. 融资租赁合同解除的处理

融资租赁合同因买卖合同解除、被确认无效或者被撤销而解除,出卖人以及租赁物系由承租人选择的,出租人有权请求承租人赔偿相应损失;但是,因出租人原因致使买卖合同解除、被确认无效或者被撤销的除外。

出租人的损失已经在买卖合同解除、被确认无效或者被撤销时获得赔偿的,承租人不再承担相应的赔偿责任。

融资租赁合同因租赁物交付承租人后意外毁损、灭失等不可归责于当事人的原因解除的,出租人可以请求承租人按照租赁物折旧情况给予补偿。

第九节 商 业 保 理

一、商业保理概述

商业保理是应收账款债权人将现有的或者将有的应收账款转让给保理人,保理人提供资金融通、应收账款管理或者催收、应收账款债务人付款担保等服务的相关商行为。我国《民法典》合同编第十六章专门规定了保理合同,并在第

---

① 参见黄薇主编:《中华人民共和国民法典合同编释义》,法律出版社 2020 年版,第 582 页。

761条规定了保理合同的概念。作为企业融资的一种便利手段,保理业务在权利义务配置、对外效力等方面具有一定的典型性,但是相较于债权转让的一般规则,其又具有独特性。

在目前我国,保理分为银行业保理和商业保理。两者的差异主要体现在设立主体、行业准入和监管要求等方面。但在交易结构上,两者均涉及保理合同,并无本质的不同。保理合同的内容,一般包括业务类型、服务范围、服务期限、基础交易合同情况、应收账款信息、保理融资款或者服务报酬及其支付方式等条款。同时,保理合同应当采用书面形式。

在保理法律关系中,涉及债务人、债权人和保理商三个主体。其中,债务人与债权人之间的基础交易合同,是成立保理合同的前提;而债权人与保理商之间的应收账款债权转让,是保理关系的核心。保理合同的必备要素是应收账款债权的转让,无应收账款转让的,则不构成保理合同。应收账款是权利人因提供货物、服务或设备等取得的要求债务人付款的权利,但不包括票据或其他有价证券而产生的付款请求权。[①] 根据《民法典》第761条的规定,予以保理的应收账款,既可以是现有的应收账款,也可以是未来的、将有的应收账款。而将有的应收账款又可区分为两种:一种是存在基础合同法律关系的将有应收账款,如附生效期限的合同;另一种是尚无基础合同法律关系的将有应收账款,如尚未订立合同的买卖关系中产生的债权,此即"纯粹的未来债权"。但无论如何,将有的应收账款债权应当具有可转让性并得以被特定化。

保理合同的必备要素是应收账款债权的转让,另外,构成保理合同时尚需保理人提供如下一种或数种服务:(1)资金融通;(2)应收账款管理;(3)应收账款催收;(4)应收账款债务人付款担保;(5)资信调查与评估;(6)信用风险控制;(7)其他具有保理性质的服务。在我国,至少要求保理人提供一项保理服务,但保理人并非必须提供上述全部的各项服务。

二、保理业务的类型

按照不同的标准,保理业务可以区分为不同的类型。其中,有追索权保理和无追索权保理是最重要的保理类型。我国《民法典》第766条和第767条分别明确规定了有追索权保理和无追索权保理。

(一)有追索权保理和无追索权保理

按照保理人在债务人破产、欠付应收账款时,能否向债权人反转让应收账款,或者要求债权人回购应收账款或归还融资,可以将保理区分为有追索权保理和无追索权保理。

[①] 参见黄薇主编:《中华人民共和国民法典合同编释义》,法律出版社2020年版,第601页。

有追索权保理又称回购型保理,是指保理人在应收账款到期但无法从债务人处收回时,其可向债权人反转让应收账款,或者要求债权人回购应收账款或归还融资的保理。有追索权的保理人,不承担为债务人核定信用额度和提供坏账担保的义务,仅提供包括融资在内的其他融资服务。当事人约定有追索权保理的,保理人可以向应收账款债权人主张返还保理融资款本息或者回购应收账款债权,也可以向应收账款债务人主张应收账款债权,此时保理人拥有向应收账款债权人或者应收账款债务人提出主张的选择权,保理人仅有变价的权利而无变价的义务。但若保理人向应收账款债务人主张应收账款债权,在扣除保理融资款本息和相关费用后有剩余的,剩余部分应当返还给应收账款债权人。

无追索权保理又称买断型保理,是指保理人在应收账款到期但无法从债务人处收回时,其不可向债权人追索的保理。无追索权的保理人,根据债权人提供的债务人核准信用额度,在该信用额度内受让债权人对债务人的应收账款,并提供坏账担保的义务。当事人约定无追索权保理的,保理人应当向应收账款债务人主张应收账款债权,保理人取得超过保理融资款本息和相关费用的部分,无须向应收账款债权人返还。

(二)明保理和暗保理

按照是否将应收账款转让事实通知债务人,可将保理区分为明保理和暗保理。

明保理又称公开型保理,是指需将应收账款转让事实通知债务人的保理。在明保理中,通知的方式有向债务人发出规定格式的通知书、在发票上加注规定格式的转让条款等。

暗保理又称隐蔽型保理,是指在通常情况下,不需要也没有将应收账款转让事实通知债务人的保理。在暗保理中,保理人仅在约定期限届满或者约定事由出现后,将应收账款转让事实通知债务人。

(三)融资保理和非融资保理

按照保理人提供的服务内容的不同,可将保理区分为融资保理和非融资保理。

融资保理是指保理人向债权人提供应收账款融资服务的保理。根据保理人支付融资款的期限不同,融资保理又可区分为到期保理和预付保理。

非融资保理是指保理人仅向债权人提供应收账款管理或者催收、付款保证等服务,但不提供应收账款融资服务的保理。

三、保理合同的效力

(一)保理合同中虚构应收账款行为的效力

通常情况下,保理人会向债务人核实应收账款的真实性,而债务人也应确认该应收账款真实存在。但在实践中,有的应收账款债权人与债务人虚构应收账款作为转让标的,并与保理人订立保理合同。对于此种虚构应收账款行为的效力,根据我国《民法典》第763条的规定,应收账款债务人不得以应收账款不存在为由对抗保理人,但是保理人明知虚构的除外。

适用我国《民法典》第763条的构成要件如下:(1)应收账款作为转让标的,实际上不存在。(2)应收账款不存在的原因,在于应收账款的债权人与债务人实施了虚构行为。(3)保理人对于应收账款的真实存在产生了合理信赖,并基于此与债权人签订了保理合同。当然,保理人的此种交易信赖必须是合理的,因此,其对应收账款的真实性负有必要的审查义务,而不得盲目信赖债权人或债务人。

一旦符合我国《民法典》第763条关于保理合同中虚构应收账款行为的上述构成要件,产生的法律后果则是,该项虚构的应收账款如同真实存在的应收账款一样对待,对于应收账款债务人具有合法拘束力,其不得以应收账款不存在为由对抗保理人,而保理人有权请求债务人履行相关义务。但如果保理人明知有应收账款虚构行为,则其利益不受法律保护。

(二)保理人发出转让通知表明身份的义务

根据民法上债权转让的一般规则,债权人转让债权但未通知债务人的,该转让对债务人不发生效力,通知的主体通常限于债权人,即让与人。因此,在保理中,一旦应收账款债权人将债权转让的事实通知了债务人,则债务人对保理人负有履行义务,保理人对其享有相应的债务履行请求权。

但有疑问的是,保理人作为受让人,是否可以单独向应收账款债务人发出应收账款转让通知呢?我国《民法典》第764规定:"保理人向应收账款债务人发出应收账款转让通知的,应当表明保理人身份并附有必要凭证。"据此,若欲应收账款转让对债务人发生效力,则保理人不仅应向债务人发出应收账款转让通知,与此同时,还应表明保理人身份并附有必要凭证。此种凭证,以一定的必要性为限,譬如经过公证机关公证的债权转让合同、保理合同或者转让通知等。

(三)基础交易合同协商变更或终止对保理人的效力

应收账款债务人接到应收账款转让通知后,应收账款债权人与债务人无正当理由协商变更或者终止基础交易合同,对保理人产生不利影响的,对保理人不发生效力。

应收账款债权人与债务人协商变更或者终止基础交易合同,只有处于"无正当理由"的状态,才不得对保理人发生效力。如果此种变更或终止具有正当的理由,如经过了保理人同意、基础交易合同事先有明确约定、符合情势变更原则等,则对保理人发生效力。

虽然应收账款债权人与债务人无正当理由协商变更或者终止了基础交易合

同,但如果此种变更或终止并未对保理人产生不利的影响或者是有利的,则可对保理人发生效力。

（四）保理中应收账款债权重复转让的效力

在应收账款债权人就同一应收账款订立多个保理合同,致使多个保理人主张权利的情形下,就保理人的优先顺位的确认,存在三种不同的立法例:一是转让合同成立在先规则,二是通知在先规则,三是登记在先规则。

我国《民法典》第768条采取了登记在先规则,具体而言:（1）已经登记的先于未登记的取得应收账款;（2）均已经登记的,按照登记时间的先后顺序取得应收账款;（3）均未登记的,由最先到达应收账款债务人的转让通知中载明的保理人取得应收账款;（4）既未登记也未通知的,按照保理融资款或者服务报酬的比例取得应收账款。

第十节 电子商务

一、电子商务概述

电子商务是指通过互联网等信息网络,销售商品或者提供服务的经营活动。电子商务法是指调整电子商务行为中所产生的社会关系的法律规范的总称。中华人民共和国境内的电子商务活动,适用《电子商务法》。法律、行政法规对销售商品或者提供服务有规定的,适用其规定。金融类产品和服务,利用信息网络提供新闻信息、音视频节目、出版以及文化产品等内容方面的服务,不适用《电子商务法》。

在当代信息网络社会,电子商务是一种便捷高效的交易方式。一方面,电子商务有助于消费者在短期内快速完成商品或服务的购买,可以节省时间。另一方面,电子商务有助于经营者节约成本,促进扩大交易量,提高商品和服务的质量。但电子商务因交易双方往往为"不见面"的陌生人,故欺诈交易、市场垄断的可能性及其危害不容忽视。

二、电子商务经营者

（一）电子商务经营者的主体类型与主要义务

1. 电子商务经营者的主体类型

根据《电子商务法》第9条,电子商务经营者,是指通过互联网等信息网络从事销售商品或者提供服务的经营活动的自然人、法人和非法人组织。电子商务经营者的主体范围,可以分为以下三种类型:

（1）电子商务平台经营者,是指在电子商务中为交易双方或者多方提供网络经营场所、交易撮合、信息发布等服务,供交易双方或者多方独立开展交易活动的法人或者非法人组织。

(2) 平台内经营者,是指通过电子商务平台销售商品或者提供服务的电子商务经营者。

(3) 通过自建网站、其他网络服务销售商品或者提供服务的电子商务经营者。

2. 电子商务经营者的主要义务

(1) 登记义务。《电子商务法》第 10 条规定:"电子商务经营者应当依法办理市场主体登记。但是,个人销售自产农副产品、家庭手工业产品,个人利用自己的技能从事依法无须取得许可的便民劳务活动和零星小额交易活动,以及依照法律、行政法规不需要进行登记的除外。"

(2) 开具票证的义务。《电子商务法》第 14 条规定:"电子商务经营者销售商品或者提供服务应当依法出具纸质发票或者电子发票等购货凭证或者服务单据。电子发票与纸质发票具有同等法律效力。"

(3) 保障消费者知情权和选择权的义务。《电子商务法》第 17 条规定:"电子商务经营者应当全面、真实、准确、及时地披露商品或者服务信息,保障消费者的知情权和选择权。电子商务经营者不得以虚构交易、编造用户评价等方式进行虚假或者引人误解的商业宣传,欺骗、误导消费者。"

(4) 尊重和平等保护消费者的义务。《电子商务法》第 18 条规定:"电子商务经营者根据消费者的兴趣爱好、消费习惯等特征向其提供商品或者服务的搜索结果的,应当同时向该消费者提供不针对其个人特征的选项,尊重和平等保护消费者合法权益。"

(5) 禁止滥用市场支配地位的义务。《电子商务法》第 22 条规定:"电子商务经营者因其技术优势、用户数量、对相关行业的控制能力以及其他经营者对该电子商务经营者在交易上的依赖程度等因素而具有市场支配地位的,不得滥用市场支配地位,排除、限制竞争。"

(6) 个人信息的保护义务。《电子商务法》第 23 条规定:"电子商务经营者收集、使用其用户的个人信息,应当遵守法律、行政法规有关个人信息保护的规定。"

(二) 电子商务平台经营者

1. 电子商务平台经营者的重要义务

电子商务平台经营者是电子商务活动的重要参与者。为了保障电子商务各方主体的合法权益,规范电子商务行为,维护市场秩序,促进电子商务持续健康发展,《电子商务法》规定了电子商务平台经营者的各项重要义务:

(1) 应当要求申请进入平台销售商品或者提供服务的经营者提交其身份、

地址、联系方式、行政许可等真实信息;

(2) 应当采取技术措施和其他必要措施保证其网络安全、稳定运行,防范网络违法犯罪活动,有效应对网络安全事件,保障电子商务交易安全;

(3) 不得利用服务协议、交易规则以及技术等手段,对平台内经营者在平台内的交易、交易价格以及与其他经营者的交易等进行不合理限制或者附加不合理条件,或者向平台内经营者收取不合理费用;

(4) 不得采取集中竞价、做市商等集中交易方式进行交易,不得进行标准化合约交易。

2. 电子商务平台经营者的严格责任

与此同时,电子商务平台经营者将为其相关违法行为承担严格的商事责任:

(1)《电子商务法》第 38 条第 1 款规定:"电子商务平台经营者知道或者应当知道平台内经营者销售的商品或者提供的服务不符合保障人身、财产安全的要求,或者有其他侵害消费者合法权益行为,未采取必要措施的,依法与该平台内经营者承担连带责任。"

(2)《电子商务法》第 42 条规定:"知识产权权利人认为其知识产权受到侵害的,有权通知电子商务平台经营者采取删除、屏蔽、断开链接、终止交易和服务等必要措施。通知应当包括构成侵权的初步证据。电子商务平台经营者接到通知后,应当及时采取必要措施,并将该通知转送平台内经营者;未及时采取必要措施的,对损害的扩大部分与平台内经营者承担连带责任。因通知错误造成平台内经营者损害的,依法承担民事责任。恶意发出错误通知,造成平台内经营者损失的,加倍承担赔偿责任。"

(3)《电子商务法》第 45 条规定:"电子商务平台经营者知道或者应当知道平台内经营者侵犯知识产权的,应当采取删除、屏蔽、断开链接、终止交易和服务等必要措施;未采取必要措施的,与侵权人承担连带责任。"

三、电子商务合同的订立与履行

电子商务是一种特殊商行为,当事人订立和履行电子商务合同的,需要适用《电子商务法》《民法典》《电子签名法》等法律的规定,其中蕴含了电子商务合同中的一些特殊规则。

1. 电子商务当事人民事行为能力的推定

《电子商务法》第 48 条第 2 款规定:"在电子商务中推定当事人具有相应的民事行为能力。但是,有相反证据足以推翻的除外。"

2. 电子商务合同的成立

《电子商务法》第 49 条规定:"电子商务经营者发布的商品或者服务信息符合要约条件的,用户选择该商品或者服务并提交订单成功,合同成立。当事人另有约定的,从其约定。电子商务经营者不得以格式条款等方式约定消费者支付价款后合同不成立;格式条款等含有该内容的,其内容无效。"《民法典》第491条第2款则作了类似的规定:"当事人一方通过互联网等信息网络发布的商品或者服务信息符合要约条件的,对方选择该商品或者服务并提交订单成功时合同成立,但是当事人另有约定的除外。"

3. 交付方式与交付时间

《电子商务法》第51条规定:"合同标的为交付商品并采用快递物流方式交付的,收货人签收时间为交付时间。合同标的为提供服务的,生成的电子凭证或者实物凭证中载明的时间为交付时间;前述凭证没有载明时间或者载明时间与实际提供服务时间不一致的,实际提供服务的时间为交付时间。合同标的为采用在线传输方式交付的,合同标的进入对方当事人指定的特定系统并且能够检索识别的时间为交付时间。合同当事人对交付方式、交付时间另有约定的,从其约定。"

4. 电子支付

根据《电子商务法》,电子商务当事人可以约定采用电子支付方式支付价款;用户发现安全工具遗失、被盗用或者未经授权的支付的,应当及时通知电子支付服务提供者。未经授权的支付造成的损失,由电子支付服务提供者承担;电子支付服务提供者能够证明未经授权的支付是因用户的过错造成的,不承担责任。电子支付服务提供者发现支付指令未经授权,或者收到用户支付指令未经授权的通知时,应当立即采取措施防止损失扩大。电子支付服务提供者未及时采取措施导致损失扩大的,对损失扩大部分承担责任。

5. 电子签名

根据《电子签名法》第2条和第3条,电子签名是指数据电文中以电子形式所含、所附用于识别签名人身份并表明签名人认可其中内容的数据。数据电文是指以电子、光学、磁或者类似手段生成、发送、接收或者储存的信息。电子商务中的合同或者其他文件、单证等文书,当事人可以约定使用或者不使用电子签名、数据电文。当事人约定使用电子签名、数据电文的文书,不得仅因为其采用电子签名、数据电文的形式而否定其法律效力。

第十一节 商业特许经营

一、商业特许经营概述

商业特许经营简称特许经营,是指拥有注册商标、企业标志、专利、专有技术等经营资源的企业,以合同形式将其拥有的经营资源许可其他经营者使用,被特许人按照合同约定在统一的经营模式下开展经营,并向特许人支付特许经营费用的经营活动。其中,拥有注册商标、企业标志、专利、专有技术等经营资源的企业是特许人,接受前述经营资源许可的相关经营者是被特许人。但在理解上,特许人的经营资源是限于"注册商标、企业标志、专利、专有技术"之一种或数种或全部,还是包括此等资源之外的其他相关资源,尚有争议。根据我国《商业特许经营管理条例》第3条第2款,企业以外的其他单位和个人不得作为特许人从事特许经营活动。但在实践中,确有非企业的组织或个人充当了特许人的角色,从事了特许经营活动,对其缔结的特许经营合同的效力如何认定,也有争议。

根据我国《商业特许经营管理条例》第11条,特许经营合同具有要式性,特许人和被特许人应当采用书面形式订立特许经营合同。特许经营合同应当包括下列主要内容:特许人、被特许人的基本情况;特许经营的内容、期限;特许经营费用的种类、金额及其支付方式;经营指导、技术支持以及业务培训等服务的具体内容和提供方式;产品或者服务的质量、标准要求和保证措施;产品或者服务的促销与广告宣传;特许经营中的消费者权益保护和赔偿责任的承担;特许经营合同的变更、解除和终止;违约责任;争议的解决方式等。

特许经营的法律特征在于:(1)特许经营关系是一种复合合同关系,它可以涵盖买卖、租赁、培训、开店、货物运输等各种合同关系。(2)特许经营的核心是特许权的授予,即特许人与被特许人之间基于特许经营权许可使用形成的合同关系,但他们之间既不存在产权关系,也不构成代理关系、分销关系或者雇佣关系,而是商业合作关系。特许经营与连锁经营、加盟经营也不一定相同,需要视具体情况而定。(3)特许经营合同往往是格式合同和继续性合同,同时是要式合同和有偿合同。

二、特许经营合同的效力

1. 特许人的能力要求和备案义务

《商业特许经营管理条例》第7条规定,特许人从事特许经营活动应当拥有成熟的经营模式,并具备为被特许人持续提供经营指导、技术支持和业务培训等服务的能力;特许人从事特许经营活动应当拥有至少2个直营店,并且经营时间超过1年,俗称"两店一年"。《商业特许经营管理条例》第8条规定,特许人应当自首次订立特许经营合同之日起15日内,依照本条例的规定向商务主管部门备案。

2. 被特许人的单方解除权

《商业特许经营管理条例》第12条规定,特许人和被特许人应当在特许经营合同中约定,被特许人在特许经营合同订立后一定期限内,可以单方解除合同。理论上,该"一定期限"称为"冷静期",被特许人的单方解除权是一种法定的"悔约权"。但"一定期限"该如何起算,究竟其长度如何,在实践中存在争议。

3. 特许经营期限

为确保特许经营关系的持续性、维护被特许人的长期经济利益,《商业特许经营管理条例》第 13 条规定,若是首次签约的,特许经营合同约定的特许经营期限应当不少于 3 年,但被特许人同意的除外;若是特许人和被特许人续签特许经营合同的,则不适用该 3 年的最短期限。

4. 特许人的服务内容和收费权

《商业特许经营管理条例》第 14、16、17 条规定,特许人应当向被特许人提供特许经营操作手册,并按照约定的内容和方式为被特许人持续提供经营指导、技术支持、业务培训等服务;特许人要求被特许人在订立特许经营合同前支付费用的,应当以书面形式向被特许人说明该部分费用的用途以及退还的条件、方式;特许人向被特许人收取的推广、宣传费用,应当按照合同约定的用途使用,且其使用情况应当及时向被特许人披露。

5. 被特许人的禁止转让义务与保密义务

《商业特许经营管理条例》第 18 条规定,未经特许人同意,被特许人不得向他人转让特许经营权。被特许人不得向他人泄露或者允许他人使用其所掌握的特许人的商业秘密。

6. 特许人的信息披露义务和被特许人的解除权

特许人负有信息披露义务,一方面,在内部,特许人应当依法建立并实行完备的信息披露制度;另一方面,在外部,特许人应当在订立特许经营合同之日前至少 30 日,以书面形式向被特许人依法提供相关的信息,并提供特许经营合同文本。《商业特许经营管理条例》第 22、23 条规定,特许人应当向被特许人提供以下信息:特许人的名称、住所、法定代表人、注册资本额、经营范围以及从事特许经营活动的基本情况;特许人的注册商标、企业标志、专利、专有技术和经营模式的基本情况;特许经营费用的种类、金额和支付方式(包括是否收取保证金以及保证金的返还条件和返还方式);向被特许人提供产品、服务、设备的价格和条件;为被特许人持续提供经营指导、技术支持、业务培训等服务的具体内容、提供方式和实施计划;对被特许人的经营活动进行指导、监督的具体办法;特许经营网点投资预算;在中国境内现有的被特许人的数量、分布地域以及经营状况评估;等等。但是,特许人向被特许人提供的信息发生重大变更的,应当及时通知被特许人。如果特许人隐瞒有关信息或者提供虚假信息的,则被特许人对特许经营合同享有解除权。

第八章 商事登记

第一节 商事登记概述

一、商事登记的概念和特征

（一）商事登记的概念

商事登记也称商业登记，是指依照法律或法规的规定，由商人的筹办人或商人为了设立、变更或终止商事主体资格，将应当登记的事项向有关登记机关提出申请，并经登记机关核准登记公告的法律行为。可见，商事登记是申请人的申请登记行为和主管机关的审核登记注册行为相结合的行为，它是国家对商事主体实施管理及调控的一项必要手段。

商事登记是对商事经营中重要的或与经营有直接关系的事项的记载，登记内容和范围在法律上受到某种程度的限定。根据我国有关法律法规的规定，商事登记的事项主要有商事主体的名称、类型、住所、经营场所、法定代表人、经营范围、经营方式、注册资本、经营期限、分支机构、财产责任、出资人基本信息等。

（二）商事登记的特征

商事登记具有以下几个法律特征：

（1）商事登记是一种设立、变更或终止商事主体资格的法律行为。

（2）商事登记的基本目的在于为商事活动的参加人设立、变更或者终止商事主体资格谋求法律确认，其效力在于使商事主体取得、变更或终止其商事权利能力和商事行为能力。因此，商事主体资格或其特定商事能力的起始取决于商事登记行为生效的时间。

（3）商事登记是要式法律行为。这主要体现在以下两个方面：一是商事登记必须依照法定的程序向法定主管机关履行；二是商事登记的内容和事项也由法律特别规定，属于强行法的内容。

（4）商事登记是一种本质上带有公法性质的行为。[1] 与一般私法以平等主

---

[1] 参见范健、王建文：《商法总论》（第二版），法律出版社2019年版，第247—248页。

体之间的财产关系和人身关系为其调整对象不同,商事登记法的多数规范并不以平等主体间的权利义务为其调整对象。虽然商事登记主管机关表现为多种形式,但绝大多数国家的商事登记主管机关都属于国家机关。从商事登记申请人角度来看,其权利和义务并不以平等当事人为相对人,而是以作为国家机关的登记机关作为相对人。此时国家机关与商事登记申请人办理登记行为时,也不是以民法之机关法人这种民事主体身份出现,而是行使国家权力。事实上,商事登记法所调整的法律关系正是登记申请人与登记机关之间的关系。对于违反登记义务的企业主来说,其违法行为的法律后果并非损害赔偿,而是主要表现为行政罚款之类的强制措施。因此,商事登记作为国家利用公权干预商事活动的行为,可谓作为私法的商法之具有公法性的最为集中的体现。

二、商事登记的意义

商事登记作为国家调整商事交易行为的一个重要手段,对于保障商事主体的合法权益、维护商事交易的安全具有重要意义。具体表现为:

(1) 确认商事主体的商事活动资格,保护商事主体的合法营业活动。通过商事登记,核准商事主体的名称、住所、法定代表人、注册资本、企业类型、经营范围、营业期限等,使其取得合法的商事主体资格,并在法律规定和确认的范围内独立从事商事活动,享有商法上的权利,承担商法上的义务,维护自己的合法权益。

(2) 保护社会公众的利益,实现交易的安全。商事登记的基本作用不仅在于通过法律程序创制或确定商事主体,而且在于向社会公开商事主体的信用、能力和责任。商事登记便于社会公众了解商事主体的信息和资料,通过商事登记公示商事主体的经营身份、经营状况、经营能力,确立经营信誉,可以为商事活动的参加人提供交易相对人的准确信息,使其明智地选择和决定自己的交易行为,进而保护交易相对人和社会公众的利益,最终实现交易安全。商事主体的登记事项与事实有实质性差别的,将构成商业欺诈。

(3) 便于国家的监督管理,维护良好的社会经济秩序。商事登记可以使国家取得各项必要的统计资料,有利于国家及时了解商事主体的经营状态,有利于对各种不同企业的设立和经营进行必要的国家监督,从而实现国家对商事主体的法律调整和整个国家商事活动的宏观规划,维护良好的社会经济秩序。

三、商事登记制度的历史沿革

(一) 商事登记制度在西方的发展

商事登记制度的历史源远流长。在西方,其历史可以追溯到很久以前。在古罗马时期,开设商店的人必须在店堂里挂一块牌子,上面写明自己的经营项目、经营范围及营业情况,以表明自己的经营状态。这是商事登记的雏形。到中世纪,商事登记的规则随着意大利及地中海沿岸商业的繁荣,以商人行会自治法的形式逐步健全。当时欲取得商人资格和身份者,不仅须取得特定行业的商人行会事实上的认可和接纳,而且也必须将其商号、营业招牌、商业使用者及所雇学徒等事项登记于商人行会备置的行会成员的名录簿中,此种行业成员名录簿后来逐渐又发展为公示商人营业状况的习惯性文件。进入资本主义社会之后,伴随商事活动的进一步发展,中世纪商人习惯法中的商事登记规则便相继为各国成文立法所采纳。如法国1673年《陆上商事敕令》,不同程度地吸收了中世纪商人登记规则的内容。这一时期欧陆各国的商事登记制度实质仅仅是对中世纪商人习惯法的确认,是早期商人习惯法成文化的过程。

现代意义的商事登记制度始于近代资本主义法制发展时期。早在18世纪初,为维护商人的道德和信用,确认公司的内部与外部关系,德国便设立了公司登记簿、代表人登记簿、商号登记簿,而于1861年颁布的《德国商法典》——俗称"德国旧商法",进一步在第一编中对于商人资格和能力的取得、商事登记机关、商事登记事项、商事登记程序、商事登记簿、商事名称等内容作出了详细规定。《德国商法典》后于1897年经系统修订,形成新的立法体例,即所谓"新商人法主义"。此法明确规定的商事登记制度很快被欧洲其他国家及日本等国仿效,成为一项基本的商事制度。与德国法不同的是,1807年《法国商法典》虽开辟了民商分立制和商行为法立法之先河,对一般意义上的商事登记却未作规定,直到1919年制定出单行的《商事登记法》。西方国家对商事登记的法律调整体系各不相同。德国、韩国等主要在商法典中予以规定,日本、法国主要由商法典和专门的商事登记法规定,瑞士主要在《债务法》和《商事注册条例》中规定,英美则在相关的企业法中予以规定。

(二) 商事登记制度在我国的发展

我国商事登记制度的发端可以追溯到汉代,但在传统的"重农抑商"思想的影响下,商事登记制度发展缓慢,到1904年清末颁布的《大清商律草案》中才开始有商业注册的规定,但内容非常简单,且不具有实质上的立法意义。直到1937年,国民政府才正式制定了类似于德国和日本的商事登记法。中华人民共和国成立后,我国对于企业的登记管理十分重视,相继颁布了一系列商事登记法律规范。我国目前尚未形成完全统一的商事登记法,调整商事登记关系的法律法规存在于众多民商事实体法、程序法中,相关法律法规的更新换代也较为频繁。我国颁布的形式意义上的商事登记法主要有《企业法人登记管理条例》《公司登记管理条例》《合伙企业登记管理办法》《企业法人法定代表人登记管理规定》《企业名称登记管理规定》等。① 其中,前四者已经被2022年3月1日施行的《市场主体登记管理条例》所取代,这是我国统一商事登记法的重要一步。实质意义上的商事登记法②除前面列举的形式意义的商事登记法之外,还包括《民法典》《公司法》《合伙企业法》《个人独资企业法》《商业银行法》《保险法》《证券法》《个体工商户条例》等法律法规之中关于商事登记的有关规定。

第二节　商事登记的对象和主管机关

一、商事登记的对象

　　商事登记的对象即商事主体。具体哪些商事主体应依法履行登记手续,以及履行何种商事登记,各国的立法规定不尽相同。这反映了不同国家的商事立法政策。多数国家法律规定,只要行为人从事了以营利为目的的营业活动,即商行为,并且符合商事登记条件,就必须进行商事登记。但同时,有的国家对必须履行商事登记的商人也规定了一些限制。例如,1897年《德国商法典》根据商事主体的资格取得是否需要履行相应的注册要求将商人分为三类,并对三类商人的商事登记规定了不同的要求。第一类是从事法定商行为的商人即法定商人。只要当事人从事这种营业行为就自然地成为商人,但法定商人也有进行注册登记的义务。不过,该登记具有的是公示效力而非创设效力。第二类是注册商人。他们只有在商事登记簿上登记才能取得商人资格,即该登记有创设效力。第三类是任意商人。他们根据经营方式和规模需要采用商人方式设立经营,对他们实行自由登记。也就是说,商事登记不是其义务,而仅是一种选择。根据德国商法的规定,能够履行商事登记的行为人必须有自己的商号,必须是完全商人,如果行为人没有自己的商号,他仅仅是非商人或小商人,他就不具备登记资格,不能依法在商事登记法院履行登记。虽然1998年修改《德国商法典》时使登记制度不具有创设力,只具有宣示效力,但登记仍是商人的义务。如果未履行此项义务,将被处以罚款。又如,日本法上也只有类似于德国法上的"完全商人"才履行商事登记,"小商人"或不具备商人条件但偶尔从事商行为者,则不必履行商事登记。再如,《韩国商法》第9条明确规定:"本法中有关经理、商号、商业账簿及商业登记的规定,不适用于小商人。"③而按英美法的规定,合伙的注册是任意的。可见,各国对无须登记的情形是予以明确说明的。特定国家的商法实践允许此

---

　　① 指以商事登记命名的成文法。参见范健、王建文:《商法总论》(第二版),法律出版社2019年版,第248页。
　　② 指调整商事登记行为的法律规范的总称,即一切与商事登记相关的法律规定。同上注。
　　③ 《韩国商法》,吴日焕译,中国政法大学出版社1999年版,第4页。

种商人存在,实质上是反映了某种灵活而富有弹性的立法政策。

我国曾长期对不同种类的商事主体分别适用不同的法律规范进行登记。关于登记对象的分类,依我国法律曾主要有两种方式:一种是三分法,即将商人分为公司、非公司企业、外商投资企业;另一种是二分法,即将商人分为具备法人条件的企业与不具备法人条件的企业或经济组织。如今,上述类型的商事主体被统称为"市场主体",并被统一在《市场主体登记管理条例》下进行登记。《市场主体登记管理条例》第2条规定:"本条例所称市场主体,是指在中华人民共和国境内以营利为目的从事经营活动的下列自然人、法人及非法人组织:(一)公司、非公司企业法人及其分支机构;(二)个人独资企业、合伙企业及其分支机构;(三)农民专业合作社(联合社)及其分支机构;(四)个体工商户;(五)外国公司分支机构;(六)法律、行政法规规定的其他市场主体。"我国现行的登记法律体系中,依据《民法典》第54条和《个体工商户条例》第2条,对所有企业都作了必须登记领照的规定,个体工商户也被要求履行登记手续,无须办理登记的情形非常有限。① 从法律规定上看,在商事登记种类上,我国没有适当排除不必要的商事登记,以降低登记成本。

二、商事登记的主管机关

商事登记的主管机关是指依照商事登记法的规定,接受当事人的申请,并具体办理商事登记的国家主管机关。

世界各国关于商事登记的主管机关的规定并不完全一致,主要有以下四种模式:

第一种是在法院登记,德国、韩国采用这一模式。在这些国家,地方法院负责一般商事登记和公司登记。比如,德国在"新旧商法典"和1892年《有限责任公司法》都对此作了规定,规定在地方法院设登记法官,并置商事登记簿办理商事登记,从实践来看,几乎所有的商事登记活动都在德国地方法院进行。在地方法院内部,办理商事登记的主要是法官助理员。

第二种是由行政机关主管办理,美国、英国、日本、我国港澳特别行政区都采用这一模式。具体而言,美国由各州政府管理;英国由商业部管理;日本由地方法务局管理;我国香港特别行政区由税务局负责,澳门特别行政区由商业登记局负责管理。

第三种是法院和行政机关分工负责登记,法国采用这一模式。法国于1919

---

① 比如,依据《无证无照经营查处办法》第3条,"在县级以上地方人民政府指定的场所和时间,销售农副产品、日常生活用品,或者个人利用自己的技能从事依法无须取得许可的便民劳务活动"可以不办理商事登记。

年3月以特别法对商事登记作了规定,在地方法院设置商事登记簿,由"书记"在院长的监督下办理,此乃所谓"地方商事登记簿"。法国后于1935年10月增设"中央商事登记簿",规定商事公司的设立。法院书记官应当于受理登记后的一个月内,另将原申请书一份移送至全国性的工业所有权局进行登记。由此可看出,地方法院负责一般商事登记,行政机关则办理公司登记。

第四种比较特别,既不由法院负责登记,也不由行政机关主管办理,而是采取民间自治模式,荷兰、瑞士采取这一模式。荷兰《商事注册法》规定,商事登记的主管机关为商会,商事注册文件由当地商会保留。瑞士《债务法》和《商事注册条例》规定,各州都设有专门性的商事注册机构,其中包括州的中心注册机构和设在各区的单独注册机构,它们都具有非官方性质。之所以采用这种体制,是因为它们认为商事登记仅仅是为公众提供有关商事主体基本经营状况信息来源的渠道,商人并不具有特殊的地位,因此反映在具体制度的设计上,排除了政府主管机关的介入和管理,商事登记制度的公法功能被弱化。

上述几种模式各有特色。我国以行政机关为主管机关,《市场主体登记管理条例》第5条规定:"国务院市场监督管理部门主管全国市场主体登记管理工作。县级以上地方人民政府市场监督管理部门主管本辖区市场主体登记管理工作,加强统筹指导和监督管理。"

第三节 商事登记的内容及种类

一、商事登记的内容

商事登记的内容即商事登记的注册事项,是指商事登记的申请人依照商事登记法规必须在登记主管机关予以登记的和可以选择登记的有关商事主体的各种信息和情况。其中,必须予以登记的信息和情况是绝对登记事项,当事人对此负有登记义务,如果缺了它,即使登记了也不产生法律效力。而相对登记事项是指在法定必须登记事项外,由当事人自行决定是否登记的事项,它一经登记,同样产生法律效力。

由于绝对登记事项具有法定性和强制性,其他国家和地区的商事登记立法一般都有明确规定。当然,具体的登记事项各国、各地区立法规定不尽相同。比如,《德国商法典》规定,分支机构的开设(第13条)、企业地址及其变更(第13h条、第29条、第31条)、商号及其变更(第29条、第31条)、商号所有人的变更(第31条)、经理权的授予和撤销(第53条),以及股份有限公司和有限责任公司的组建(分别在《股份公司法》第36条和《有限责任公司法》第7条)等事项,必须在商事登记簿中进行登记;法院亦可令其登记,并对拒不登记者处以罚金(第14条)。①《意大利民法典》第2196条规定,在企业设立后的30天内,从事商事活动的企业主应当向企业住所地的企业登记机构申请登记,在申请书中应当载明下列内容:(1)企业主的姓名、出生地点和出生日期、国籍;(2)商号(第2563条);(3)企业经营范围;(4)企业的住所(第2197条);(5)经营管理人(第2203条)或代理人(第2209条)的姓名。② 我国台湾地区"商业登记法"第9条规定,商业开业前,应将下列各事项申请登记:(1)名称;(2)组织;(3)所营业务;(4)资本额;(5)所在地;(6)负责人姓名、住所或居所、身份证明文件字号及出资额;(7)合伙组织者,合伙人姓名、住所或居所、身份证明文件字号、出资额及合伙契约副本(8)其他经中央主管机关规定之事项。相比国外立法,我国台湾地区的规定比较详细。此外,我国台湾地区"商业登记法"还规定,对应登记事项,主管机关得随时派员抽查。商业负责人及其从业人员,不得妨碍或拒绝。由上可知,一般情况下,商号、住所、经营范围、资本额、企业执行人等会被作为必要登记事项。

我国《市场主体登记管理条例》第8条规定:"市场主体的一般登记事项包括:(一)名称;(二)主体类型;(三)经营范围;(四)住所或者主要经营场所;(五)注册资本或者出资额;(六)法定代表人、执行事务合伙人或者负责人姓名。""除前款规定外,还应当根据市场主体类型登记下列事项:(一)有限责任公司股东、股份有限公司发起人、非公司企业法人出资人的姓名或者名称;(二)个人独资企业的投资人姓名及居所;(三)合伙企业的合伙人名称或者姓名、住所、承担责任方式;(四)个体工商户的经营者姓名、住所、经营场所;(五)法律、行政法规规定的其他事项。"③上述事项均为法定必须登记的事项。

(一)名称

名称即商事名称或商号,是商事主体在从事商事活动时用以表示自己的符号。商事名称必须经主管部门登记注册后方能使用。对于这个问题,本书第九章"商号"会详述,在此不赘述。

---

① 参见《德国商法典》,杜景林、卢谌译,中国政法大学出版社2010年版,第10、14—15、20—21、26页。
② 参见《意大利民法典》,费安玲、丁玫译,中国政法大学出版社2004年版,第513页。
③ 此外,《市场主体登记管理条例》第9条规定:"市场主体的下列事项应当向登记机关办理备案:(一)章程或者合伙协议;(二)经营期限或者合伙期限;(三)有限责任公司股东或者股份有限公司发起人认缴的出资数额,合伙企业合伙人认缴或者实际缴付的出资数额、缴付期限和出资方式;(四)公司董事、监事、高级管理人员;(五)农民专业合作社(联合社)成员;(六)参加经营的个体工商户家庭成员姓名;(七)市场主体登记联络员、外商投资企业法律文件送达接受人;(八)公司、合伙企业等市场主体受益所有人相关信息;(九)法律、行政法规规定的其他事项。"注意,上述事项须办理"备案",而非"登记",登记机关在备案时不予审查。

(二) 住所和经营场所

住所是指商事主体的主要办事机构（管理机构和核心领导机构）所在地，它是商事主体的法定注册地址。住所在法律上有比较重要的意义：首先，它是确定登记主管机关的依据，在我国，除了法律特别规定，一般商事主体登记都在其所在地的市场监督管理部门进行；其次，它是确定债务履行的依据，当履行地点不明确时，可以起到确定债务履行地的作用；最后，它是确定诉讼管辖地和受送达地的依据，经济交往中纠纷难免发生，住所地的确定可以为诉讼双方维护各自的合法权益提供有力保障。而经营场所是指商事主体从事生产经营或服务活动的场所，它包括一定的场地及大型的设施。各国法律通常规定，商事主体经登记的住所只能是一个，而经营场所可以是一个或多个。住所和经营场所可以一致，也可以不一致。当两者不一致时，应当在营业执照中的住所一栏同时注明其经营场所。

(三) 法定代表人

由于商事组织的主体资格只是一种法律的拟制，不像自然人那样能够亲自从事商事活动，它必须由自然人来代表其从事这些活动，因此确立商事组织的法定代表人非常重要。法定代表人是依据法律、法规和商人组织章程的规定产生，代表法人或非法人组织进行商事活动的负责人。登记主管机关核准登记的法定代表人是代表企业行使职权的签字人，其签字应当向登记主管机关备案。对于法定代表人的任职资格，《市场主体登记管理条例》第12条规定："有下列情形之一的，不得担任公司、非公司企业法人的法定代表人：(一) 无民事行为能力或者限制民事行为能力；(二) 因贪污、贿赂、侵占财产、挪用财产或者破坏社会主义市场经济秩序被判处刑罚，执行期满未逾5年，或者因犯罪被剥夺政治权利，执行期满未逾5年；(三) 担任破产清算的公司、非公司企业法人的法定代表人、董事或者厂长、经理，对破产负有个人责任的，自破产清算完结之日起未逾3年；(四) 担任因违法被吊销营业执照、责令关闭的公司、非公司企业法人的法定代表人，并负有个人责任的，自被吊销营业执照之日起未逾3年；(五) 个人所负数额较大的债务到期未清偿；(六) 法律、行政法规规定的其他情形。"另值得注意的是，2005年大修后的《公司法》第13条规定，公司法定代表人依照公司章程的规定，由董事长、执行董事或者经理担任，并依法登记。这改变了1993年《公司法》中仅允许董事长作为公司法定代表人的规定，赋予公司选择法定代表人更多的自主空间，有助于提高公司竞争力，完善公司治理结构。我国法律对执行事务合伙人的任职资格并未作出特别规定，这意味着，执行事务合伙人具有完全民事行为能力即可。

(四) 注册资本

注册资本是指商人的各股东或发起人或商事个人实缴或者认缴的并在登记

机构登记的出资数额,它对于商事主体的设立、运营及债务承担都有非常重要的意义。比如,依据《公司注册资本登记管理规定》(2014年修订),公司注册资本是公司登记机关依法登记的全体股东或者发起人实缴或者认缴的出资额。公司登记机关依据法律、行政法规和国家有关规定登记公司的注册资本,对符合规定的,予以登记;对不符合规定的,不予登记。公司注册资本数额、股东或者发起人的出资时间及出资方式,应当符合法律、行政法规的有关规定。2005年《公司法》大修时,大幅降低了非特殊行业之公司的注册资本最低限额,如一人公司最低注册资本为人民币10万元,有限责任公司注册资本的最低限额为3万元,股份有限公司注册资本的最低限额为500万元。在出资方式上也更为灵活,公司股东可以用货币出资,也可以用实物、知识产权、土地使用权等可以用货币估价并可以依法转让的非货币财产作价出资。2013年《公司法》修订资本制度时,彻底取消了非特殊行业之公司的注册资本最低限额,并进一步放宽对出资方式和出资时间的限制,比如取消货币出资额占公司注册资本的最低比例、允许公司章程自行约定出资期限。这些措施可以鼓励投资创业,促进经济发展和扩大就业。需注意的是,对于承担无限责任的商事合伙企业或个人独资企业,在出资方式上可以更灵活。比如,普通合伙人可以用劳务向合伙企业出资。

(五)经营范围

经营范围是商事主体从事经营活动的业务范围,应当依法经商事登记机关登记,由商事登记机关根据投资人或者企业的申请依法登记。企业的经营范围应当与章程或者合伙协议的规定相一致。经营范围分为许可经营项目和一般经营项目:许可经营项目是指依据法律、行政法规、国务院决定,须经有关部门批准方可开展经营的项目。其中,在企业申请登记前须经批准的经营项目称前置许可经营项目;在企业获得登记后须经批准的经营项目称后置许可经营项目。[①]一般经营项目是指不需批准,企业可以自主决定经营的项目。《企业经营范围登记管理规定》(2015年修订)第13条规定:"企业申请的经营范围中有下列情形的,企业登记机关不予登记:(一)属于前置许可经营项目,不能提交审批机关的批准文件、证件的;(二)法律、行政法规或者国务院决定规定特定行业的企业只能从事经过批准的项目而企业申请其他项目的;(三)法律、行政法规或者国务院决定等规定禁止企业经营的。"

实践中经常会遇到这样一个问题:商事主体如果超越经营范围进行经营活动会有什么后果呢?对于这个问题,1988年颁布的《企业法人登记管理条例》第13条规定,企业法人的经营范围应当与其资金、场地、设备、从业人员以及技术力量相适应;企业法人应当在核准登记注册的经营范围内从事经营活动。1993

[①] 参见《企业经营范围登记管理规定》(2015年修订)第4条。

年颁布的《公司法》也规定,公司应当在登记的经营范围内活动,超越经营范围的行为无效。这样的规定不免有时代局限性。为此,2005年《公司法》大修时,作了如下修改:公司的经营范围由公司章程规定,并依法登记;公司可以修改公司章程,改变经营范围,但是应当办理变更登记;公司的经营范围中属于法律、行政法规规定须经批准的项目,应当依法经过批准。① 可见,修订后的《公司法》删除了原《公司法》中"公司超越经营范围的行为无效"的规定。这是公司立法的一大进步,反映了公司立法的发展趋势,也反映了实践的要求。

二、商事登记的种类

关于商事登记的种类,由于各国立法的差异和理论研究角度的不同,有不同的分类标准。②

首先,根据商事主体的不同类型,主要分为商个人登记、商合伙登记、商法人登记。当然,各国商事主体的类型不完全相同,"人无我有"和"人有我无"的情形均为常见。

其次,根据商事登记内容的不同,可分为共通事项登记和特定事项登记。共通事项登记是具有共性的登记事项,而特定事项登记根据我国台湾地区"商业登记法"规定,包括限制行为能力人之营业登记、法定代理人代营之登记、经理人及主办会计人员之登记、商业或负责人特别印章之登记。这一区分方法既顾及了共性,又考虑到相关商事主体的特性。

最后,根据登记的事由不同,可分为设立登记、变更登记、注销登记。我国即采取这一分类标准。③

(一)设立登记

设立登记,即开业登记,是指为使商事主体成立并取得商事主体资格,由商事主体的创设人向登记主管机关提出申请,并由登记主管机关办理登记的法律行为。它是所有登记中最基础、最重要的登记类型。

1. 设立登记的申请人与设立原则

设立登记当然要有申请人。我国有关商事登记的法律规范对不同的商事主体申请人作了不同的规定:个人独资企业以投资人或者其委托的代理人为申请人;合伙企业以全体合伙人指定的代表或者共同委托的代理人为申请人;企业法人的登记,由该企业的组建负责人申请。不过,公司登记有特别规定:有限责任公司以全体股东指定的代表或者共同委托的代理人为申请人;股份有限公司以

---

① 现行《公司法》(2018年修正)第12条。
② 参见任先行主编:《商法总论》,北京大学出版社、中国林业出版社2007年版,第182—183页。
③ 参见《市场主体登记管理条例》第3条第2款。

董事会为申请人;国有独资公司以国务院或者地方人民政府授权的本级人民政府国有资产监督管理机构作为申请人。

至于申请人何时提出设立登记,由于是否从事商事活动取决于商事主体的意思,因此许多国家立法一般不对此作规定。但是,鉴于有些商事主体的设立还需要经过核准,这时会有时间要求。我国《市场主体登记管理条例》第21条第2款规定:"法律、行政法规或者国务院决定规定设立市场主体须经批准的,应当在批准文件有效期内向登记机关申请登记。"另外,依据《公司法》第92条,以募集方式设立股份有限公司的,应当于创立大会结束后30日内向公司登记机关申请设立登记。

商事主体的设立是否需要经过核准实际上体现了设立登记的不同原则。从国外商事主体的发展历史看,商事主体的设立原则经历了自由设立、特许主义设立、核准主义设立、准则主义设立原则的沿革。

(1) 自由设立原则。自由设立原则也称放任主义设立原则,是指国家法律对商事主体的设立不加任何限制,商事主体如何设立、何时成立等,完全由设立人自由决定,无须履行任何法律手续即可成立。这一原则盛行于欧洲中世纪末的自由贸易时代。它虽在一定程度上促进了当时经济的发展,但导致了滥设商事主体的不良后果,危及了社会交易的安全。近代以后,该原则即为各国所抛弃。

(2) 特许主义设立原则。特许主义设立原则是指商事主体的设立必须经国家元首或议会以颁布特许令,或通过特别法令的形式予以许可,方可为之。未得特许令者,不得以商事主体的形式开展商事活动。此种原则起源于13至15世纪,盛行于17至19世纪初的英国、荷兰等国。它虽克服了自由设立原则的缺陷,有效地控制了一度蔓延的滥设商事主体的现象,但因手续烦琐、时间缓慢,严重制约了商事组织的成立和发展。因此,19世纪后,该原则逐渐被各国放弃。

(3) 核准主义设立原则。核准主义设立原则也称行政许可主义或审批主义原则,是指设立商事主体除应具备法定的设立条件外,还需事先取得政府主管机关的审核批准,否则不得成立商事主体。该原则虽降低了特许主义设立原则盛行时给商事主体设立带来的不确定性,但需经过烦琐的审批手续。不仅如此,严格的核准主义设立原则还为行使审批权的政府机构及其工作人员滥用权力、以权谋私提供了条件。因此,客观上讲,它与市场经济环境下讲求公平、效率的商法原则仍存不协调之处。

(4) 准则主义设立原则。准则主义设立原则也称登记主义设立原则,是指设立商事主体无须经政府的审核、批准,只要符合法律规定的各项条件,设立人即可直接登记成立商事主体。这是当今世界各国最为普遍采用的一种设立原则。之所以如此,主要是因为:一方面,法律规定了商事主体的设立条件和程序、设立人的法律责任等,能有效地控制滥设商事主体现象的出现;另一方面,因免去了获取特许令或获得批准的烦琐手续而使设立商事主体变得灵活、方便,极大地促进了社会经济活动的繁荣和发展,有助于各国政府对社会经济活动的监管。

我国商事主体的设立原则也经历了一个演变过程。在计划经济时代,立法奉行的是核准主义设立原则,对包括公司在内的各类企业的设立,除具备法律规定的实质条件外,还须经政府有关主管部门批准。随着市场经济体制的确立,我国对商事主体的设立原则进行了重大的改革。1993年颁布的《公司法》,在公司设立原则问题上一改延续了几十年的设立公司必须先行审批的核准主义设立原则,采取了核准主义与准则主义并行原则。适用核准主义原则的是所有的股份有限公司和部分特殊的有限责任公司(如中外合资有限责任公司、保险公司、证券公司等);适用准则主义原则的主要是一般行业的有限责任公司。2005年修订后的《公司法》所采取的公司设立原则应属准则主义原则,但该原则并不排除那些确实需要经国家审批的特殊公司的设立仍按特殊法规履行审批手续。与1993年《公司法》相比,在公司设立原则的选择上,2005年修订后的《公司法》不仅仅是在立法原则的选择上有了突破,而且在立法技术及适用效果上都做到了兼顾。①

2. 设立的条件及应提交的法定文件

设立商事主体需要满足法律规定的条件。比如,现行《公司法》第23条规定:"设立有限责任公司,应当具备下列条件:(一)股东符合法定人数;(二)有符合公司章程规定的全体股东认缴的出资额;(三)股东共同制定公司章程;(四)有公司名称,建立符合有限责任公司要求的组织机构;(五)有公司住所。"根据《公司法》第76条,设立股份有限公司的条件大体相似。《合伙企业法》第14条规定:"设立合伙企业,应当具备下列条件:(一)有二个以上合伙人。合伙人为自然人的,应当具有完全民事行为能力;(二)有书面合伙协议;(三)有合伙人认缴或者实际缴付的出资;(四)有合伙企业的名称和生产经营场所;(五)法律、行政法规规定的其他条件。"

设立登记时还应提交法定文件。《市场主体登记管理条例》第16条第1款规定:"申请办理市场主体登记,应当提交下列材料:(一)申请书;(二)申请人资格文件、自然人身份证明;(三)住所或者主要经营场所相关文件;(四)公司、非公司企业法人、农民专业合作社(联合社)章程或者合伙企业合伙协议;(五)法律、行政法规和国务院市场监督管理部门规定提交的其他材料。"这是一般的共性的条件,如果设立不同类型的商事主体,要注意根据不同的要求提交不同的文件。此外,《市场主体登记管理条例》第16条第2、3款规定:"国务院市场监督管

---

① 参见顾功耘主编:《商法教程》(第二版),上海人民出版社、北京大学出版社2006年版,第93—94页。

理部门应当根据市场主体类型分别制定登记材料清单和文书格式样本,通过政府网站、登记机关服务窗口等向社会公开。""登记机关能够通过政务信息共享平台获取的市场主体登记相关信息,不得要求申请人重复提供。"

根据《市场主体登记管理条例》第 19 条、第 20 条和第 21 条的规定,通常情况下,登记机关仅对申请材料进行形式审查。对申请材料齐全、符合法定形式的予以确认并当场登记;不能当场登记的,应当在 3 个工作日内予以登记;情形复杂的,经登记机关负责人批准,可以再延长 3 个工作日。申请材料不齐全或者不符合法定形式的,登记机关应当一次性告知申请人需要补正的材料。如果登记申请不符合法律、行政法规规定,或者可能危害国家安全、社会公共利益,登记机关不予登记并说明理由。登记机关予以设立登记的,签发营业执照;营业执照签发日期为市场主体的成立日期。

(二) 变更登记

变更登记是指商事登记机关对已经成立的商事主体,因其自身状况发生变化,要求其依法对变更后的状态予以再登记的行为。通常,商事主体因名称、主体类型、住所、经营场所、法定代表人、经营范围、经营方式、注册资本、股东人数、经营期限或因合并、分立、转让、出租、联营等发生变化,都会导致变更登记。

《市场主体登记管理条例》第 24 条规定,市场主体变更登记事项,应当自作出变更决议、决定或者法定变更事项发生之日起 30 日内向登记机关申请变更登记;市场主体变更登记事项属于依法须经批准的,申请人应当在批准文件有效期内向登记机关申请变更登记。第 26 条规定,市场主体变更经营范围,属于依法须经批准的项目的,应当自批准之日起 30 日内申请变更登记;许可证或者批准文件被吊销、撤销或者有效期届满的,应当自相关事由发生之日起 30 日内向登记机关申请变更登记(或办理注销登记)。第 27 条规定,市场主体变更住所或者主要经营场所跨登记机关辖区的,应当在迁入新的住所或者主要经营场所前,向迁入地登记机关申请变更登记。

可见,商事主体变更登记要遵循法定程序、法定方式,如果未向登记机关履行变更登记手续,商事主体是不能擅自改变登记事项的。根据《市场主体登记管理条例》的相关规定,登记机关应当自收到符合规定的有关全部文件后,在规定的时间内作出是否予以变更登记的决定。变更登记事项如果涉及商事主体营业执照记载事项,登记机关应当及时为商事主体换发营业执照。

(三) 注销登记

当商事主体出现法律规定的应予终止营业的原因时,其商事登记应当被予以注销。商事登记注销程序有依当事人申请和依职权注销两种模式。前者是根据当事人申请,后者是登记机关发现法定事由而为之。无论何种注销登记,法律对注销的处理均有法定要求。①

商事主体申请注销登记前,除法律另有规定外,应当进行清算。根据《市场主体登记管理条例》第 32 条的规定,清算组应当自成立之日起 10 日内将清算组成员、清算组负责人名单通过国家企业信用信息公示系统公告;清算组应当自清算结束之日起 30 日内向登记机关申请注销登记。经登记机关对提交的文件核准后,依法收缴营业执照或营业执照及副本、收缴公章、撤销其登记注册号,并将注销登记情况通知开户银行,商事主体资格依法终止。另外,《市场主体登记管理条例》第 34 条规定,人民法院裁定强制清算或者裁定宣告破产的,有关清算组、破产管理人可以持人民法院终结强制清算程序的裁定或者终结破产程序的裁定,直接向登记机关申请办理注销登记。

《市场主体登记管理条例》第 33 条还规定了办理注销登记的简易程序。简易程序适用于商事主体"未发生债权债务或者已将债权债务清偿完结,未发生或者已结清清偿费用、职工工资、社会保险费用、法定补偿金、应缴纳税款(滞纳金、罚款)",因而无须另行清算的情形。全体投资人须书面承诺对上述情况的真实性承担法律责任。商事主体应当将承诺书及注销登记申请通过国家企业信用信息公示系统公示,公示期为 20 日。在公示期内无相关部门、债权人及其他利害关系人提出异议的,商事主体可以于公示期届满之日起 20 日内向登记机关申请注销登记。个体工商户按照简易程序办理注销登记的,无须公示,由登记机关将个体工商户的注销登记申请推送至税务等有关部门,有关部门在 10 日内没有提出异议,可以直接办理注销登记。商事主体注销依法须经批准的,或者商事主体被吊销营业执照、责令关闭、撤销,或者被列入经营异常名录的,不适用简易注销程序。

第四节 商事登记的程序

商事登记的程序是指法律规定的在办理商事登记时,申请登记的商事主体和商事登记机关所应共同遵守的法定实施步骤。对申请登记的商事主体来说,有了登记程序,就可以清楚地知道自己在经济活动中的权利和义务,从而维护自己的合法权益。对商事登记机关来说,有了登记程序,可以保障登记活动的有效、有序进行。商事登记程序作为商事登记制度中的重要组成部分,是整个商事登记制度的核心,对于实现商事登记法律制度的目的起着十分重要的作用。世界各国为保证商事登记的安全和效率,都竭力设定比较完善的登记程序。一般认为,商事登记的程序应包括四个阶段:申请与受理、审查、核准和公告。

---

① 参见范健、王建文:《商法总论》(第二版),法律出版社 2019 年版,第 255 页。

一、申请与受理

申请是商事登记程序的起始阶段,是指由商事主体的申请人向商事登记主管机关提出的设立商事主体或变更已登记事项或终止商事主体登记请求的行为。提出申请应依法律规定提交有关文件、证件。如果经营活动涉及前置许可经营项目,还需提交行业主管部门的许可证明。对不同的商事主体,法律规定的申请条件和申请时提交的文件和证件也有所区别。只有符合法定要求,登记主管机关才予以受理。

通常情况下,申请必须以书面的形式提交,也可以通过信函、电报、电传、传真、电子数据交换和电子邮件等方式提出申请。通过后面这些方式提出申请的,应当提供申请人的联系方式以及通讯地址。

受理是指登记机关对登记申请人提交的登记文件予以初步审查,确认文件已经齐备、符合申请条件后作出的接受商事主体申请登记的法律行为。登记机关在决定受理申请人的申请时,应向申请人出具受理通知书并载明受理时间。决定不予受理的,应当出具《不予受理通知书》,说明不予受理的理由。

二、审查

审查是指受理登记申请的机关,在接到申请者所提交的申请之后,于法定期限内,对申请者所提交的申请内容,依法进行审查的活动。审查的目的在于通过审查,确认向登记主管机关申请设立的商事主体是否符合国家法律规定的设立要件,能否取得合法的市场经营主体资格,能否给予核准登记并颁发营业执照,从而使其能够以法人或非法人组织的身份从事生产经营活动。

从各国立法来看,审查主要存在三种立法例。

(一) 形式审查主义

所谓形式审查主义,即登记机关仅对申请是否符合法律要求进行审查,而不对登记事项的真伪调查核实。换言之,登记机关对于申请人提交的有关文件、证件等,仅审查其形式上是否合法,而对其记载事项的真实性,并不负有进行审查的责任。这个做法的优点是简单便捷,可以加快审查进程,提高审批效率;缺点是公信力较弱,即使已经登记注册,也难证明其为真实可信,容易产生商事欺诈行为。所以,一般采用这种审查方式的是信用制度建设比较好的国家,并且要有相配套的制度设计。比如,目前北欧各国的公司注册制度规定,登记机关对公司申请材料,只进行形式上审查,材料的真实性由股东、董事、经理承担责任,由会计师、律师承担连带责任。

(二) 实质审查主义

所谓实质审查主义,即登记机关不仅对申请者所提交的申请从形式上审查其是否合法,而且对申请事项予以调查核实,以保证登记事项的法律效力。依此主义,凡经登记之事项,皆有证明其为真实合法之效力。这个做法的优点是可以保证登记事项的真实性、合法性,防止出现商事欺诈行为;主要缺点是登记机关要承担很多的工作量,这无疑会使商事登记的周期延长,并造成登记成本的增加,不符合商法的效率效益原则。法国采取实质审查主义。

（三）折中审查主义

所谓折中审查主义,即登记机关在审查申请材料时,对一些重点或者存在疑问的登记事项,予以实质审查。但已登记的事项不能因此而推定为完全真实,其登记事项的真伪最终取决于执法机关的裁决。这个做法的优点是可以集形式审查制和实质审查制的优点,而避其不足。但折中审查制也存在弊端——登记机关可以自由选择是否对某一事项进行实质审查,这可能会使登记机关的自由裁量权过大。怎样从制度设计上解决这个问题,对折中审查制的顺利推行有重要的意义。可以针对不同的商事主体作不同的规定。比如,对股份有限公司和重要的有限责任公司应当进行实质审查,对商个人、商合伙进行形式审查;等等。另外,建立一支职业素质良好的审查队伍,也是发挥折中审查制优越性的关键。世界上大多数国家采取折中审查主义。

从我国具体情况来看,1988年发布的《企业法人登记管理条例施行细则》第55条规定,登记主管机关应审核提交的文件、证件和填报的登记注册书的真实性、合法性、有效性,并核实有关登记事项和开办条件。这一规定表明当时我国商事登记采取的是实质审查主义。2004年6月10日国家工商行政管理总局颁布的《企业登记程序规定》第9条规定,登记机关收到登记申请后,应当对申请材料是否齐全、是否符合法定形式进行审查;申请材料齐全是指国家工商行政管理总局依照企业登记法律、行政法规和规章公布的要求申请人提交的全部材料;申请材料符合法定形式是指申请材料符合法定时限、记载事项符合法定要求、文书格式符合规范。该规定第11条又补充规定,企业登记机关认为需要对申请材料的实质内容进行核实的,应当派两名以上工作人员,对申请材料予以核实;经核实后,提交"申请材料核实情况报告书",根据核实情况作出是否准予登记的决定。至此,我国转向了折中审查主义。值得注意的是,《企业登记程序规定》于2020年被废止,而当时施行的《企业法人登记管理条例施行细则》(2020年修订)仅规定登记机关应"审查提交的文件、证件和填报的登记注册书是否符合有关登记管理规定"(第39条),并未明确具体的审查标准和步骤。《市场主体登记管理条例》则明确规定,登记机关应当对申请材料进行"形式审查",且审查内容是申请材料是否齐全、符合法定形式(第19条);当登记申请不符合法律、行政法规规定,或者可能危害国家安全、社会公共利益时,登记机关应不予登记并说明理由(第20条)。这标志着我国如今已采取形式审查主义。

三、核准

登记机关在收到申请人的申请及相关的材料并予以审查之后,应在法定期限内将审查结果即核准登记或不予登记的决定及时通知申请人。申请人亦有相应的请求权。各国立法为限制登记机关滥用职权,保证其及时履行登记职责,大都对登记机关的核准有一定的时限要求。我国同样如此。根据《市场主体登记管理条例》第 19 条的规定,对申请材料齐全、符合法定形式的,登记机关应予以确认并当场登记。不能当场登记的,应当在 3 个工作日内予以登记;情形复杂的,经登记机关负责人批准,可以再延长 3 个工作日。申请材料不齐全或者不符合法定形式的,登记机关应当一次性告知申请人需要补正的材料。

申请人申请商事主体设立登记,登记机关依法予以登记的,应签发营业执照。登记机关还应为该商事主体编定注册号码,在颁发的证照上加以证明,并记入登记档案;还应及时通知法定代表人(负责人)领取证照,并办理法定代表人签字备案手续。

四、公告

商事登记事项经核准登记之后,应及时予以公告。公告是指将商事登记的有关事项,通过一定的途径让公众周知。公告作为商事登记程序的最后一个阶段,对实现商事登记的目的意义重大。各国立法一般对发布公告的主体、公告发布的具体方式及公告效力作出明确规定。

首先,关于发布公告的主体,通常由商事登记机关发布。如《德国商法典》规定,发布公告的主体为法院。依据我国相关法律规定,商事登记公告只能由登记主管机关公告,其他任何单位未经主管机关批准无权公告。[1]

其次,关于公告的具体方法,各国立法例及商业习惯各有不同:有的是在专门设立的公告场所进行公告,有的是在当地的商业报纸上进行公告,有的则是将登记事项登载于政府的官方公报上。我国国家工商行政管理局 1990 年 6 月发布的《企业法人登记公告管理办法》第 6 条规定:"企业法人登记公告的基本形式为期刊式,刊名为《中国企业法人登记公告》,规格式样和组织发布时间由国家工商行政管理局统一规定。"这一规定虽然有集中公开发布和便于相关商事主体查阅的优点,但是期刊有一定的滞后性,这严重违背了公告及时性的要求。后来在实践中,多通过登记主管机关指定的报纸、期刊进行公告。目前,电子形式已经成为各国主要的公告方式。根据欧盟法律要求,自 2007 年 1 月 1 日起,欧盟国家将全部采用电子登记并实行电子公告。这种形式有利于加快公告速度,也便

---

[1] 参见范健、王建文:《商法总论》(第二版),法律出版社 2019 年版,第 261 页。

于更多公众进行查询。根据我国相关法律规定,登记主管机关应当将商事主体登记、备案信息通过企业信用信息公示系统向社会公示。

最后,关于公告的效力,公告不仅仅具有公示的作用,而且直接影响到商事登记的效力问题。许多国家虽立法各异,但其商事登记立法都将公告与登记的效力联系在一起,而我国目前却没有明确规定。

可见,虽然我国已经有关于商事登记公告的规定,但尚未形成完备的公告制度,而公告制度直接关系到商事登记程序制度功能的实现。因此,商事登记公告制度的建立与完善尤为重要。

第五节 商事登记的效力与监管

商事登记依法公告后,能在法律上产生一定的后果,主要包括两个方面:一是商事登记的效力问题,二是商事登记的监管问题。

一、商事登记的效力

商事登记的效力是指登记事项经登记后所产生的法律上的拘束力。我国现行法律对这个问题规定不够完备,尤其对商事登记的一般效力缺乏明确规定,在特殊效力方面,除了创设效力外,对其他特殊效力的规定也缺乏系统性。在这种情形下,学者们纷纷各抒己见。以下介绍几种主要观点:[①]

第一,有学者认为,商事登记具有双层结构,"双层"体现为对内确权以及对外扩权且公示。商事主体内部的法律关系无须经商事登记即可生效,商事登记对内仅体现为对内部关系的确认,而内部法律关系经商事登记,其效力将扩张,形成对第三人的效力。[②]

第二,有学者将商事登记中的公司登记效力区分为证明效力、公信效力、对抗效力,并认为,公司登记仅具有确认公司法人资格和一般营业能力的效力,而没有设权效力。之所以在行政机关登记,目的在于利用行政机关的权威性使登记的事项产生相当的证据效力,为司法裁判和行政管理提供依据。同时,登记事项一经登记对第三人即形成合理的信赖,产生对第三人的公信效力;公司登记事项一经登记,即可对第三人形成对抗效力,从而产生免责的效力。[③]

第三,许多学者将商事登记的效力分为一般效力和特殊效力,但对二者的内涵有不同见解。有学者认为,一般效力指公信效力或对抗效力;特殊效力包含四

[①] 参见赵旭东、邹学庚:《商事登记效力体系的反思与重构》,载《法学论坛》2021年第4期。
[②] 参见石一峰:《论商事登记第三人效力》,载《法商研究》2018年第6期。
[③] 参见王远明、唐英:《公司登记效力探讨》,载《中国法学》2003年第2期。

种,即创设效力、弥补效力、宣告效力、免责效力。① 另有学者认为,确认效力是商业登记的首要、一般效力,创设效力、公信效力或公示效力仅是商业登记的特殊效力。②

笔者比较赞同把商事登记的效力分为一般效力和特殊效力。一般效力是一种对抗效力,即任何登记事项经注册登记并公告后便赋予公信力,登记行为人可以凭借该登记事项对抗第三人。特殊效力指除对抗效力外的其他效力,比如创设效力、免责效力等。之所以将对抗效力视为一般效力,其他效力归为特殊效力,其理由是:其一,对抗效力具有普遍性,而创设效力具有限定性,即任何商事登记都有公示力,但登记是否有创设效力要取决于法律的规定和合同的约定;其二,效力根据不同,对抗效力为法定的公信力,而创设效力、免责效力需要专门规定或约定;其三,拘束对象不同,创设效力是对特定当事人即对登记申请人有约束力,而对抗效力的对象是不特定的第三人。③

前已述及,商事登记制度中有很多强行性规定。商事主体作为登记申请人是否需要登记,以及登记的内容及程序,必须严格按照法律的规定进行。当登记申请人没有按照法律的规定进行登记时,包括未经登记及已经登记还未公告的,任何该登记事项的行为人都不能用该事项来对抗第三人,除非第三人已经了解该事项的真实情况。这是商事登记的对抗效力中的消极效力。德国法学界将这种对抗效力称为消极公示主义。《德国商法典》第15条第1款规定:"在一个应被登入商事登记簿的事实未被登记和公告期间,在其事务上应当对此项事实登记的人,不得以此项事实对抗第三人,但此项事实为第三人所知悉的,不在此限。"④《日本商法典》第9条第1款第1句规定:"本编所规定之应登记事项,未经登记不能对抗善意第三人。"⑤

而对抗效力中的积极效力是指申请人按照法律的规定完成所有的登记的内容及程序后,即应登记事项业已登记和公告后,除第三人基于不可抗力之正当理由对此尚不知悉外,不论该第三人是善意或恶意,均能对其产生对抗力。德国法学界将这种对抗效力称为积极公示主义。《德国商法典》第15条第2款规定:"此项事实已经被登记和公告的,第三人必须承受此项事实的效力。"⑥《日本商法典》第9条第1款第2句规定:"即使已做登记,当第三人因正当事由而未能知

---

① 参见郭富青:《论商事登记制度的若干法律问题——兼论我国商事登记的改革与完善》,载《甘肃政法学院学报》2002年第3期;石慧荣:《商业登记的制度检讨与立法展望》,载《西南民族大学学报(人文社会科学版)》2008年第7期。
② 参见叶林:《商业登记法的基本问题》,载《扬州大学学报(人文社会科学版)》2011年第2期。
③ 参见石惠荣:《商事制度研究》,法律出版社2003年版,第8—9页。
④ 《德国商法典》,杜景林、卢谌译,中国政法大学出版社2010年版,第15页。
⑤ 《日本最新商法典译注》,刘成杰译注,中国政法大学出版社2012年版,第22页。
⑥ 《德国商法典》,杜景林、卢谌译,中国政法大学出版社2010年版,第15页。

悉登记事项时,登记同样不具有对抗效力。"①

商事登记的特殊效力主要体现在以下几个方面:

(1) 创设效力。新成立的股份有限公司或有限责任公司要取得法人资格,很多国家都规定注册登记是必经程序。如《法国商法典》第 L210-6 条第 1 款规定:"商事公司自其在'商事及公司注册登记簿'上注册登记之日起享有法人资格。"②因此,登记具有创设效力。我国采取登记要件主义,对任何企业乃至个体工商户,依法登记是其取得法人资格或营业主体资格的必要条件,无须办理登记的情形非常有限。③

(2) 弥补效力。公司依法登记成立对其成立之前设立过程中某些瑕疵具有弥补的功能。如《韩国商法》第 320 条规定:"公司成立之后认股人不得以认股书上的要件不全为由主张其认股无效,或者以欺诈、胁迫为由取消认股。出席创立大会已行使其权利的人,在公司成立之前,亦同。"④根据登记而成立的公司,即使有成立无效或撤销的判决,其以往的与第三人的法律关系仍能够得到维持。如澳门特别行政区《商法典》第 191 条第 2 款规定:"如公司已登记或已开始营业,宣告设立无效或撤销设立将导致公司清算,但不影响与善意第三人所订立之行为。"⑤

(3) 宣告效力。登记事项经注册并公告后仅能证明其客观存在的法律状况。在德国,商事登记具有宣告的效力而非创设效力。但登记仍是商人的义务。如果未履行此项义务,将被处以罚款。

(4) 免责效力。根据商事主体的变更和注销登记,如果该登记经主管机关的批准而生效者,则商事主体可对基于该登记而生的责任发生部分或全部免责的效力。

以上所述一般效力和特殊效力均以真实的登记为前提,假如存在不实登记,又将产生何种效力呢? 各国商法一般均作出这样的规定:当事人因故意或过失而为不实登记时,应以登记的事项为准,不得以之对抗善意第三人。例如,《日本商法典》第 9 条第 2 款规定:"故意或过失登记不实事项者,不得以此事项乃不实事项为由对抗善意第三人。"⑥又如,《德国商法典》第 15 条第 3 款规定:"一项应登记的事实不正确地被公告的,对于在其事务上应当对此项事实登记的人,第三人可以援用所公告的事实,但其知悉不正确的,不在此限。"⑦不实登记的规定是商法中"外观主义"原理的表现,目的在于维护商事登记的公信力,保护信赖登记

---

① 《日本最新商法典译注》,刘成杰译注,中国政法大学出版社 2012 年版,第 22—23 页。
② 《法国商法典》(上册),罗结珍译,北京大学出版社 2015 年版,第 204 页。
③ 《市场主体登记管理条例》第 3 条;《无证无照经营查处办法》第 3 条。
④ 《韩国商法》,吴日焕译,中国政法大学出版社 1999 年版,第 66 页。
⑤ 范健、王建文:《商法总论》(第二版),法律出版社 2019 年版,第 264 页。
⑥ 《日本最新商法典译注》,刘成杰译注,中国政法大学出版社 2012 年版,第 24 页。
⑦ 《德国商法典》,杜景林、卢谌译,中国政法大学出版社 2010 年版,第 15 页。

的善意第三人。若法律规定不实登记没有任何效力,会给信赖登记的善意第三人造成意外的损失,商事登记的信用与功能会遭到破坏。所以,为寻求法律上的利益平衡,各国商法往往如上规定不实登记的效力。

商事登记的一般效力、特殊效力和不实登记的效力都是在对绝对登记事项进行了登记的情况下产生的。绝对登记事项是强制登记事项,为依法必须登记的事项,只要有一定事实发生登记义务人即应报告登记。各国商法上的登记事项多为绝对登记事项。绝对登记事项一般定有一定期间,而在该期间内义务人怠于进行绝对事项的登记会产生什么效力,也值得我们研究。

二、商事登记的监管

商事登记的监管即商事登记的监督管理,是指登记机关依照法定职责对商事主体及其登记事项实行的检查监督。这是狭义上的理解。广义上的监管不仅包括主管机关,还包括社会公众的监督管理。社会公众的监督管理主要是通过规定公众有权查阅商事登记簿、查阅与登记相关的各项资料和信息对商事主体的经营状况进行监督。在我国,商事主体的登记、备案信息会通过企业信用信息公示系统向社会公示。下面主要介绍登记机关的监督管理。

1. 对登记事项和经营活动的日常监管

《市场主体登记管理条例》第38条规定,登记机关应当根据商事主体的信用风险状况实施分级分类监管;登记机关应当采取随机抽取检查对象、随机选派执法检查人员的方式,对商事主体登记事项进行监督检查,并及时向社会公开监督检查结果。第39条规定,登记机关对商事主体涉嫌违反登记法规的行为进行查处,可以行使下列职权:(1)进入市场主体的经营场所实施现场检查;(2)查阅、复制、收集与市场主体经营活动有关的合同、票据、账簿以及其他资料;(3)向与市场主体经营活动有关的单位和个人调查了解情况;(4)依法责令市场主体停止相关经营活动;(5)依法查询涉嫌违法的市场主体的银行账户;(6)法律、行政法规规定的其他职权。登记机关行使上述第4项、第5项规定的职权的,应当经登记机关主要负责人批准。第40条规定,提交虚假材料或者采取其他欺诈手段隐瞒重要事实取得商事主体登记的,受虚假商事主体登记影响的自然人、法人和其他组织可以向登记机关提出撤销市场主体登记的申请;登记机关受理申请后,应当及时开展调查;经调查认定存在虚假商事主体登记情形的,登记机关应当撤销商事主体登记。登记机关也可以依职权主动处理此类情形。[①]

对商事主体进行处罚时,登记主管机关应当根据违法行为的情节,追究商事主体内主要负责人员的行政责任、经济责任;构成犯罪的,由司法机关依法追究

---

① 参见《市场主体登记管理条例》第44条。

刑事责任。对于登记主管机关的监督检查,各商事主体应积极配合,提供检查所需的文件、账册、报表及其他相关资料。

2. 企业年度报告公示制度

我国曾长期实行企业年检制度。根据当时的规定,企业法人应当按照登记主管机关规定的时间提交年检报告书、资金平衡表或者资产负债表;登记主管机关应当对企业法人登记的主要事项进行审查;企业法人通过年度检验后方可获得继续从事生产经营的权利。

2014年2月7日,国务院公布《注册资本登记制度改革方案》,将企业年检制度改为企业年度报告公示制度。国家工商行政管理总局据此决定自当年3月起停止企业年检工作。如今,《市场主体登记管理条例》第35条规定:"市场主体应当按照国家有关规定公示年度报告和登记相关信息。"

3. 证照管理

这里的证照指商事主体的营业执照,有正本和副本的区分。它们都是主管机关核发的,内容相同,具有同等法律效力。但两者使用上有些区别:正本为悬挂式,只有一份,必须置于企业住所或者分支机构营业场所的醒目位置;办理税务登记必须提供正本。副本为折叠式,可以有多份,企业可以根据业务需要向登记机关申请核发营业执照若干副本,主要是供企业在其经营活动中提供证明之用。

《市场主体登记管理条例》第36、37条是关于证照管理的专门规定,其主要内容有以下几方面:(1)商事主体应当将营业执照置于住所或者主要经营场所的醒目位置。从事电子商务经营的市场主体应当在其首页显著位置持续公示营业执照信息或者相关链接标识。(2)任何单位和个人不得伪造、涂改、出租、出借、转让营业执照。(3)营业执照遗失或者毁坏的,商事主体应当通过国家企业信用信息公示系统声明作废,申请补领。登记机关依法作出变更登记、注销登记和撤销登记决定的,商事主体应当缴回营业执照;拒不缴回或者无法缴回营业执照的,由登记机关通过国家企业信用信息公示系统公告营业执照作废。

4. 登记档案管理

企业登记档案是反映企业登记状况的基础资料。它是对各种行业各个企业基本信息的客观反映,既可以为国家决策部门或有关部门开展工作提供必要的数据,又可以为社会公众提供查询服务。因此,各级登记主管机关应当建立企业法人登记档案和登记统计制度,掌握有关企业法人登记的基本信息,引导主管部门进行宏观调控。社会公众借阅、抄录、携带、复制企业登记档案资料的,应当按照规定的权限和程序办理。任何单位和个人不得修改、涂抹、标注、损毁企业登记档案,违者将承担相应的法律责任。

第九章　商　　号

第一节　商 号 概 述

一、商号的概念及特征

（一）商号概念的界定

商号即商事名称，是指商事主体在从事商事行为时所使用的名称。商事主体使用名称的意义在于区分不同的市场交易主体，使市场交易主体特定化、个性化。

欲厘清"商号"的概念，尤其需要注意其与"字号"的区分。我国法律曾长期将二者混为一谈。《民法通则》在规定法人、个体工商户、个人合伙享有名称权的同时，又将个体工商户和个人合伙的名称称为"字号"。1991年5月发布的《企业名称登记管理规定》第7条第1款规定："企业名称应当由以下部分组成：字号（或者商号，下同）、行业或者经营特点、组织形式。"此处把字号等同于商号，并把二者划为企业名称的构成要素之一，这反映出我国当时商号法律保护体系中存在的矛盾与混乱。对商号规定的不明确，不仅导致实践中商号侵权纠纷愈演愈烈，也造成商号与其他商业标识冲突不断。

由于立法规定的矛盾，学者对商号的概念长期存在分歧，主要的争议在于对商号有广义和狭义的不同理解。广义上，商号是自然人、法人等主体在工商业活动中所使用的区别不同经营主体的名称；狭义上，商号等同于字号，是企业名称中不可或缺的组成部分。现行《企业名称登记管理规定》（2020年修订）改变了原先的规定，其第6条规定，企业名称由行政区划名称、字号、行业或者经营特点、组织形式组成。由此可见，"商号"已不再作为"字号"的同义词使用。本书认为，应当在广义上使用"商号"一词，即将其解释为商事名称。"字号"是"商号"的一部分，也是"商号"的精髓所在。例如，"上海大众汽车有限公司"这一商号，其价值的核心或者说灵魂确实在于"大众"这个字号。[1] 如此定义"商号"，有助于

---

[1] 就商号构成而言，唯字号这部分是可由商事主体在不违背禁用条款的前提下自由选择的，并且它最具有显著特征或者说识别性，是区分相同行业不同企业的最重要的标志。

更好地保护商号权。

就国外立法看,"商号"也有不同的含义及称谓。在美国普通法中,"产品、服务或商业企业的描述性词汇,以及人名、合伙名、公司名或一特殊地理位置的名称,被法院承认它们在商业交易中普遍使用,并将其归入商号(trade name)类"[1]。可见,美国对商号采取了更广义的含义,不仅仅指商事主体的名称。美国1946年《商标法》则将商号定义为"被制造商、工业企业主、商人、农场经营者或者其他采用来辨别其商业、行业或职业的任何名称"。英美法上,与"字号"相对应的词是"firm name",它通常指合伙的名称,"商号"称为"business name""trade name"或"commercial name"。相对来说,德国法上商号的概念较接近我们的定义。《德国商法典》第17条规定:"商人的商号是指商人以其进行营业和进行签名的名称。商人可以其商号起诉和应诉。"[2]可见,德国使用商号这个概念时是不区分不同的商事主体的,既可用于自然人,也可用于法人。瑞士法与德国法的规定也十分相似,商号既可用于独资企业,也可用于公司。

明确商号的概念对商事实践具有极为重要的意义。因为商号是商事主体人格化、特定化的标志,商事主体通过在经营活动中使用特定商号,能够使其与其他商事主体进行明显区分。同时,商号还是商誉的重要载体,能够维系和表彰商事主体的商业信誉,具有一定的经济价值,驰名商号更是成为商事主体无形资产的主要内容。

(二) 商号的特征

商号具有以下法律特征:

1. 标识性

商号不等于商人,本身不是法律上权利义务的承受者。商号是商人的指称,它依附于商主体而存在,是不同商主体之间相区别的外在标志。在商业活动中,商事主体需要使自己区别于他人,以维护自己不同于他人的特征。商号的这一功能为商事主体在市场竞争中提供了个性识别的符号。

2. 专有性

商号与商人不可分离,具体的商号总是对应于特定的商人。商人不能没有商号,商号也不能脱离商人而独立存在。商人的商事行为必须以自己商号的名义进行。

3. 价值性

由于具体的商号是与特定的商人联系在一起的,在长期的经营活动中会积

---

[1] 〔美〕查尔斯·R.麦克马尼斯:《不公平贸易行为概论》,陈宗胜等译,中国社会科学出版社1997年版,第59页。

[2] 《德国商法典》,杜景林、卢谌译,中国政法大学出版社2010年版,第17页。

淀下一定的商誉。商号是商誉的载体，这就使商号具有了特定的价值。商号价值的大小一般会随着商人经营状况的优劣、信誉的好坏而变化。

二、商号与相关概念的区别

（一）商号与姓名

姓名是自然人所具有的表明自己身份的符号，由文字组成。商号与姓名都具有表明自己身份的作用，但两者又存在明显差异。

首先，结构组成不同。姓名是由文字组成，具体由什么文字构成法律不作规定，起名者可自由决定，日常生活中还可以起笔名、艺名等。从法律上讲，公民的姓名应指身份证上的姓名。而商号的结构组成必须依照法律的规定，一般由地区名称、字号、行业或者经营特点、组织形式组成。

其次，法律性质不同。姓名作为表明自然人身份的符号，法律在保护时是将其作为一种人格权看待的，因此姓名权是不允许转让的。商号作为表明商事主体的符号，法律在保护时，不仅作为一种人格权加以保护，还作为一种财产权加以保护，因此商号权是可以转让的。同时，商号越有名，越可以给商事主体带来更多的经济利益。

最后，联系的对象不同。商号是与商誉紧密相连的，特定的商号联系着特别的商誉。而姓名是与作为对主体人格一般道德水平和行为方式的社会评价即名誉联系在一起的。

（二）商号与商标

商标是生产经营者在其商品或服务上使用的，由文字、图形、字母、数字、三维标志、颜色组合，或由这些要素组合构成的，具有显著特征，便于识别商品或服务来源的一种特别标志。在《保护工业产权巴黎公约》（又称《巴黎公约》）中，商号和商标同属工业产权的范畴，并且实践中商事主体以自己的商号的核心部分即字号作为文字商标申请注册的情况比较常见，这种"合二为一"的情形对加强保护有利，不过也会使人误认为商标与商号是一回事。实际上，作为区分商人本身标志的商号，与区分特定种类的商品或服务的商标之间是存在显著差异的。

首先，构成要素不同。商标通常由文字、图形、字母、数字、三维标志、颜色等构成，但商号只能用文字构成，而不能使用图形数字等来表示，并且各国立法均要求商号必须使用本国文字来表示。在我国，法律法规规定商号应使用规范的汉字。民族自治地方的商号可以使用其民族通用的民族文字。如果需要使用外文表示商号，则其外文名称应当与中文名称相一致，并报市场监督管理机关登记注册。

其次，表彰的对象不同。商号不一定与一种特定的商品或服务相联系而存在，但必须与特定商事主体相联系而存在，其表彰对象是特定的商事主体，即从总体上代表商人。因此,一个商人只能有一个商号,且每一个商人都必须有商号,没有商号的商人无法进行商事登记。商标则不能脱离其所依附的特定的商品或服务,其功能是通过特定种类的商品或服务上的特别标记来说明不同的商品或服务的出处。一个商人完全可能拥有多个商标,除了必须强制注册的项目,商人可以自主决定是否使用注册商标。

最后,调整的法律依据不同。相比专门的商标法保护注册商标的强保护,商号的法律保护就比较弱,具体的调整规范散见于各法律法规,如我国《公司法》《合伙企业法》等。商事主体依据这些法律规定向国家授权的各级市场监督管理机关进行登记,商号专用权原则上仅在其所登记的行政管辖区域范围内发生效力。而商标由于是统一向国家商标局核准注册的,其商标专用权在全国范围内具有法律效力。除此之外,商号没有法定期限的限制,一般只能随商事主体及其营业的消亡而终止。而商标专用权是有有效期限的,过了有效期不申请续展,商标专用权将会丧失。

(三) 商号与商誉

商誉是商事主体的名誉,是关于商事主体的职业道德、经营能力、资信状况、商品或服务质量等方面的综合社会评价。商号是商誉的载体,商誉的好坏又会直接影响到商号的价值及其所依附的商事主体,两者相辅相成,有紧密的联系,但也存在着明显的区别。

首先,取得的方式不同。商号由商事主体依照法定程序向主管机关申请登记,经核准成立和撤销。在我国,任何人使用未经登记注册的商号都是违法行为,要受到法律制裁。商誉的产生则无须经过法定程序,它是伴随商事主体的经营活动而自然产生的,而且一经产生即受法律保护。

其次,存在的形态不同。商号以特定的文字形态存在,是具体的、看得见摸得着的、具有相对稳定性。商誉是一种社会评价,始终处于信息状态,并且可以通过"内在的、外在的多种表现形态来反映"。[①] 所以,商誉是抽象的、无形的且富于变化的。

最后,保护的方式不同。商号具有特定的表现形态,法律保护商号权的方法是直接禁止商事主体使用同一注册地域内同行业其他商事主体的商号。商誉是涉及商事主体的生产、产品、销售、服务等多方面的综合社会评价,法律采用间接保护的手段,即禁止他人散布有关商事主体的商业道德、资信情况、商品质量或服务质量的不真实信息。

---

① 参见梁上上:《论商誉和商誉权》,载《法学研究》1993 年第 5 期。

三、商号制度的历史沿革

(一) 商号制度在西方的发展

早在人类社会有商品交换时就有商人,但当时商人只是自然人,可以以自己的姓名对外进行交易活动。随着商品经济的不断发展,商人的内涵也随之扩大,不仅包括自然人,也包括商合伙、商法人这些组织。组织是一个抽象的集合体,它必须有自己的名称对外进行交易活动。最初是以全体投资人的个人姓名来作为商事组织名称的,但当成员较多无法都罗列上去时,则用代表人的姓名或其他方式来作为组织的名称。有学者考证,商号起源于合伙组织的出现,但在古罗马法和日耳曼法中,合伙被视为一种契约,在法律上并不存在独立的权利。到了中世纪,意大利和地中海沿岸的其他城市国家商业繁荣,出现了各种商业组织和行会,于是合伙和公司得到进一步发展。为交易方便,同时为了明示这些组织的所有人,公司将几个股东的姓名连在一起,组合成为商号。同时,商号要到行会登记注册,以保证交易安全。到了商法被纳入国家立法体系后,商号的意义得到了进一步的发展。1794年《普鲁士普通法》和1807年《法国商法典》正式承认了公司组织商号的排他效力,这意味着商号不仅是一种商事主体的识别标志,还是一种私权。商号权的确认意味着现代意义的商号保护制度的确立。后来多数国家的立法都作了这样的规定,于是商号就成为一项较为成熟的法律制度。

西方国家对商号的法律调整体系各不相同。德国除了在商法典中对商号的基本规则作出规定之外,还在公司法、合作社法等具体法律中对不同形式的商号作相应的具体规定。此外,日本也在商法典中对商号作了专章规定,法国主要在商法典和公司法中规定,美国在商标法中加以规定,瑞士主要在债务法中规定,英国、瑞典、荷兰等则有专门的单行立法。

就商号的国际保护而言,1883年的《保护工业产权巴黎公约》开创了商号保护的先河,正式将商号(厂商名称)作为一种工业产权的保护客体。该条约第1条第2款规定,工业产权的保护对象有专利、实用新型、外观设计、商标、服务标记、厂商名称、货源标记或原产地名称等。此后,国际社会对于商号的保护越来越重视,1891年的《制止商品来源的虚假和欺骗性标记马德里协定》专门规定,各成员国对于虚假或欺骗性标识的商品,在进口时有义务予以扣押或者用其他的方式予以制裁。商号的虚假表示也属于其中一类。1967年在瑞典斯德哥尔摩签署的《成立世界知识产权组织公约》中也规定,知识产权的保护对象包括厂商名称。

(二) 我国现行的商号制度

我国现行的商号制度主要由《民法典》《公司法》《反不正当竞争法》《产品质量法》以及《商标法》及其实施条例、《企业名称登记管理规定》及其实施办法、《驰名商标认定和保护规定》《中国互联网络信息中心域名争议解决办法》《通用网址争议解决办法》等法律法规组成。另外,我国还加入了《保护工业产权巴黎公约》《与贸易有关的知识产权协定》(TRIPS)等国际条约。这些法律法规以及有关司法解释对商号权予以保护,对侵害商号权的行为分别规定了行政责任与民事责任。

第二节 商号的选用与登记

一、商号的选用原则

一个商事主体如何选择商号,各国的商法规定有以下两种原则:一是自由主义原则,二是真实主义原则。基于维护交易安全和交易秩序的考虑,有些国家商法要求商号的选用应该在某种程度上与商事主体及其营业保持某种联系性。而有些国家则允许自由选用商号。纵观各国立法,如果立法政策偏重保护商事主体对作为其财产一部分的商事名称的自由处分权,则采用商号自由主义原则;如果立法政策偏重保护交易安全和社会公共利益,则采用商号真实主义原则。

(一)商号自由主义原则

该原则是指商人可自由选用任何商号,原则上法律不作限制,商号与营业主的姓名及营业种类是否相同,法律并不过问,即商事主体选用什么样的商号,该商号与商事经营主体的姓名以及其所从事的商事经营的种类和范围是否有关,法律一般不加以限制。采用这种立法主义的主要是英美法系国家。当然,在商号的选定上过分强调自由,显然不利于交易安全和善意第三人的保护,因此这里的自由并非是绝对的自由。为了防止商号自由选用权被滥用,在商号选定上实行自由主义原则国家的商法往往同时规定,公司的商号要依其种类,必须用合资公司、股份公司或有限公司这样的名称;非公司企业,其商号不能用表示公司意思的名称;禁止使用持不正当目的而使人们误认为他人营业的商号。

(二)商号真实主义原则

该原则也称严格原则,是指法律对商号选定予以严格限制,商号必须真实反映商事主体的基本营业情况和权属情况,即商号必须与商事主体的营业种类、经营范围、投资状况等相符,否则法律将禁止使用。采用此原则的主要有法国、瑞士等,我国澳门特别行政区也采此立法主义,其《商法典》第15条第1款规定:"组成商事名称所使用之要素应当真实,且不应使人对其权利人之识别资料、性质及业务产生误解。"可见,商号真实主义原则对商号与商事主体之间必须存在某种联系的要求比自由主义严格得多,体现在营业主、营业的行业范围、营业的组织形式等多方面。但是,过分注重商号的真实性,严格限制商号的选用,也不利于交易便利和商业的发展,且增加登记机关审查负担。有鉴于此,《德国商法典》原本也采用商号真实原则,但在1998年对此作了重要修订,现行原则可谓折中原则。

在我国,商号选用奉行何种原则,学者们观点不一。但从有关的法律规定看,我国在商号选定上基本属于大陆法系国家的真实主义,法律上也对商号的选用作了一些特别的限制和规定。这些限制和规定主要包括:

1. 对商号结构的法律规定

在我国,商号一般由以下四个部分依次构成:

第一部分是商事主体所在省(包括自治区、直辖市)或市(包括州)或县(包括市辖区)的行政区划名称。但某些商号可例外,例如,经申请并获国务院的批准在名称中使用"中国""中华""中央""全国""国家"等字词的商事主体;历史悠久、字号驰名的商事主体;外商投资的商事主体。此外,跨省、自治区、直辖市经营的企业,其名称可以不含行政区划名称。

第二部分是商事主体的具体字号。商号中的字号应当由两个以上的汉字组成。商事主体可以使用本地或异地地名作字号,但不得使用县级以上行政区域名称作字号。私营企业可以使用自然人投资人的姓名作字号。

第三部分是依照国家的行业分类标准划分的主体行业或经营的特点。商号中行业用语表述的内容应当与企业经营范围一致。企业经营活动性质分别属于国民经济行业不同大类的,应当选择主要经营活动性质所属国民经济行业类别用语表述企业名称中的行业。如此规定的目的在于:一是可以让公众和交易第三人从商号中了解企业的业务范围,有利于促进企业业务的开展和交易安全的维护;二是当有企业字号相同时,也可借此来区分。不过,跨行业综合经营的企业,其名称可以不含行业或者经营特点。

第四部分是商事主体的组织结构或责任形式。企业应当根据其组织结构或者责任形式,依法在企业名称中标明组织形式,所标明的组织形式必须明确易懂。我国企业的组织形式主要是有限责任公司、股份有限公司、合伙企业和个人独资企业,商事主体必须在其商号中标明其组织形式。

2. 对商号选用的限制

不管是奉行哪种原则,各国商法都不同程度规定了对商号选用的限制。根据《企业名称登记管理规定》(2020年修订),我国对商号选用的限制主要体现在以下几个方面:

(1) 商号单一制原则的限制。为了维护商事交易的正常秩序,商事主体原则上仅能使用一个商号。在一般的情况下,不允许一个商事主体使用一个以上或变相使用一个以上的商号。但是,确有特殊需要的,经省级以上市场监督管理机关核准,企业可以在规定的范围内使用一个从属的商号。

（2）商号的内容文字的限制。如果商号的内容文字涉及法律所列举的禁止使用的事项,这类商号将不被核准。具体不得使用的内容文字包括:损害国家尊严或者利益;损害社会公共利益或者妨碍社会公共秩序;使用或者变相使用政党、党政军机关、群团组织名称及其简称、特定称谓和部队番号;使用外国国家(地区)、国际组织名称及其通用简称、特定称谓;含有淫秽、色情、赌博、迷信、恐怖、暴力的内容;含有民族、种族、宗教、性别歧视的内容;违背公序良俗或者可能有其他不良影响;可能使公众受骗或者产生误解;法律、行政法规以及国家规定禁止的其他情形。

（3）禁止以不当目的使用商号。使用人不得以不正当目的使用可能使人们误认为是他人营业的商号,即在同一登记主管机关辖区内,申请人拟定的企业名称中的字号不得与下列同行业或者不使用行业、经营特点表述的企业名称中的字号相同:已经登记或者在保留期内的企业名称,有投资关系的除外;已经注销或者变更登记未满1年的原企业名称,有投资关系或者受让企业名称的除外;被撤销设立登记或者被撤销变更登记未满1年的原企业名称,有投资关系的除外。

3. 对商号选用的其他要求

（1）对不同商事主体名称的特别规定。依照公司法设立的有限责任公司或股份有限公司,必须在公司名称中标明有限责任公司或股份有限公司的字样。依特别法设立的公司,商号的表示应依特别法的规定。如商业银行、保险公司、证券公司的商号中,应分别有银行、保险、证券的字样。合伙企业名称中的组织形式后应当标明"普通合伙""特殊普通合伙"或者"有限合伙"字样。

（2）对联营企业名称的特殊规定。联营企业的名称可以使用联营成员的字号,但不能使用联营成员的商号。联营企业应当在其名称中标明"联营"或者"联合"字样。

（3）商号中使用"总"公司或其他类似字样的法律规定。商号中使用"总"公司或其他类似字样的,必须下设三个以上分支机构。企业分支机构名称应当冠以其所从属企业的名称,并缀以"分公司""分厂""分店"等字词。境外企业分支机构还应当在名称中标明该企业的国籍及责任形式。

（4）商号中使用"集团"字样的法律规定。企业集团名称应当与控股企业名称的行政区划名称、字号、行业或者经营特点一致。控股企业可以在其名称的组织形式之前使用"集团"或者"(集团)"字样。

二、商号的登记

（一）概述

商号的登记是指商事主体对其所选定的商号按照法定要求和程序,在商事登记机关办理注册手续,经审查后获得专有使用权,并进行公示的过程。商号是否必须进行登记,各国立法不同。英美法系国家非公司企业的商号并不要求必须登记,这跟它的立法政策侧重交易便利的价值目标有关。但如前所述,商号的一个重要特征是其总是与商事主体特定的商誉紧密相连。出于防止滥用他人商号并影响其商业信誉的考虑,德国法系国家大多采用强制登记制度,即商号选定后,非经登记,不受法律保护。例如,《德国商法典》第 29 条规定,任何一个商人均有义务向营业所所在地辖区的法院申请,将自己的商号以及自己主营业所的所在地点和国内营业地址登入商事登记簿。又如,瑞士《债务法》第 954 条规定,凡是必须在商业登记机关登记才能取得商事主体身份的,其商号必须登记注册。这种立法体例显然是强调通过商号的公示来保护交易安全。我国法律同样规定,商号的登记是商事登记的法定事项,是企业成立的必要条件。由此可以看出,我国和德国等国家一样,采用的是商号强制登记主义。

随着"放管服"改革的深化,我国取消了企业名称预先核准行政许可,转而全面推行企业名称自主申报行政服务,赋予企业选择名称更大的自主权。登记机关推动建立统一的企业名称库和企业名称申报系统,并与登记系统无缝衔接;向社会公开企业名称库,方便企业创始人拟定企业名称;企业既可以通过名称自主申报系统提交符合规则要求的名称,也可以在办理企业登记时直接向登记机关提交拟登记的名称。登记机关对通过企业名称申报系统提交完成的企业名称予以保留,保留期为 2 个月;设立企业依法应当报经批准或者企业经营范围中有在登记前须经批准的项目的,保留期为 1 年;申请人应当在保留期届满前办理企业登记。[①] 企业名称冠以"中国""中华""中央""全国""国家"等字词,应当按照有关规定从严审核,并报国务院批准。

(二) 登记的种类

按照登记的原因和目的不同,商号的登记可以分为以下几种类型:

(1) 商号创设登记。对于采用商号强制登记制度的国家而言,商号创设登记指商事主体创立时商号的登记,它是商事主体创立的必经步骤。只有履行了创设登记的商号才能成为商事主体的名称,才能对外产生效力,非经创设登记的商号,商事主体不得使用。

(2) 商号变更登记。商号变更登记是指商事主体在经营存续期间若变更原登记商号的全部或一部分,则要在登记机关履行登记。若商事主体擅自变更其商号,在未履行变更登记之前是不能对抗善意第三人的。在我国,商号的变更登记除了由商事主体申请而发生之外,也可以由商号登记主管机关依职权监督实行。登记主管机关有权纠正已登记注册的不适宜的商号,上级登记主管机关有权纠正下级登记主管机关已登记注册的不适宜的商号。对已登记注册的不适宜

[①] 参见《企业名称登记管理规定》(2020 年修订) 第 18 条。

的商号,任何单位和个人可以请求登记主管机关予以纠正。

(3) 商号转让登记。商号转让登记是指商事主体通过登记,对商号获得了专有使用权,这种专有使用权如果转让给其他商事主体时,必须依法履行登记。按照德国、日本等国家的商法,商号必须与营业一起转让①,但在营业终止的情况下,商号也可以单独转让。商号的转让只有在履行转让登记程序之后才生效,否则不发生效力。

(4) 商号废止登记。商号废止登记是指商事主体终止营业时应及时向登记机关办理歇业登记。未经登记,商号的废止同样不发生效力。

(5) 商号撤销登记。商号撤销登记是指当某些法定事由发生时,主管机关依职权撤销商事主体的经营资格,在这种情形下,商号"有名无实"、无所依附,则一并予以撤销,并依法进行登记。

(三) 登记的效力

这个问题涉及商号权取得与登记的关系,不同的取得方式意味着登记有不同的效力。纵观各国对商号权的取得方式,主要有三种立法模式:第一,使用取得主义,是指商号只要一经使用,使用者即可取得商号权,无须履行法定登记手续。目前,只有少数国家采用这种立法例,如法国,登记在此只是一种公示。第二,登记对抗主义,是指商号的使用虽无须经过登记,但没有经过登记的商号不足以产生对抗第三人的效力。《日本商法典》在商号转让上采用了这一模式,其第15条第2款规定,商号转让,非经登记不得对抗第三人。依此款规定,商号转让时双方意思表示一致即生效力,登记仅是对抗要件而非生效要件。但若未登记,无论第三人出于善意或恶意,均不具有对抗第三人之效力;若商号持有人"一号两卖",并协助后买方办理了登记,则后买方的商号权具有优先性。② 第三,登记生效主义,是指商号只有经过登记才可使用,才具有排他性专用权。在这种立法例之下,只有履行登记手续,商事主体才取得商号权。同时,商号变更、营业所迁址、商号废除,商事主体都应当向登记机关申报。采取该制度,一方面有利于明确商号权的归属以减少纠纷,另一方面也有利于通过登记而向社会公示以便于维护交易安全和交易秩序。德国和瑞士采用的就是这种立法例。

我国采取的是登记生效主义,即企业名称经核准登记后方可使用,在规定的范围内享有专用权。如果使用未经核准登记注册的企业名称从事生产经营活动的,则登记机关有权责令其停止经营活动,没收非法所得或处以罚款。可见,在我国,商号的登记是有创设效力的,即商号一经登记,商事主体就对其获得专有使用权即商号权,进而产生排他效力和救济效力。这具体表现为商号权人有排

---

① 参见《德国商法典》第 23 条、《日本商法典》第 15 条。
② 参见《日本最新商法典译注》,刘成杰译注,中国政法大学出版社 2012 年版,第 35、37—38 页。

除同一行业的商事主体登记或使用相同或近似商号的效力,如有非法使用,受害人可以采取行政救济或司法救济手段。

1. 排他效力

排他效力是指商号一经登记,他人便不得在同一登记机关管辖的行政区域内登记或使用相同或近似的商号。因此,商号的排他效力包括排他登记效力和排他使用效力。《企业名称登记管理规定》(2020年修订)第17条规定:"在同一企业登记机关,申请人拟定的企业名称中的字号不得与下列同行业或者不使用行业、经营特点表述的企业名称中的字号相同:(一)已经登记或者在保留期内的企业名称,有投资关系的除外;(二)已经注销或者变更登记未满1年的原企业名称,有投资关系或者受让企业名称的除外;(三)被撤销设立登记或者被撤销变更登记未满1年的原企业名称,有投资关系的除外。"这些规定确定了同一地区的相同行业商号不能相同或近似、混同的登记管理原则。这对保障市场交易安全、维持市场经济秩序能够发挥一定的积极作用,但其在实践中的缺陷也是存在的,主要表现为商号私权性受到限制、判定商号之间是否近似与混同的标准不够明确、驰名商号保护制度缺位等。①

商号登记排他效力的一个例外是连锁店商号的使用。按照连锁店的一般做法,各连锁店采用同一商号,而不管其是否在同一市、县。这主要是考虑到连锁经营的特点。《企业名称登记管理规定》(2020年修订)第15条规定:"有投资关系或者经过授权的企业,其名称中可以含有另一个企业的名称或者其他法人、非法人组织的名称。"

2. 救济效力

救济效力是指商号一经登记,当他人未经许可擅自使用相同或近似的商号时,受害人可以采取行政或司法救济手段来保护自己的合法权益。如《企业名称登记管理规定》(2020年修订)规定,企业认为其他企业名称侵犯本企业名称合法权益的,可以向人民法院起诉或者请求为涉嫌侵权企业办理登记的企业登记机关处理。企业登记机关受理申请后,可以进行调解;调解不成的,企业登记机关应当自受理之日起3个月内作出行政裁决。人民法院或者企业登记机关依法认定企业名称应当停止使用的,企业应当自收到人民法院生效的法律文书或者企业登记机关的处理决定之日起30日内办理企业名称变更登记。名称变更前,由企业登记机关以统一社会信用代码代替其名称。企业逾期未办理变更登记的,企业登记机关将其列入经营异常名录;完成变更登记后,企业登记机关将其移出经营异常名录。侵权企业还可能面临民事赔偿和行政处罚。

---

① 关于这个问题,有些地方立法已作了有益尝试,如《浙江省知名商号认定办法》。

第三节 商 号 权

一、商号权概述

(一) 商号权的概念与特征

所谓商号权,是指商事主体对其经过登记的具有显著性的商号依法享有的专有权利。商号权具有以下特征:

1. 专有性

商号一经登记,该商号的商事主体即对其在登记的行政区划范围内享有禁止同行业其他商事主体使用相同或近似的商号的权利。这就是商号权的专有性。

2. 地域性

商号权只在注册所在地登记机关管辖范围内有效。但是,对于驰名商号,可同驰名商标一样,得到法律的特别保护,而不受登记机关管辖范围的限制。

3. 公开性

商号权的公开性是指商号必须经过登记公示使社会公众知晓。商号公开,便于社会公众对商事主体的商号使用进行监督,也有利于保护在先商号权人的利益。

4. 无期限性

商号须依附于商事主体而存在,从各国立法及其实践来看,由于商事主体资格的存续并没有法定时间限制,因此商号权也没有法定时间限制。只要商事主体存续,商号就受到法律保护。

(二) 商号权的性质

关于商号权的性质,学术界观点不一,主要有以下几种学说:

1. 人格权说

该种观点认为,首先,商号权的客体是法人等的人格利益,商号是商主体相互区别的必要条件。其次,商号权具有人格权的全部特征,是固有权、专属权和必备权。最后,商号权虽然具有某些无形财产权的属性,但这是附属属性而非本质属性。[①] 这种学说过于强调商号权的人身性质而忽视了其财产属性,并不十分妥当。

2. 财产权说

这种观点认为,商号权具备财产权的一般特征,是一项可以获得收益的财产。因此,这种名称不是营业主体的人格,不属于人格权的范畴,而属于财产权

---

① 参见杨立新:《人身权法论》,中国检察出版社1996年版,第448页。

的范畴,是财产权的一种。① 其实,商号权具有识别商事主体的功能,与商事主体的人格相连,因此不能单纯地认为商号权仅具有财产权的性质。

3. 双重性质说

该种观点认为,商号权兼有人格权和财产权的属性。一方面,对于法人等具有独立人格的主体来说,拥有自己的名称是其取得民事主体资格的必备条件,即使对于那些不具备主体资格的社会组织来说,它们要以团体的名义从事民事活动也必须享有商号权。另一方面,商号权也具备财产权的属性,它可以作为财产标来使用、收益、转让和处分,由于名称无固定形态,因此属于无体财产权。② 笔者认为,该说较好地把握了商号权的人身属性和财产属性,比较全面。

探讨商号权的性质,需要了解商号权的客体与内容。作为商号权客体的商号③,其外在表现为各类经营主体的名称,其功能在于区分不同的经营主体,其权利取得一般由国家主管机关授予,其权利行使通常有地域限制。商号经长期使用,会有商誉积淀其中,可以通过许可他人使用或转让商号获得收益,从这些特点分析,商号应作为财产权中的无形财产权。另外,国际保护工业产权协会在1992年东京大会上通过的报告认为,知识产权应当分为"创作性成果权利"和"识别性标记权利"两大类。其中,识别性标记权利包括商标权、商号权、其他与制止不正当竞争有关的识别性权利。

(三) 商号权的内容

在我国,商号权以登记注册为法定要件。商号权的内容主要包括专有使用权、禁止权、许可使用权、转让权、变更权。

1. 专有使用权

专有使用权是指商事主体对于自己的商号享有独占使用的权利,其他任何人不得干涉。实践中,商事主体使用商号的方式和场合有多种,包括在自己的办公机构标明,在商事信笺上使用,以自己的商号在银行设立账户,在自己生产经营的产品或提供的服务上标明商号,或者与第三人从事交易订立合同中使用,等等。

2. 禁止权

禁止权是指商号权人在核准登记的地域范围内有权禁止他人使用与自己的商号相同或相近似的名称于相同或类似的营业上。商号权人的禁止权与专有使用权在效力范围上是不同的,禁止的范围大于专有使用的范围,即可以超越登记的事项,不仅可禁止使用相同商号,也可禁止使用引起混淆的近似商号。

---

① 参见龙显铭:《私法上人格权之保护》,中华书局1949年版,第89页。
② 参见王利明等编:《人格权法》,法律出版社1997年版,第98页。
③ 该客体的核心价值或灵魂是字号。因为这是识别性或者显著性最强的符号,也是商号驰名后最容易被侵害的部分。所以,有必要突出字号在其中的保护价值。

3. 许可使用权

作为一种财产性权利，商号权也可以经权利人许可由他人使用。商号权人可以以协议的方式许可他人在特定的时间和范围内使用其商号。不过，为了维护善意第三人的利益和交易安全，这种合同应当采用书面形式，并向登记主管机关备案，并且商号权人应当对被许可使用人在许可范围内以其商号对外所为的行为承担连带责任。

4. 转让权

商号的一个重要特征是，它总是与商事主体特定的经营对象和商誉紧密相连，是商誉的外在表象和客体，这就使得商号权具有财产权的属性，可以成为转让的对象。正是基于商号权兼具有人格权与财产权的属性，各国商法理论和商事立法普遍肯定了商号权的可转让性。

5. 变更权

商号经登记注册后，具有稳定性，不得擅自变更。但商事主体因生产实践的需要，有权按照法定程序申请变更已登记商号的全部或一部分。商号变更未经登记不得对抗善意第三人。

二、商号权的利用

(一) 商号的使用

商号登记的目的在于在商事经营中使用。许多国家的法律都规定，商事主体在营业活动中所为的法律行为均应以商号来署名、标示。对营业之外的行为，则不应使用商号。如果自然人以自己的姓名作商号，则实践中应当添加使用表明其营业性质的字样。

商号权既然是商事主体的一项专有权，那么商事主体既可以自己在营业上使用该名称，也可以许可他人使用，即商号权主体可以以协议的方式许可他人在特定的时间和范围内使用其商号。我国《民法典》第 1013 条允许法人、非法人组织依法许可他人使用自己的名称，在现实生活中商号出借的现象也普遍存在，如在企业联营、连锁经营中都有商号借用的问题。但是，我国现行法律法规对商号出借的条件、法律后果、承担责任等均未作出明确规定。[①] 对此类事项，《日本商法典》第 14 条规定，商人授权他人使用自己的商号从事营业或事业，第三人误以为是该商人的营业而与被授权人交易时，就该交易所生债务，该商人与该被授权

[①] 《中华人民共和国建筑法》(2019 年修订) 第 66 条规定，建筑施工企业允许他人以本企业的名义承揽工程的，对因该项承揽工程不符合规定的质量标准造成的损失，建筑施工企业与使用本企业名义的单位或者个人承担连带赔偿责任。但是，《民法典》《企业名称登记管理规定》等法律法规中均未见明确规定。

人负连带清偿责任。① 可见,在商号出借法律关系中,出借方是商号权人,借入方是需使用该商号的商事主体。借入方在出借方的允许下,借用出借方的商号进行经营活动。一般情况下,借入方要承担交易行为上的债务。出借方在满足以下责任要件时对名义借入方的行为承担连带责任②:其一,经商号出借方允许。商号出借方允许借入方使用其商号,是其承担责任的首要前提。假如未经同意使用他人商号的,则属于使用人的侵权问题。所谓允许可以明示,也可以默示。在日本法院的判例上,认定默示的情形很多。其二,借入方在外观上有使用出借方的商号。根据商法外观主义法理,强调以商事行为的外观来确定行为的效力,旨在保护善意第三人。使用出借方的商号,不限于使用完整商号,添加附加文字及简化使用的情况,同样适用本条规定。其三,必须是善意第三人与借入方交易时,有将出借方误认为交易主体的情况发生。如果第三人出于恶意(即明知与之交易的是借入方)或者有重大过失,则出借方不负责任。其四,商号出借方只对借入方因其允许的营业范围内的营业交易所产生的债务承担责任。对于借入方的单纯性侵权行为(如交通事故等)应适用民法规定,由其本身独立承担责任,但对于交易行为外观下的侵权行为(如欺诈、伪造票据等行为),应适用本条规定,认定连带责任。可见,日本商法关于商号出借方责任的规定,贯彻了权利外观法理、表见责任或者禁止反言原则,满足了以维护交易迅捷、安全的商事交易客观要求,值得我国借鉴。

(二) 商号权的转让

商号,尤其是有一定知名度的商号,凝结着商人的心血,是商事主体重要的无形财产,在社会上享有较高的声誉。前已述及,商号权可以转让。我国相关立法也明确了商号权可以转让,根据《民法典》第 1013 条的规定,法人、非法人组织享有名称权,有权依法转让自己的名称。

但是,对如何转让商号,一直存在两种学术观点,并导致两种不同立法。一种观点主张绝对转让主义,在立法上奉行不得单独转让的原则,即商号应当连同营业一起转让,或者在营业终止时转让。商号权转让后,出让人不再享有商号权,受让人成为新的权利主体。奉行这一立法原则的国家主要有德国、瑞士、意大利、日本、韩国等。另一种观点主张相对转让主义,在立法上奉行可单独转让的原则,即商号可以与营业相分离而转让。商主体不仅可以单独转让商号而不转让营业,而且多处营业可以同时使用一个商号,不过其使用权要受到一定的限制。奉行这一立法原则的国家不多,主要有法国。

---

① 参见刘成杰译注:《日本最新商法典译注》,中国政法大学出版社 2012 年版,第 33 页。
② 同上书,第 33—35 页,此外可参见吴建斌:《现代日本商法研究》,人民出版社 2003 年版,第 142—143 页。

在2020年修订前,我国《企业名称登记管理规定》第23条分3款规定:"企业名称可以随企业或者企业的一部分一并转让。企业名称只能转让给一户企业。企业名称的转让方与受让方应当签订书面合同或者协议,报原登记主管机关核准。企业名称转让后,转让方不得继续使用已转让的企业名称。"可见,此时我国采取的是绝对转让主义。2020年修订后,《企业名称登记管理规定》删除了上述规定,且未对商号转让另行施加限制,这至少在理论上意味着我国转而采取了相对转让主义。然而,允许商号分离于营业单独转让是否适合我国的现实情况?这值得深入探讨。

第四节 商号权的法律保护

一、商号权的法律保护途径

（一）商号权的国际保护

随着各国间的经济交往不断加深,商号也逐渐突破国界的限制走向全世界。这使得因商号权发生的纠纷和被侵犯的可能性也突破了国界的限制,从而对商号权的国际保护提出了迫切的要求。从19世纪末期开始,有关国家和国际组织对此做了大量工作。与商号权保护有关的国际公约主要有以下几个[①]：

1.《保护工业产权巴黎公约》

《巴黎公约》第1条"工业产权的范围"中,就明确规定将"商号"作为其保护的对象。《巴黎公约》对于商号的保护主要体现在以下几方面：

(1) 公约中规定了"国民待遇原则",即在工业产权的保护中,各成员国必须在法律上给予其他成员国以本国国民能够享受的同等待遇,并且"被请求保护的国家不得要求本同盟成员国国民必须在该国有永久住所或营业所才能享有工业产权权利"。对于非成员国,只要在成员国有惯常住所或者实际从事工商业活动的营业场所,也应当享有同该成员国国民同等的待遇。由此可见,《巴黎公约》所保护的权利主体的范围非常广泛。

(2)《巴黎公约》第8条规定:"商号得在一切本同盟成员国内受到保护,无须申请或注册,不论其是否为商标的组成部分。"应当注意,我国作为《巴黎公约》的成员国,也须履行这一义务。我国企业的商号经登记注册才能得到保护,而其他成员国的商号,依《巴黎公约》的规定不经登记注册也能得到保护,这个做法显然对我国不利。我国可以考虑对知名商号的保护,不应以登记注册为必要

[①] 限于篇幅,本书只提到以下这几个公约。世界知识产权组织还于1966年颁布了《发展中国家商标、商号及反不正当竞争行为示范法》。

前提。

（3）为了加强在进出口贸易中对商号的保护，《巴黎公约》第 9 条还规定了海关扣押制度。在出现公约所规定的六种情况时，可以对非法带有某一厂商名称的商品在进口时予以扣押。

（4）《巴黎公约》第 10 条也对与商号有关的不正当竞争进行了规定。公约中规定，"凡在工商业活动中违反诚实经营的行为，即构成不正当竞争的行为"，"本同盟成员国必须对各该国国民保证予以取缔不正当竞争的有效保护"，同时还特别禁止了可能导致不正当竞争的几种情况。

2.《成立世界知识产权组织公约》

在《成立世界知识产权组织公约》对知识产权的定义中，就将商号权作为知识产权的一种。同时，该公约规定，成员国对该公约不得保留。也就是说，如果想成为 WIPO 的成员国，必须承认其对知识产权所下的定义，当然也包括承认商号权的知识产权属性。

3.《与贸易有关的知识产权协议》

世界贸易组织作为全世界最有影响力的经济组织，在其《与贸易有关的知识产权协议》第 1 条中，并未将"商号权"纳入其保护的范围之中。但该协议中同时也规定，世界贸易组织的全体成员也应当被视为《巴黎公约》的全体成员。根据这一规定，该协议实际上是扩大了《巴黎公约》的成员国范围，使那些虽然没有签字参加《巴黎公约》但同时又是世界贸易组织成员方的国家，受到《巴黎公约》中关于商号规定的约束。

我们必须看到，目前有关商号权的这几个国际公约中，《成立世界知识产权组织公约》和《与贸易有关的知识产权协议》只是分别对商号权的知识产权属性进行了确定，以及扩大了《巴黎公约》的成员国范围，并未对商号及商号权的实体内容进行任何规定。而因《巴黎公约》的特点在于其并不产生任何具有跨国效力的工业产权，所以各成员国在提供国民待遇时，是以各国自己的国内法为依据的。这实际上将商号权的国际保护又交回给各成员的国内法来进行，由一个成员国用其国内的法律来对跨国的商号纠纷和商号侵权事件进行处理。而各国国内法由于各种原因对商号法律制度的规定往往不一，这又可能会对跨国的商号纠纷处理造成困难。所以，要解决这个问题，比较可行的办法是完善当前有关商号权的国际条约，比如在《巴黎公约》中对商号的定义、商号权的具体内容、侵犯商号权的行为等方面进行"最低标准"的规定。这样一方面可以统一各成员国的相关实体法律规范，在某种程度上达到立法的统一；另一方面由于只是一种"最低标准"，成员国在国内法上的规定只要达到该"最低标准"就视为完成了对公约的义务，至于其是否采取高于"最低标准"的立法规定，则属于其自由选择的范围。这样，各国可以在"最低标准"的范围内，根据本国具体的情况制定符合本国国情的商号法律规范。

目前加入《保护工业产权巴黎公约》及《成立世界知识产权组织公约》的国家和地区有将近200个,这说明大多数国家和地区已经接受商号权的知识产权属性。越来越多的国家在其知识产权法中明确保护商号权[①],如德国1995年1月1日生效的新商标法全称为《商标和其他标志保护法》,对商标包括商号在内的其他商业标识提供统一保护;法国制定了专门的知识产权法典,美国则放在商标法中进行保护。

(二)我国对商号权的法律保护

商号是企业人格的象征和商誉的载体,法律禁止盗用、假冒、诋毁他人商号。我国主要采用民法和专门立法的模式对商号权进行保护,另外在其他部门法中也有一些涉及。一般而言,侵犯他人商号权的方式主要是擅自使用他人有一定影响力的商号,直接或者略加改动地用于本企业作为商号,使公众误认为是他人的商号,或者在其商品、服务、信函上标明他人的商号以欺骗公众,使公众误认为是他人的产品、服务或经营。对于侵犯商号权的行为可以适用下列法律法规加以处理:

1. 民事法律规范

《民法典》第1013条规定,法人、非法人组织享有名称权,有权依法决定、使用、变更、转让或者许可他人使用自己的名称;第1014条规定,任何组织或者个人不得以干涉、盗用、假冒等方式侵害他人的名称权;第120条规定,民事权益受到侵害的,被侵权人有权请求侵权人承担侵权责任。

2. 专门性法规

《企业名称登记管理规定》(2020年修订)第21条规定,企业认为其他企业名称侵犯本企业名称合法权益的,可以向人民法院起诉或者请求为涉嫌侵权企业办理登记的企业登记机关处理;企业登记机关受理申请后,可以进行调解,调解不成的,企业登记机关应当自受理之日起3个月内作出行政裁决。第23条规定,使用企业名称应当遵守法律法规,诚实守信,不得损害他人合法权益;人民法院或者企业登记机关依法认定企业名称应当停止使用的,企业应当自收到人民法院生效的法律文书或者企业登记机关的处理决定之日起30日内办理企业名称变更登记;名称变更前,由企业登记机关以统一社会信用代码代替其名称;企业逾期未办理变更登记的,企业登记机关将其列入经营异常名录,完成变更登记后,企业登记机关将其移出经营异常名录。

[①] 早先关于商号的保护多在民法、商法中规定,随着经济的发展,商号不仅是识别不同商事主体的重要标志,同时它也给经营者带来巨大利益,尤其是知名度高的商号。为此,现在很多国家还在知识产权法、商标法、反不正当竞争法中作了规定,这也越来越成为主要的保护方式。

3. 其他相关法律

(1)《反不正当竞争法》(2019年修正)。该法第6条规定,擅自使用他人的企业名称或姓名,引人误认为是他人商品或与他人存在特定联系的混淆行为是不正当竞争行为。第17条规定,经营者实施不正当竞争行为,给他人造成损害的,应当依法承担民事责任;因不正当竞争行为受到损害的经营者的赔偿数额,按照其因被侵权所受到的实际损失确定,实际损失难以计算的,按照侵权人因侵权所获得的利益确定;赔偿数额还应当包括权利人为制止侵权行为所支付的合理开支;经营者实施混淆行为,权利人因被侵权所受到的实际损失、侵权人因侵权所获得的利益难以确定的,由人民法院根据侵权行为的情节判决给予权利人五百万元以下的赔偿。第18条规定,经营者实施混淆行为的,由监督检查部门责令停止违法行为,没收违法商品;违法经营额五万元以上的,可以并处违法经营额五倍以下的罚款;没有违法经营额或者违法经营额不足五万元的,可以并处二十五万元以下的罚款;情节严重的,吊销营业执照。

值得注意的是,《反不正当竞争法》第6条所规定的不正当竞争行为,不仅是指将他人的企业名称作为自己的企业名称使用,还应包括作类似使用,引起公众误认的行为。比如,将他人的企业名称作为自己商品的名称、商标使用,从而使公众混淆,引人误认为是他人的商品。

(2)《产品质量法》(2018年修正)。该法第5条规定,禁止伪造或者冒用认证标志等质量标志;禁止伪造产品的产地,伪造或者冒用他人的厂名、厂址;禁止在生产、销售的产品中掺杂、掺假,以假充真,以次充好。第53条规定,伪造产品产地的,伪造或者冒用他人厂名、厂址的,伪造或者冒用认证标志等质量标志的,责令改正,没收违法生产、销售的产品,并处违法生产、销售产品货值金额等值以下的罚款;有违法所得的,并处没收违法所得;情节严重的,吊销营业执照。

(3)《消费者权益保护法》(2013年修正)。该法第21条规定,经营者应当标明其真实名称和标记;租赁他人柜台或者场地的经营者,应当标明其真实名称和标记。第56条规定,如果经营者伪造商品的产地,伪造或者冒用他人的厂名、厂址,篡改生产日期,伪造或者冒用认证标志等质量标志的,则依《产品质量法》或其他有关法律进行处罚;若法律未作规定,则由市场监督管理部门责令改正,可以根据情节单处或者并处警告、没收违法所得、处以违法所得一倍以上十倍以下的罚款,没有违法所得的,处以五十万元以下的罚款;情节严重的,责令停业整顿、吊销营业执照。

在实践中,运用《反不正当竞争法》保护商号权的情形比较多见。它与《民法典》《企业名称登记管理规定》《市场主体登记管理条例》等对商号侵权提供行政与民事救济。我国尚未规定侵犯商号权的刑事责任。与《商标法》对注册商标的专门保护相比,商号的保护规范比较零散、不够统一,还有待完善。

二、商号权与商标权的冲突与解决途径

随着商品经济的迅速发展,商品流通的速度与范围不断加快和扩大。商标与商号相同、近似,造成混淆误认的问题越来越严重。法院审理的商标权与商号权的权利冲突案例逐年增多,引起人们的广泛关注。从较早的我国台湾地区蜜雪儿开发有限公司状告美国独资企业北京蜜雪儿服饰有限公司案,全兴体育用品厂起诉全兴足球俱乐部、某运动器具厂商标侵权纠纷案,到蒙牛乳业起诉蒙牛酒业案,这些众多的案例充分暴露了我国存在的商标与商号的权利冲突以及法律规范上的漏洞。可以预想,如果此类纠纷不能得到妥善处理与有效控制,不能从根本上、制度上加以规范、协调和解决,不仅直接损及相关权利人的利益,而且将会形成示范效应,导致更多的仿效者,引发更多的纠纷,从而破坏公平竞争的市场秩序,不利于我国市场经济体制的确立与完善。由此可见,解决商标权与商号权的权利冲突问题,是摆在我们面前的非常现实而紧迫的问题。

(一)商标权与商号(字号)权的冲突

前已述及,字号是商号权客体中最具显著性特征、最核心的部分。商标是区别不同商品生产经营者和服务提供者所生产经营的商品或所提供服务的一种标志。字号与商标的作用都在于为客户提供一种识别标记,引导消费者的选择,扩大自身的市场优势,它们在市场经济中的地位都非常重要。一般情况下,如果它们各就各位,则问题不大。但若出现不同的商标权人与商号权人因使用了相同或相似的文字而使消费者对商品或服务的来源产生了混淆,使其误认为两者为同一人,或者两者之间存在某种特定联系,从而误购商品或接受服务,这就导致了商标权与商号权的冲突。实践中,商标权与商号权权利冲突的主要表现形式有三种:一是以他人在先注册的商标相同或相似的文字登记为商号的核心部分使用而产生的两权冲突,可称之为"商标的商号化使用"。二是以他人在先登记、使用的商号的核心部分相同或相似的文字注册为商标使用而产生的权利冲突,可称之为"商号的商标化使用"。三是交叉使用冲突,即某企业的商标被他人用作商号中的字号,而该企业的字号被该他人用作商标。

商标权与商号权之所以在现实中不断发生冲突,主要有以下三个原因:

其一,立法的不完善。现行法律法规对商标权与商号权的冲突的调整能力微弱,难以适应两权冲突剧增的现实。立法存在漏洞,是两权发生冲突的主要原因。商标权保护有专门的《商标法》,而商号权却仅在《民法典》《反不正当竞争法》和《产品质量法》中有极少的原则性规定,且涉及商号权与商标权冲突的规定,均属于间接调整,没有直接针对性。至于国务院公布的《企业名称登记管理规定》虽详细规定了商号的构成要件、商号权的取得及法律保护等内容,但由于

其法律效力位阶较低且涉及权利冲突的规定极其笼统,也缺乏操作性。

其二,行政管理的原因。商标与商号登记注册的行政主管部门不同,前者由国家知识产权局商标局统一注册,在全国范围内享有商标专用权,后者是由各级市场监督管理部门登记并以登记的行政区域享有商号专用权。这种行政管理上的分别保护、各行其道,加上商号登记不同主管机关之间的缺乏协调,出现权利冲突不可避免。所以,相同或者相似的商标与商号可以在不同地区获得注册或登记。若一旦使用,在不同的区域拥有相同或相似商标或商号的企业在产品销售时在同一区域内发生权利冲突也就在所难免。

其三,经济利益的驱动是根本原因。商标权与商号权的冲突,既有"无意撞车",也有"恶意搭车"。前者是指登记商号或商标者并不知道他人已经将相同或相似文字作为商标或商号;后者是指行为人明知某文字是他人在先注册的商标或商号而将其用作自己的商号或商标。商标和商号都在现代市场经济中扮演着越来越重要的角色。有相当多的企业不惜重金,设计商标或商号的文字,大肆做广告,力求提高企业形象和知名度。商标和商号均是商誉的重要载体,体现了企业及其产品或服务的质量和水平,是公众做出消费选择的重要依据,是获取利益的保障,关系企业兴衰。正是一些企业的成功和其美誉度、知名度,才使得另一些企业"恶意搭车"。其实,后者看中的无非是巨大的商业利益。所以,对于商标权与商号权的冲突,特别是"恶意搭车"者,经济利益的驱动是其内在动因。

(二)解决的途径

针对以上分析,结合我国的实际情况,笔者认为,解决商标权与商号权的冲突可以从以下几个方面采取措施:

1. 完善现有立法

同样作为商业标记,我国对商标权的保护比较完善,与其相比,商号在我国的法律体系中处于一种弱势地位,它"寄人篱下","犹抱琵琶半遮面",锋芒被"企业名称"所遮盖,应还它应有的地位。[①] 应通过立法,明确商号权的性质、法律地位及内容,真正从私权角度去界定商号权,明确商号权的无形财产权属性,建立一套有效的保护体制。

就解决商标权与商号权的冲突而言,立法中要对现行法缺漏的问题予以明确。比如,在《商标法》中明确"在先权利"的范围包括字号,同时也在商号法中明确"在先权利"的范围包括商标,只有明确在先权利的范围,才能切实保护在先权,减少权利冲突。当然,最重要的是要整合、完善现有商号立法,明确商号的概

---

① 今后立法应淡化企业名称管理规定的提法,内容上要突出商号的私权本质,还其本来面目,真正构建私法意义上的商号保护规定。

念、商号权的性质及内容,建立对驰名商号、老字号的特别保护制度。[①]

2. 完善行政管理

依我国现有的企业名称登记制度,商号权的范围即登记的行政机关所属的范围,有着严格的地域限制。这样取得的商号不仅难以对抗由国家统一注册、效力及于全国的在后注册商标,甚至不能抵御与其相同或相似而仅是在其他地域内的市场监督管理机关进行登记的在后商号的冲击。因此,商标与商号冲突的纠纷屡禁不绝。为尽量避免类似"蒙牛"互顶事件的发生,有关行政管理部门应在商标注册与企业字号注册过程中建立起一种交互的协调机制,如建立起一个全国范围的商标、字号注册共享数据库,使二者彼此尊重各自的在先权利,能够在源头上便排除掉一些事先可以避免、事后容易发生冲突的注册事项,这比起法律法规的起草、修改更具有可行性。另外,可以适时改变目前商号的多级登记管理制,这种体制带有计划经济的痕迹,即企业对登记机关的级别并无自由选择权,应允许企业依自身的经营能力和活动范围等选择登记机关的级别。实践中若完全由国家市场监管总局登记也不现实,可以考虑由国家和省、直辖市二级登记制或采取相对集中的登记制,同时完善确权程序,明确商号的近似判断标准,增加商号异议撤销制度。国家市场监管总局和省级市场监管局应当定期公布知名商号的名录,尽量从源头减少权利冲突。

3. 企业自身应尽量采取商号(字号)与商标标识的一体化措施

商号和商标都是企业的形象符号,都是企业商誉的重要组成部分,特别是对一些有一定知名度的企业而言,二者都是一笔不小的无形资产。所以,作为拥有商标权或商号权的企业,应当树立强烈的主动保护意识,不要等纠纷发生才寻求法律或行政救济,可以将商号中的字号、习惯简称作为商标,申请商标注册,取得专用权,从而得到《商标法》和《反不正当竞争法》的保护。这种做法可以使商号和商标相辅相成,优势互补。这一措施可以更加主动地保护企业自己的利益。企业应将其商标和企业商号统一起来,以起到既标志商品或服务又代表企业形象的双重作用。对企业来说,这无疑也是将来的一个发展方向。

[①] 地方立法中,《浙江省企业商号管理和保护规定》对此作了一些规定,其商号即字号。该规定在为知名字号提供更为有效的保护依据的同时,亦对企业名称的近似标准问题、字号与字号的冲突、字号与商标的冲突等问题作出了较为明确的规定。

第十章 商事账簿

第一节 商事账簿概述

一、商事账簿的概念

商事账簿(Trade Book)是商事主体为了记载和表明其营业活动和财产状况,根据会计原则,依法制作的书面簿册。商事主体依法设置商事账簿是商法的一项重要制度。

商事账簿可以分为形式意义上的商事账簿和实质意义上的商事账簿。形式意义上的商事账簿是指商事主体按会计法规定所制作的账簿,即法定账簿,也可以说是狭义上的商事账簿。实质意义上的商事账簿是指商事主体设置的反映商事主体活动的一切账簿,它在内容上不仅包括法定账簿,还包括各种会计报表、年度决算报告以及各种财产债务清册,可以说是广义上的商事账簿。本书所称商事账簿,主要是指后者。

商事账簿最初产生于古代埃及,被称为"散式账簿记"。早期商事主体编制商事账簿,仅是为自己经营活动的便利,法律上并无强制性要求。随着行会和商事联盟的发展,商事账簿制度逐渐由习惯走向法制化。到了资本主义阶段,经济生活日趋复杂,市场主体之间的联系日趋密切,商事主体的经营状况、财产状况对其他主体乃至市场秩序的影响越来越大,某一商事主体的经营状况已不再仅是其内部的事。这就在客观上要求商事主体必须编制商事账簿,以对内显示对外披露其经营状况及财务状况,进而维护商事主体的自身利益、社会公共利益以及交易安全。因此,各国均在其相关法律中规定了商事会计制度,不同程度地要求商事主体建立商事账簿,并对商事账簿的编制规则、内容等加以规范,构成了当代商法中一项十分重要的制度。此外,调整商事账簿的行为规范,不仅有各国的国内立法,还有一系列的国际会计准则。1973年成立的国际会计准则委员会,迄今颁布了三十多项国际会计准则。它们对商事账簿建立过程中的具体细节问题予以明确,协调了各国的会计标准,从而使商事账簿制度日趋国际化。我国目前没有制定专门的商事账簿法,有关商事账簿的规定主要体现在《会计法》《审计法》《企业会计准则》《企业财务通则》以及关于股份有限公司尤其是上市公司财务管理的规定等法律法规中。

二、商事账簿的设置原则

依法设置商事账簿虽是一项重要的法律制度，但各国商法对于商事主体是否必须设置商事账簿，采取不同的立法原则。归纳起来，大致有以下三种原则：

（1）自由主义原则，也称放任原则，即法律不直接规定商事主体必须设立账簿，是否设置商事账簿纯粹是商人的自由，法律不予干涉。英美法系国家大多采用这一原则，如美国《统一商法典》中对商人是否设立账簿就没有强制性规定。但是，美国1921年由国会颁布的《预算和会计法》则具有强行法的性质。同时，在英美法系国家，由会计职业团体和学术团体制定的会计准则对于商事主体设立商事账簿也有一定的约束力。出于纳税、考核盈亏、破产清算和诉讼上举证责任的需要，簿记资料都是商事主体主要的依据。因此，尽管法律没有强制规定，但这些国家的商人实际上都设立了详细的商事账簿。

（2）强制主义原则，也称干预原则，即法律既规定商事主体必须设置账簿，又对账簿种类、内容及记载方法作了详细规定，而且还规定政府有关部门对商事账簿的制作及其内容进行审查与监督。大陆法系国家多采此原则，如《法国商法典》第 L123-12 条第 1 款规定："任何具有商人身份的自然人或法人，对涉及其企业概括财产（包括资产与负债）的资金运动，均应进行会计记载。"①该法典第二编第三章第二节"商人的财会制度"对于商事账簿的内容和记账方法作出了具体的规定。

（3）折中主义原则，即法律仅规定商事主体有置备商事账簿的义务，但并不规定商事账簿的记载内容、形式和方法，也未规定国家主管机关的监管。如2005年修改前的《日本商法典》第32条规定，"商人应制作会计簿册及资产负债表，以明了营业上的财产及损益状况"，但对其记载内容和方法，则规定"解释有关制作商事账簿的规定时，应斟酌公正的会计惯例"，法律对此没有硬性规定。而2005年修改后的《日本商法典》第19条第2款转而规定："对于营业上所使用的财产，商人必须根据法务省的规定制作适时、准确的商业账簿。"②

上述三种原则中，随着经济生活的日趋复杂，自由主义原则和折中主义原则的弊端开始显露，采取这两种立法原则的国家也对此予以修正，对商事账簿的编制方法、内容开始进行积极规范，以适应对日益社会化的商事组织的监督需要。强制主义原则由于对商事账簿作了较为严格的规范，适应了现代经济生活发展的需要。尤其随着现代股份公司的建立，商事关系变得越来越复杂，商事活动中

---

① 《法国商法典》（上册），罗结珍译，北京大学出版社2015年版，第29页。
② 《日本最新商法典译注》，刘成杰译注，中国政法大学出版社2012年版，第49页。

隐含的投机性和不确定性日益明显,因此有必要加强对商事账簿的干预,这项原则因而成为当代各国商事账簿立法的主要发展趋势。但即便是采取强制主义原则的国家,法律一般也不强制所有的商事主体都必须设置商事账簿。哪些商事主体必须设置商事账簿,哪些商事主体不必设置,以及不必设置哪些项目,法律需根据营业规模的大小、征税的便利及考虑商事主体的商业秘密等情况,作出明确的规定。例如,德国、日本等国都规定,从事小规模商事交易活动的商个人,一般均不要求制作商事账簿。又如,我国台湾地区"商业会计法"第82条规定:"小规模之合伙或独资商业,得不适用本法之规定。"

我国《会计法》(2017年修正)第2条规定,国家机关、社会团体、公司、企业、事业单位和其他组织必须依照本法办理会计事务。第5条规定,会计机构、会计人员依照本法规定进行会计核算,实行会计监督。对商事主体置备商事账簿的问题,在我国应当依照《会计法》《审计法》《企业会计准则》《企业财务通则》《公司法》《证券法》以及税收法律法规等相关法律法规的规定执行。至于一些小规模的营业,同样要求建立商事账簿。例如,国家税务总局发布的《个体工商户建账管理暂行办法》(2018年修正)第2条第1款规定:"凡从事生产、经营并有固定生产、经营场所的个体工商户,都应当按照法律、行政法规和本办法的规定设置、使用和保管账簿及凭证,并根据合法、有效凭证记账核算。"不过,该办法第6条允许经营规模小、达不到建账标准的个体工商户,经县级以上税务机关批准,暂缓建账,但须建立收支凭证粘贴簿、进货销货登记簿或者使用税控装置。总之,在我国不允许无账会计,财务会计主体(包括商事会计主体)均需按规定设置账簿。可见,我国对商事账簿的设置采取的是强制主义原则。

三、商事账簿的意义

在当今各国商事活动中,商事账簿已成为商业管理和整个经济活动中重要的工具。现代各国商法之所以对商人的商事账簿制度作出明确规定,是因为商事账簿制度具有重大的功能和价值。我国《企业会计准则——基本准则》(2014年修改)第4条规定,企业应当编制财务会计报告;财务会计报告的目标是向财务会计报告使用者提供与企业财务状况、经营成果和现金流量等有关的会计信息,反映企业管理层受托责任履行情况,有助于财务会计报告使用者作出经济决策;财务会计报告使用者包括投资者、债权人、政府及其有关部门和社会公众等。由此可见,商事账簿的意义主要体现在以下几方面:

(一)对商事主体自身的意义

对商事主体而言,商事账簿是商事主体记载自身营业和财务状况的重要法定文件。制定真实、准确、完整又合法的商事账簿是商事主体的法定义务。通过置备商事账簿,商事主体可以全面、准确地了解自己的经营状况和财产状况,知道自己经营的成本、计算盈亏、分配利润,也可以通过对商事账簿的分析,更新企业的发展战略、发展规划,及时调整企业的经营方针、决策。它还可以作为商事主体对抗其合同对方当事人的重要证据。根据我国民事诉讼法,企业账簿如果内容属实,应当是具备证据效力的一种书证,而且比其他证据具有更强的证明力。

(二)对其他利害关系人的意义

对于商事账簿设立主体之外的其他商事主体而言,通过商事账簿可以了解账簿设立主体的营业状况、资信能力,并据此对该商事主体的经营能力和发展前景做出判断,进而做出是否与之交易、是否对其投资的决策,以便更好地维护自身的利益和交易的安全。对于公司制企业的投资者而言,商事账簿不仅是其掌握企业的财产、营业和盈利状况的依据,而且还是投资者分取股息、红利以及确定其股权价格和企业剩余财产的依据。我国《公司法》(2018年修正)第33条、第97条规定,股东有权查阅公司财务会计报告,对公司的经营提出建议或者质询。对商事主体的债权人而言,特别是当企业破产时,商事账簿便是清理债权债务的主要依据。

(三)对政府及其有关部门的意义

对政府及其有关部门而言,首先,商事账簿是政府及其有关部门了解和掌握本国宏观经济发展状况的重要手段,为国家制定相应的宏观经济政策提供依据。其次,商事账簿的设置也便于国家主管机关对商事主体的经营活动进行监督管理,如它是国家物价机关制定物价管理政策的重要根据。最后,商事账簿是税务部门对商事主体征纳税款的主要依据。我国《税收征收管理法》(2015年修正)第20条规定,从事生产、经营的纳税人的财务、会计制度或者财务、会计处理办法和会计核算软件,应当报送税务机关备案;第54条规定,税务机关有权检查纳税人的账簿、记账凭证、报表和有关资料。

第二节 商事账簿的种类

在我国,根据《会计法》《审计法》《企业会计准则——基本准则》等法律法规的规定,商事账簿主要有三种:会计凭证、会计账簿和财务会计报告。

一、会计凭证

(一)会计凭证的概念和作用

会计记录必须如实反映资金运动情况,因此,一切会计记录都必须有真凭实据。这就要求,在会计核算中,处理任何一项经济业务,都必须有凭有据,没有凭据,不能进行账务处理。会计凭证是指记录商事主体营业活动及收支情况的凭证和证明。根据规定,商事主体在开展经营活动时的货币收付、款项结算、货物进出、财产增减等都必须由经办人取得或填制会计凭证,并以此作为结算的依据。会计凭证所记载的内容必须真实、客观和可靠,任何人不得提供和制作虚假会计凭证。

商事主体进行各种业务活动,应由执行人员从外部取得或自行填制会计凭证,以书面形式反映商事主体的经济活动。并在会计凭证上签字或盖章,明确经济责任。会计人员在登记账簿前必须对会计凭证逐笔审核。

会计凭证是会计核算的基础,如实地填制和有效地审核会计凭证,在经济管理活动中和会计工作中,具有重要的作用。首先,会计凭证可以反映经济业务的原貌,作为经济业务的载体,所有业务的发生、完成情况都会在会计凭证中显示出来。其次,会计凭证是审核经济业务的依据,通过审核,保证账簿记录的真实合法,同时起到会计监督和保护企业财产的安全与完整的作用,经审核无误后,方能作为登记会计账簿的依据。最后,会计凭证可以加强经济责任制,反映任何一项经济业务的会计凭证,必须由经办人员签字或盖章,以明确责任,确保会计凭证的真实合法。

(二) 会计凭证的种类

按填制程序和用途不同,会计凭证可分为原始凭证和记账凭证两大类。

1. 原始凭证

原始凭证又称单据,是在经济业务发生或完成时取得或填制的,用以记录和证明经济业务的发生和完成情况,明确经济责任的原始证据。企业货币资金的收付、财产物资的增减变化等,都必须取得或填制原始凭证。它是证明经济业务的实际发生和完成的最初书面文件,也是财会部门编制记账凭证必不可少的依据。原始凭证的内容一般包括凭证名称、编号、填制日期、交易双方单位名称、业务内容、实物数量、单价、金额、填写单位名称、有关经办人员的签名、盖章。总之,它是进行会计核算的原始材料和重要依据,在加强对经济活动的监督管理及会计核算方面,都具有十分重要的作用。

2. 记账凭证

记账凭证是由会计部门根据审核无误的原始凭证或原始凭证汇总表编制的,用以记载经济业务的性质,并确定会计分录,直接作为记账依据的一种凭证。由于原始凭证种类繁多,规格大小不一,且大量存在,直接根据原始凭证记账容易发生差错,因此需要将原始凭证或原始凭证汇总表归类、整理,并编制成记账凭证。记账凭证应具备的内容包括:填制日期、凭证编号、经济业务内容摘要、会计科目、金额、所付原始凭证张数、填制人员、稽核人员、记账人员、会计机构负责人签章。收款和付款凭证还应有出纳人员的签章。

二、会计账簿

(一) 会计账簿的概念和作用

会计账簿指商事主体的会计人员以会计凭证为依据,按照一定程序和方法制作的,具有固定格式而又相互联结的账页所组成的,用以连续、系统、全面记载商事主体各项经营活动的簿册。固定格式的簿册通常由主管部门统一印制而提供。

会计账簿的作用包括:首先,能够提供连续、全面、系统的会计信息,成为会计报表编制的依据;其次,是进行资产评估的基础,便于对商事主体财产物资安全与完整的监管,以维护所有者的合法权益;再次,提供经营成果的详细资料,为经营利润的分配和各项计划执行情况的考核评价提供依据,并成为商事主体决策的重要依据;最后,是会计分析的基本资料,为审计检查提供依据。

(二) 会计账簿的种类[①]

会计账簿的形式多种多样,不同的账簿所登记的内容、方法各不相同。

1. 根据会计账簿的性质和用途可分为序时账簿、分类账簿和辅助账簿

(1) 序时账簿

序时账簿又称日记账,是按照经济业务发生时间的先后顺序逐日逐笔登记的账簿。它可以是序时登记全部经济业务的账簿,叫普通日记账;也可以是序时登记某类经济业务的账簿,叫特种日记账,如"现金日记账""银行存款日记账""转账日记账"。普通日记账是否需设置,各单位可根据自身业务特点和管理要求而定,特种日记账中的"现金日记账"和"银行存款日记账",各单位都要设置,以便加强货币资金的核算和管理。

(2) 分类账簿

分类账簿是按照会计科目分门别类登记各项经济业务的账簿,包括总账和明细账。其中,总账是按照一级会计科目设置的总分类账,而分账是按照明细会计科目设置的明细分类账。分类账可以分别反映各个会计要素及其构成的内容和增减变化情况。

(3) 辅助账簿

辅助账簿又称备查账簿,是对某些在日记账和分类账等主要账簿中不能登记或记录不全的项目进行补充登记的账簿,是某些经济业务中重要的辅助资料,如受托加工材料登记簿、代销商品登记簿、商业汇票登记簿等。

---

① 参见唐婉虹等编著:《会计学基础》,立信会计出版社 2004 年版,第 107—108 页。

2. 根据会计账簿的外表形式可分为订本式账簿、活页式账簿和卡片式账簿

(1) 订本式账簿

订本式账簿是把印有专门格式的账页按页码的先后顺序固定地装订在一起的账簿。这种账簿能够避免账页散失，防止抽换账页。但因为账页固定、不能增减，不便于调整各账户页数，如果某一账户预留空白账页过多时，会造成浪费；反之，如果某一账户预留空白账页太少而使账户记录前后分开，则不便于登记和查阅，另外也不便于分工记账和提高工作效率。因此，订本式账簿适用于重要经济事项的记录。"现金日记账""银行存款日记账""总分类账"可采用订本式账簿。

(2) 活页式账簿

活页式账簿是由若干零散的具有专门格式的账页组成的账簿。这种账簿可以根据需要随时添加抽减账页，同时也有利于分工记账、提高登账工作效率。但活页式账页容易散失或被抽换，不利于账簿资料的安全、完整。为防止这些弊端，账页必须编号并由有关人员在账页上签章，平时可装置在账夹中保管使用，年度终了装订成固定本册并归档保管。活页式账簿适用于各种明细账的设置。

(3) 卡片式账簿

卡片式账簿是由若干零散的、具有专门格式的卡片组成的账簿，每一卡片均需编号，登记后按顺序放置在卡片箱内以免散失。这种账簿的优点和缺点同活页式账簿一样。一般固定资产明细账适宜采用卡片式账簿。

三、财务会计报告

财务会计报告也称财务报告，是反映商事主体某一特定日期的财务状况和某一会计期间的经营成果、现金流量等会计信息的书面文件。在日常的会计核算中，企业所发生的各项经济业务都已经按一定的会计程序，在有关账簿中进行了全面、连续、分类、汇总的记录和计算。但这些日常会计核算资料纷繁复杂，难以集中、概括地反映企业的财务状况和经营成果，更无法被企业的管理人员以及投资者、债权人、财税部门等外部利害关系主体直接利用并根据其内容作出相应的决策或决定。因此，为了向企业内外的利害关系主体提供简洁而综合的会计信息，就需要对日常会计核算资料作进一步的分类、调整和汇总，并以表格或文字的形式予以表现，这些表格及文字说明就构成了企业的财务报告，它是商事主体对外提供有关企业财务信息的最主要途径。我国《公司法》(2018 年修正)第 164 条规定，公司应当在每一会计年度终了时编制财务会计报告，并依法经会计师事务所审计；财务会计报告应当依照法律、行政法规和国务院财政部门的规定制作。

我国《企业会计准则——基本准则》(2014 年修改)第 44 条规定，财务会计报告包括会计报表及其附注和其他应当在财务会计报告中披露的相关信息和资

料。《会计法》(2017年修正)第22条规定,财务会计报告由会计报表、会计报表附注和财务情况说明书组成。

(一)会计报表概述

会计报表也称会计表册,是指根据会计账簿及其他会计资料,按照统一的格式、内容和方法编制的,以综合反映商事主体在一定时期内(通常是一个会计期间)的财务状况、生产经营成果和现金流量信息的一种表格形式的财务报告。财务状况是指企业在特定时日的资产规模与结构、产权关系及权益构成的基本状况;生产经营成果即经营业绩,是指企业在一定期间所发生的费用、取得的收入以及实现的利润或亏损,表明企业的盈利情况;现金流量信息是指企业在经营、投资和筹资等活动中形成的现金流入与现金流出及现金净流量情况,表明企业的财务(或理财)能力。会计报表的编制应当遵循连续性原则、以账簿为根据的原则、真实性原则以及公开性原则。

会计报表主要包括资产负债表、损益表、现金流量表、以及相关的附属明细表。会计报表的种类按照不同的方法有不同的分类。

1. 按照会计报表的编制时期是否确定,分为定期报表和不定期报表。定期报表是按固定日期编制的会计报表,包括年度会计报表、中期会计报表、季度会计报表和月份会计报表。不定期报表是不定期地编制和反映企业日程或特殊情况的会计报表。

2. 按照会计报表的用途和作用,分为基本会计报表和附属会计报表。基本会计报表又称主表,是总结反映企业一定期间的经营成果和财务状况及其变动的报表,其反映的内容简明扼要、重点突出,能够使使用者全面而直观地了解企业的情况,如资产负债表、损益表和现金流量表等。附属会计报表又称附表,用以补充说明主表中某些项目的详细情况,如利润分配表、主营业务收支明细表和股东权益增减变动表等。

3. 按照会计报表所反映的资金运动状态,分为静态报表和动态报表。静态报表是反映企业资金运动处于相对静止状态时的情况的会计报表,如反映企业某一特定日期资产、负债和所有者权益情况的资产负债表。动态报表是指反映企业资金运动状况的会计报表,如反映企业一定期间的经营成果情况的损益表,反映企业一定会计期间内营运资金来源和运用及其增减变动情况的财务状况变动表等。

会计报表的作用在于系统而有重点地、简明扼要地反映商事主体的财务状况和经营成果,并向商事主体的经营管理机关、投资者、债权人、政府有关部门等会计报表使用人提供必要的财务资料和会计信息。因此,现代各国中,按规定编制和报送会计报表是商事主体必须履行的法定义务。如《德国商法典》第242条第1款规定,"商人应当在开始自己的商事营利事业时,以及在任何一个营业年度结束时,编制反映自己财产和自己债务关系的结算(开始资产负债表,资产负债表)";第 2 款规定,"商人应当为任何一个营业年度的结束,编制该营业年度的费用和收入的对照表(损益表)"。①

(二)财务情况说明书

财务情况说明书是对企业一定期间内经济活动进行分析、总结的文字报告,它补充了会计报表无法表达的内容。财务情况说明书主要包括下列事项:

1. 企业的生产经营状况,利润实现和分配情况,现金流量的增减和分布情况,税金缴纳情况,各项财产物资变动情况,等等;

2. 对本期或下期财务状况发生重大影响的事项;

3. 资产负债表制作之日后至报出报表前发生的,对企业财务状况发生重大影响的事项;

4. 其他需要说明的重大事项。

第三节 商事账簿的编制

在任何国家,商事账簿都必须依照法律法规或会计准则的相关规定而制作,并应当遵循商事账簿编制的原则与要求。关于商事账簿编制的法律,法国、德国、日本等有商法典的国家,是被规定在商法典中的。在我国,商事账簿编制的主要依据是《会计法》和财政部颁布的《企业会计准则》《企业财务通则》及各行业会计制度等相关规定。

一、商事账簿的编制原则

商事账簿的编制原则是对商事主体进行会计核算的基本要求。根据我国《企业会计准则——基本准则》(2014 年修改)第 9 条、第 10 条之规定,企业应当以权责发生制为基础进行会计确认、计量和报告;企业应当按照交易或者事项的经济特征确定会计要素;会计要素包括资产、负债、所有者权益、收入、费用和利润。该法规第二章对会计信息的质量规定了以下几项原则,它们是我国会计核算工作应遵循的最基本的原则性规范。

1. 客观性原则,是指商事主体编制商事账簿应当以实际发生的交易或者事项为依据进行会计确认、计量和报告,如实反映符合确认和计量要求的各项会计要素及其他相关信息,保证会计信息真实可靠、内容完整。

2. 相关性原则,是指商事账簿提供的会计信息应当与财务会计报告使用者的经济决策需要相关,有助于财务会计报告使用者对企业过去、现在或者未来的

---

① 参见《德国商法典》,杜景林、卢谌译,中国政法大学出版社 2010 年版,第 81—82 页。

情况做出评价或者预测。

3. 可比性原则,是指商事主体提供的会计信息应当具有可比性。不同商事主体发生的相同或者相似的交易或者事项,应当采用规定的会计政策,确保会计信息口径一致、相互可比。它强调的是不同会计主体的横向比较。

4. 一贯性原则,是指同一商事主体在不同时期发生的相同或者相似的交易或者事项,应当采用一致的会计政策,不得随意变更。确需变更的,应当在附注中说明。可见,它要求同一会计主体在不同时期尽可能采用相同的会计程序和会计处理方法,便于不同会计期间会计信息的纵向比较。

5. 及时性原则,是指会计核算工作要讲求时效。要求会计处理及时进行,以便会计信息及时利用。商事主体对于已经发生的交易或者事项,应当及时进行会计确认、计量和报告,不得提前或者延后。否则,事过境迁的信息是没有决策价值的。

6. 明晰性原则,是指商事主体提供的会计信息应当清晰明了,便于财务会计报告使用者理解和使用。换言之,会计信息应当具有"可理解性"或"可读性"。

7. 谨慎性原则,是指商事主体对交易或者事项进行会计确认、计量和报告应当保持应有的谨慎,不应高估资产或者收益、低估负债或者费用。

8. 重要性原则,是指商事主体提供的会计信息应当反映与企业财务状况、经营成果和现金流量等有关的所有重要交易或者事项。如何判断会计信息或者交易与事项的重要程度呢? 一般来讲,对资产、负债、利润等有较大影响并进而影响会计信息使用者据已作出合理判断的交易与事项,属于重要会计事项。

9. 实质重于形式原则,是指企业会计主体应当按照交易或者事项的经济实质进行会计确认、计量和报告,不应仅以交易或者事项的法律形式为依据。这说明经济生活纷繁复杂,应透过现象看本质。该原则目的在于确保会计信息真实、准确地反映企业的财务状况、经营业绩和现金流量情况。

二、商事账簿编制的方法

(一)商事账簿编制的几项前提(假设)

1. 会计主体假设

编制商事账簿需要有许多前提条件,其中首要的是要有明确的会计主体。会计主体是指经营上或经济上具有独立性或相对独立性的单位,比如若是一个营利性经济组织,就是一个企业或企业的一个部门。会计主体假设把会计处理的数据和提供的信息,严格限制在这一特定范围,即某个特定会计主体提供的信息不应同任何其他主体相混淆,也必须同主体的所有者的资产、负债或其他经济问题划清界限,这样提供的会计报表才能准确反映企业的财务状况和经营成果。正如《企业会计准则——基本准则》(2014年修改)第5条规定,企业应当对其本身发生的交易或者事项进行会计确认、计量和报告。

2. 持续经营假设

《企业会计准则——基本准则》(2014年修改)第6条规定,企业会计确认、计量和报告应当以持续经营为前提。持续经营假设是指如果不存在明显的反证,会计主体的经营活动在时间上将持续下去。如在可以预见的将来,会计主体不会进行清算,它所持有的资产将按照预定的目标在正常的经营过程中被耗用、出售或转让,它所承担的债务也将如期偿还。① 换言之,有了这项假设,可以保证会计准则、会计方法、会计程序得到恰当贯彻,从而提供可信赖的会计信息。这是商事账簿赖以生存的又一个重要前提条件。

3. 会计期间假设

企业的经营活动总是持续不断的,不可能等企业全部经营结束时才结算账目。为了及时提供财务信息,就得将持续经营的时间划分为较短的特定的会计区间。会计期间假设的含义是,连续不断的经营过程可以被划分为相等的时间单位,以便对企业的经营状况进行及时的、连续的反映。这种为了会计核算的需要人为划分的相等的时间单位,就称作会计期间。《企业会计准则——基本准则》(2014年修改)第7条规定,企业应当划分会计期间,分期结算账目和编制财务会计报告。会计期间分为年度和中期,即应当分别按年、按中期结算账目,编制会计报表。年度的划分与公历日期相同,即每年1月1日起至12月31日止为一个会计年度,中期是指短于一个完整的会计年度的报告期间。《证券法》(2019年修订)第79条规定,公开发行证券的公司应当在每一会计年度的上半年结束之日起两个月内,报送并公告中期报告。

4. 货币计量与币值稳定假设

货币计量与币值稳定假设的含义是,整套财务报告以货币作为基本衡量单位,而且假设货币的币值是基本稳定的。因此,不存在因不同时期币值的变化而调整账面数据的问题。《企业会计准则——基本准则》(2014年修改)第8条规定,企业会计应当以货币计量。这说明,商事账簿要以货币作为计量单位来度量一切经济业务。换言之,账簿的记录、汇总、分析和报告都要以货币作为统一的价值尺度,以货币作为计量本位币,而且这种货币在价值上应该是稳定的。

(二) 商事账簿的记载方法

我国《会计法》和《企业会计准则》对商事账簿的记载作了三方面的要求。

1. 统一适用借贷记账法,即以"资产=负债+所有者权益"这一会计恒等式为理论依据,以"借"和"贷"为记账符号,用以反映商事主体资金增减变化的复式记账法。

---

① 参见刘燕:《会计法》,北京大学出版社2001年版,第88—89页。

2. 以人民币为记账本位币。中国的法定货币是人民币,会计核算以人民币为记账本位币。业务收支以外国货币为主的单位,也可以选定某种外国货币作为记账本位币,但是编报的会计报表应当折算为人民币。

3. 记录文字使用中文。在我国,使用中文记录是编制商事账簿的一般原则。在少数民族自治区或外商投资企业、外国企业,在使用中文记录的基础上,也可以同时使用少数民族文字或某种外国文字。

第四节 商事账簿的效力与保管

一、商事账簿的效力

符合法律规定的条件制作的商事账簿,具有法律效力。尽管各国规定不尽相同,但一般认为,这种效力主要体现在三个方面:其一,在法律诉讼中,商事账簿具有重要的证据效力;其二,在商事交互计算中,商事账簿是交易各方进行会计核算的重要依据;其三,在商事监督管理实践中,商事账簿是进行稽核审计、税率计算、资产评估等的重要依据。

就世界范围看,德国和法国对商事账簿的证据效力及举证作了比较详细的规定。例如,《法国商法典》第 L123-23 条规定:"符合规定而编制的财务账目,准许作为商人之间商事行为的证据在法院提出。如账目编制不符合规定,编制该账目的人不得为自己的利益援用其作为证据。"[①]《德国商法典》第 258 条规定:"在诉讼进行中,法院可以依申请或者依职权,命令提示一方当事人的商业账簿。"[②]德国的《民事诉讼法》也规定,在民事诉讼过程中,当事人有义务出示相关的商事账簿资料,同时也规定了法院享有对这些资料的审查权。[③] 可见,依法编制的账目因其对商事主体资产和经营状况真实、全面、系统的记载,使它成为处理经济纠纷或查处违法犯罪行为时最有利的事实依据,它可以被法院接受作为重要的证据材料。我国的法律法规未就商事账簿的法律效力作出明确规定,但从司法实践看,商事账簿无疑是重要的物证,具有很高的直接证明效力。

二、商事账簿的保管

商事账簿是企业的重要档案,也是国家档案的重要组成部分。各国法律都不同程度地规定了商事主体对商事账簿资料在一定期间内要妥为保管的义务。但对于不同的商事主体,保管的方式和期限规定不一。商事账簿在有效期内具

---

① 《法国商法典》(上册),罗结珍译,北京大学出版社 2015 年版,第 32 页。
② 《德国商法典》,杜景林、卢谌译,中国政法大学出版社 2010 年版,第 89 页。
③ 参见范健:《德国商法:传统框架与新规则》,法律出版社 2003 年版,第 281 页。

有法律证明效力,不得销毁。关于商事账簿的保管期限各国规定不同,多数采取确定期限制,如德国、法国、日本等国规定为 10 年;西班牙较短,为 5 年;荷兰最长,为 30 年。但也有采用不定期限的,如智利以营业持续期限为准,巴西以债权时效消灭以前为准。

我国对商事账簿的保管也采取期限制,财政部和国家档案局制定的《会计档案管理办法》(2015 年修订)对会计档案的范围、立卷、归档、保管、借阅、交换、保存期限以及销毁,都进行了规定。该管理办法规定,会计档案的保管期限分为永久和定期两种,因账簿种类的不同而有所差别。年度财务会计报告应当永久保存,各种会计账簿和会计凭证应当保存 30 年,月度、季度、半年度财务会计报告应当保存 10 年。在保管期限内,商事主体应当按照国家有关规定建立档案,妥善保管有关商事账簿,不得销毁、损坏和遗失。如果商事主体未尽妥善保管义务,将被追究严格的法律责任。造成严重后果的,还将追究有关人员的刑事责任。此外,根据我国《公司法》的规定,公司不仅应妥善保管商事账簿,而且还应按照法律或公司章程的要求及时向公司股东提供商事账簿。

第五节　商事账簿信息的披露

一、商事账簿信息披露的义务主体及特点

并非所有的商事主体都有义务披露商事账簿的信息。在各类商事主体中,有义务披露商事账簿有关信息的是股份有限公司中的上市公司。换言之,上市公司不仅应当按法律法规及会计准则的规定制作商事账簿,将商事账簿送交注册会计师事务所审计,还必须遵守定期向社会公众披露其商事账簿有关信息的法定义务。这主要是因为,上市公司是公众公司,按法律规定定期披露有关信息可以使社会公众和广大投资者了解其财务状况和经营状况。因此,各国法律对上市公司都规定了这项义务。

这项义务在证券法里被称为信息披露(公开),它主要是为股份发行人在发行市场、交易市场依法向证券监督管理机构以及投资者报告自身经营、资产以及财务等状况而设置的一种制度。在发行市场中的信息公开,称为初始信息公开;在交易市场中的信息公开,称为持续信息公开。持续信息公开是公开原则在交易市场中的反映。与初始信息公开相比,持续信息公开具有以下几个特点:(1) 公开的功能不单是让投资者了解公司,更主要的是为投资者提供证券交易价值判断的依据。(2) 信息公开不是一次性完成的,而是要持续不断地进行。上市公司只要继续存在,只要有影响价格形成的因素或情况产生,便须履行公开义务。(3) 信息公开的形式和内容在法律上有不同的要求。持续信息公开主要

涉及上市公告书、年度报告、中期报告及临时报告等，而初始信息公开主要是招股说明书、配股说明书、募债说明书等。

为了对发行人、上市公司披露的信息予以规范，中国证券监督管理委员会专门发布了《上市公司信息披露管理办法》和《公开发行证券的公司信息披露内容与格式准则》。后者第1号关于招股说明书的内容和格式，第2号关于年度报告的内容和格式，第3号关于半年度报告的内容和格式，此外还有《公开发行证券的公司信息披露编报规则》第13号关于季度报告的内容和格式，这些都构成信息公开的重要依据。

二、上市公司披露的财务报告及其原则

（一）上市公司定期披露的财务报告

上市公司定期披露的报告有年度报告和中期报告。

年度报告是依法编制的反映公司整个会计年度生产经营状况及其他各方面基本情况的法律文件。上市公司应当在每一会计年度结束之日起4个月内向国务院证券监督管理机构和证券交易所提交年度报告，并予公告。主要内容包括：(1) 公司概况；(2) 公司财务会计报告和经营状况；(3) 董事、监事、高级管理人员简介及其持股情况；(4) 已发行的股票、公司债券情况，包括持有公司股份最多的前10名股东名单和持股数额；(5) 公司的实际控制人；(6) 证券监督管理机构规定的其他事项。其中，公司的财务会计报告是年报中非常重要的内容。年度财务会计报告作为年度终了对外提供的财务报告，它包括的报表种类和揭示的信息最为齐全，可以全面反映企业在一个会计年度内的经营活动的基本情况。公司应当披露经审计的财务报告正文和经审计的财务报表。财务报表包括公司近两年的比较式资产负债表、比较式利润表和比较式现金流量表，以及比较式所有者权益（股东权益）变动表和财务报表附注。编制合并财务报表的公司，除提供合并财务报表外，还应当提供母公司财务报表。

中期报告是依法编制的反映公司上半年生产经营状况及其他各方面基本情况的法律文件。上市公司应当在每一会计年度的上半年结束之日起两个月内，向国务院证券监督管理机构和证券交易所提交中期报告，并予公告。主要内容包括：(1) 公司财务会计报告和经营情况；(2) 涉及公司的重大诉讼等事项；(3) 已发行股票、公司债券变动情况；(4) 公司提交股东大会审议的重大事项；(5) 证券监督管理机构规定的其他事项。可见，公司的财务会计报告是其中非常重要的内容。公司应当在中期报告中披露比较式资产负债表、比较式利润表和比较式现金流量表，以及比较式所有者权益（股东权益）变动表和财务报表附注。除提供合并财务报表外，还应当提供母公司财务报表。半年度财务报告未经审计的，公司应当注明"未经审计"字样。半年度财务报告已经审计的，公司应当披露审计意见类型;若被注册会计师出具非标准审计报告,公司还应当披露审计报告正文。

此外,股份有限公司的年度财务报告应当在召开股东大会年会的二十日以前置备于本公司,供股东查阅。

(二) 上市公司披露财务报告应遵循的原则

1. 及时原则

《证券法》(2019年修订)第78条第1款规定:"发行人及法律、行政法规和国务院证券监督机构规定的其他信息披露义务人,应当及时依法履行信息披露义务。"

上市公司的财务状况对公司的股票价格有直接影响。因此,上市公司应按规定的第一时间及时披露财务报告。及时公布财务报告,也有利于防止内幕交易的出现,保护投资者的利益。

2. 真实、准确、完整原则

《证券法》(2019年修订)第78条第2款规定:"信息披露义务人披露的信息,应当真实、准确、完整,简明清晰,通俗易懂,不得有虚假记载、误导性陈述或者重大遗漏。"

上市公司的财务报告是反映公司经营状况的重要材料,也是投资者判断是否投资的重要依据。因此,法律要求上市公司必须确保公司财务报告的真实性、准确性和完整性,不得有虚假记载、误导性陈述或者重大遗漏。所谓虚假记载,是指将不真实的情况说成是真实的情况;所谓误导性陈述,是指文件起草人利用夸大事实诱导投资者相信的语言宣传自己的情况;所谓重大遗漏,是指一些与投资者利益密切相关而没有在有关法律文件中反映出来的重大信息。

3. 同时披露原则

《证券法》(2019年修订)第78条第3款规定:"证券同时在境内境外公开发行、交易的,其信息披露义务人在境外披露的信息,应当在境内同时披露。"

信息的同时披露可以防止境外投资者在交易证券时拥有相对于境内投资者的信息优势,从而保护境内投资者的正当权益。

(三) 法律责任

根据《证券法》(2019年修订)第82条之规定,发行人的董事、高级管理人员应当对证券发行文件和定期报告签署书面确认意见。发行人的监事会应当对董事会编制的证券发行文件和定期报告进行审核并提出书面审核意见。监事应当签署书面确认意见。发行人的董事、监事和高级管理人员应当保证发行人及时、公平地披露信息,所披露的信息真实、准确、完整。董事、监事和高级管理人员无法保证证券发行文件和定期报告内容的真实性、准确性、完整性或者有异议的,应当在书面确认意见中发表意见并陈述理由,发行人应当披露。发行人不予披露的,董事、监事和高级管理人员可以直接申请披露。

根据《证券法》(2019年修订)第85条之规定,信息披露义务人未按照规定披露信息,或者公告的证券发行文件、定期报告、临时报告及其他信息披露资料存在虚假记载、误导性陈述或者重大遗漏,致使投资者在证券交易中遭受损失的,信息披露义务人应当承担赔偿责任;发行人的控股股东、实际控制人、董事、监事、高级管理人员和其他直接责任人员以及保荐人、承销的证券公司及其直接责任人员,应当与发行人承担连带赔偿责任,但是能够证明自己没有过错的除外。

另外,因为上市公司的财务报告的制作需要很强的专业知识,必须经过专业的会计师事务所审计,以确保它的真实性、准确性和完整性,维护广大投资者的合法权益。如果相关会计师事务所提供虚假审计报告或律师事务所出具失实法律意见书,也应当承担相应法律责任。

后 记

本书是适用于高等教育法学本科商法总论课程的教科书,有幸列为华东政法大学校级本科规划教材,亦可供民商法学专业的研究生参考。

本书的内容丰富、体系完整、结构合理,其中涉及商法的概念与特征、商法的调整对象、商法的地位与渊源、商法的历史发展、商法的基本原则、商事主体制度、商事行为制度、商事登记制度、商号制度、商事账簿制度等,既吸收了近年来商法学界最新的理论研究成果,又能立足于中国的商事立法及司法实践需求。

《民法典》颁行之后,如何紧密结合我国民商合一的立法模式,就民商事立法中的实质商法规范展开分析和解读,一直是我们的思考方向。本书反映了我们在这方面的研究心得与体会。于此如火如荼的民法典时代,希冀我国商法总论能够在法学和法律中进一步夯实其理论基础,获得应有的地位。

本书由华东政法大学商法教研室长期从事商法总论课程教学的一线教师编写,曾大鹏任主编,具体分工如下:第一章由伍坚撰写;第二章、第三章、第四章、第五章由胡改蓉撰写;第六章、第七章由曾大鹏撰写;第八章、第九章、第十章由蒋虹、沈骏峥撰写。

因我们能力和水平有限,本书难免存在不足之处,恳请读者批评指正。

曾大鹏

2022 年 3 月 23 日于上海